CHINA'S ECONOMIC SECURITY OUTLOOK

中国经济安全展望报告

2024

刘伟◎学术顾问
苏剑　戚自科◎主编　邵宇佳◎副主编
《中国经济安全展望报告》编委会◎编

稳中求进，以进促稳

中国经济出版社
CHINA ECONOMIC PUBLISHING HOUSE
·北京·

图书在版编目（CIP）数据

中国经济安全展望报告．2024／苏剑，戚自科主编；《中国经济安全展望报告》编委会编．--北京：中国经济出版社，2024.4

ISBN 978-7-5136-7728-8

Ⅰ.①中… Ⅱ.①苏… ②戚… ③中… Ⅲ.①中国经济-经济安全-研究报告-2024 Ⅳ.①F125.7

中国国家版本馆 CIP 数据核字（2024）第 070250 号

责任编辑　严　莉
责任印制　马小宾
封面设计　任燕飞设计室

出版发行　中国经济出版社
印 刷 者　涿州市京南印刷厂
经 销 者　各地新华书店
开　　本　710mm×1000mm　1/16
印　　张　17.25
字　　数　229 千字
版　　次　2024 年 4 月第 1 版
印　　次　2024 年 4 月第 1 次
定　　价　78.00 元
广告经营许可证　京西工商广字第 8179 号

中国经济出版社　**网址** http://epc.sinopec.com/epc/　**社址** 北京市东城区安定门外大街 58 号　**邮编** 100011
本版图书如存在印装质量问题，请与本社销售中心联系调换（联系电话：010-57512564）

编委会

目　录

下篇 专题报告

绪　言

随着疫情影响逐渐减弱，2023 年中国宏观经济正式进入后疫情时代，经济运行恢复态势并未改变，但依然存在一些较为突出的结构性问题尚待解决。官方数据显示，2023 年中国 GDP 同比增长 5.2%，超出年初制定的增速目标 0.2 个百分点。展望 2024 年，中国宏观经济运行总体是安全的，自然走势将继续呈现供给、需求双恢复的格局，并且供给端恢复程度要快于需求端，但供求双方仍将低于潜在水平。在未来的经济恢复周期中，中国宏观经济安全可能面临国内外诸多风险和挑战，从影响因素看，全国人口减少、西方国家技术“封锁”、能源价格波动、汇率波动、国际政治和经济形势变化等仍将是影响中国经济安全的重要因素；从经济风险点来看，房地产危机风险、地方政府债务风险、外部经济环境等将成为未来掣肘中国经济安全稳定的潜在因素。这些影响因素和风险因素可能更多地对房地产市场、银行业、债券市场、石油市场产生一定风险，需引起更多的关注并做出预防。

下一步中国宏观经济运行态势如何？应该采取哪些经济政策？本研究将对此进行详细的解读和分析。本报告分为上、下两篇，上篇为 2024 年中国经济展望，由北京大学国民经济研究中心宏观组撰写；下篇为专题报告，由外部专家撰写。

第一章从实体经济和货币金融两个方面回顾了 2023 年中国宏观经济的运行情况。实体经济方面，在防疫政策调整后，国内经济稳步复苏，叠加前期基数效应的影响，2023 年国内生产总值震荡前行。价格方面，CPI 受疫情疤痕效应、总需求不足、油价下行以及猪价低迷压制影响，呈现高开低走、逐月下降的走势特征；PPI 受全球大宗商品高位震荡回落叠加高基数效应等因素影响，同比增速呈现低开低走的走势特征。货币金融方面，人民币贷款总量多增，信贷结构较上年大幅改善，信贷需求处于恢复态势，但企事业单位票据融资明显减少；M2 总量平稳增长，存款活期化平稳波动，而增速剪刀差呈扩大态势，资金活化程度持续偏弱。汇率方面，人民币汇率先降后升，随着美国、欧洲通胀率的下降，以及全球货币政策预期的改变，后续人民币汇率存在平缓上升的趋势。

第二章从人口问题、外资撤离、市场预期转变、国际政治环境变化、支柱产业趋弱以及国际经济环境变化六个方面对 2024 年影响中国经济的主要因素进行了总结。国内劳动力急剧下滑及人口老龄化势必会影响中国中长期的经济增长，随着国内疫情影响逐渐转弱、稳地产保障房等政策共同发力、欧美经济逐步加息见顶，国内经济环境有望进一步向好恢复，市场预期也逐渐转好。但国际政治和经济形势仍旧充满不确定性，外资撤离现象持续发生，将对未来中国经济发展造成扰动。

第三章主要从消费、投资和进出口三个方面研判了 2024 年中国总需求的自然走势。在恢复和扩大消费等多项政策的推动下，中国经济在总需求方面将得到有力支撑。预计 2024 年社会消费品零售总额的自然同比增速走势平稳；预计 2024 年全国固定资产投资的自然同比增速走势总体平稳；预计 2024 年出口、进口总额的自然同比增速均会有所上升，国内经济将持续恢复态势。

第四章主要从人口因素、两方国家的技术“封锁”、能源价格波动、汇率波动、国际环境五个方面对 2024 年中国总供给的自然走势进行了分析与预判。预计 2024 年总供给的自然增速呈现出一定程度的下滑趋势。受 OPEC + 产出释放、美国增产放缓叠加中国经济进一步复苏等因素影响，能源价格或将整体小幅向下波动，加之我国与最大贸易伙伴欧美的关系短期或有缓解，有利于中国总供给的自然走势。但人口出生率下降、老龄化加剧、人民币汇率波动加大以及中国面临国外技术“封锁”的困境，科技进步受到拖累，以及国际政治经济环境的不确定性将持续制约总供给的自然走势。

第五章对 2024 年中国宏观经济总供求格局的自然走势（即没有政策进一步干预）进行了研判，2024 年中国宏观经济的自然走势将是供给、需求双恢复的格局，但仍低于潜在增长率。综合 2024 年中国供给、需求的走势特征，在经济增长方面，预计中国 GDP 同比增速可能为 4.4% ~4.7%；在价格方面，预计 2024 年自然走势下的 CPI 与 PPI 同比增速中枢较 2023 年将会继续小幅上移，全年 CPI 同比增速约为 1.2%，全年 PPI 同比增速约为 0.3%；在就业方面，预计 2024 年全国城镇新增就业将达到 1200 万人。然而，上述判断均是基于中国宏观经济无其他潜在风险的假设做出的，因此本章进一步从房地产危机风险、地方政府债务风险、汇率及货币危机风险、国际地缘政治风险、境外金融传导风险五个方面总结了未来中国宏观经济运行中可能存在的不利影响。

第六章对 2024 年中国宏观经济政策目标进行了研判，2024 年中国宏观经济增长目标约为 5%，CPI 同比增速目标约为 2.0%，新增就业目标为 1200 万人。基于上述增速目标，我们在新型中国宏观经济政策体系框架下对 2024 年中国宏观经济政策进行了展望，2024 年中国应采取扩张性需求管理和扩张性供给管理相结合的政策，并辅之以扩张性市场环境管理政策。

第七章对 2024 年中国宏观经济进行了展望，综合 2024 年中国宏观经济的自然走势和宏观经济政策的影响，预计 2024 年 GDP 同比增长 5.1%，CPI 同比增长 1.2%，PPI 同比增长 -0.4%。供给端，预计 2024 年工业增加值同比增长 5.8%。需求端，预计 2024 年社会消费品零售总额累计同比增长 7.7%，固定资产投资累计同比增长 3.0%，出口累计同比增长 3.8%，进口累计同比增长 1.8%，全年实现贸易差额 8977 亿美元。货币金融方面，预计 2024 年 M2 同比增长 10.8%，新增人民币贷款 24 万亿元。

第八章主要探讨了 2024 年中国房地产市场的发展前景。2023 年我国房地产市场基本呈现“前扬、中抑、后稳”的特点，第一季度经历疫情积压后的住房市场需求出现反弹，第二季度反弹不及预期，开始呈现疲软之势，第三季度房地产市场继续下行，第四季度房地产市场有回稳之势。当前，在我国房地产市场供需发生重大变化的背景下，必须客观认识我国房地产市场发展存在的问题和需求潜力。加强房地产市场风险的防范和化解，满足所有房企合理融资需求；继续优化房地产市场调控政策，降低购房成本，满足合理住房需求；以“三大工程”为抓手积极构建住房发展新模式，促进房地产市场平稳健康发展。

第九章主要探讨了 2024 年中国商业银行面临的主要风险及其防范措施。2023 年，全球政治经济格局动荡多变，世界经济增长持续分化，国际市场需求整体回落。随着疫情影响消退，中国经济逐步从疫情前的非常态化向常态化运行转变，消费和服务业成为拉动经济增长的重要因素，新动能领域继续加快成长，但国内需求不足的制约仍较突出，商业银行面临的经营环境仍然十分复杂。整体来看，2023 年我国银行业保持稳健发展态势，支持实体经济质效明显提升，资产负债规模中高速增长，信贷投放结构持续优化，盈利状况和资产质量总体稳定。当前，我国银行业发生较大风险的概率较小，但也存在一些风险点值得关注，需积极采取措施加以应对。

第十章主要探讨了 2024 年中国城投行业的信用风险。2023 年是我国疫情后社会秩序常态回归的首年，国际环境表现为地缘政治冲突加剧、美元持续加息、中美关系中长期博弈态势持续和全球产业链供应链格局调整。国内坚持长远的高质量发展，承受了一些阶段性的短期压力，但经济发展形势基本确定，稳增长动力继续提升，预计 2024 年我国 GDP 增速目标或依然在 5.0% 左右，货币政策和财政政策将趋向更加积极。当前党中央制定实施了“一揽子”化债方案，中央金融工作会议为金融行业发展指明了方向，中央经济工作会议也强调稳中求进、以进促稳、先立后破，城投行业面临债务管控下再融资能力的结构性约束，未来城投企业发展趋势将继续分化，一些地区实际偿债压力仍然较重，特殊再融资债则有助于缓解特定区域城投债务风险。预计 2024 年城投公司在公开债方面出现实质性违约的可能性依然不大。

第十一章主要探讨了如何加快构建新质生产力导向的债券资源配置新机制。新质生产力是数字时代更具融合性、更体现新内涵的生产力。新质生产力对债券市场资源的加速优化与聚焦提出了更高要求，而债券市场等金融资源对新型发展路径的不适应，正成为中国经济金融最大的系统性风险隐患，亟须加快变革，据此提出如下加快债券市场改革的建议：一是加快研究统一市场；二是改革注册制；三是改革“垒大户”的规模导向评级体制，优化评级指标；四是充分发挥企业债券融资支持工具在新质生产力领域发债中的积极作用；五是探索发展新质生产力高收益债券市场；六是强化债券市场与资本市场的联动与互动；七是建立战略性新兴产业和未来产业研究体系，高度重视和防范技术风险外溢。

第十二章主要探讨了疫情后首年人民币汇率走势。2023 年，国际地缘政治风险再次上升，美联储维持紧缩性货币政策，全球经济下行，我国经济在疫情后逐步恢复，但房地产、地方政府债务、中小金融机构等领域风险较为突出。全年人民币汇率整体呈贬值态势，具体经历了“升值—走贬—企稳回升”三个阶段。展望 2024 年，在中国经济向潜在水平回归的大环境下，人民币汇率有望稳中走升。随着金融高水平开放和人民币国际化的不断推进，人民币资产对国际资本的吸引力将进一步提升，外资流入增加，为人民币汇率回升提供重要支撑。下一步，要保持人民币在合理均衡水平上的基本稳定，应继续关注外部形势变化及影响，同时完善汇市风险与跨境资本流动的监管机制，维护外汇市场平稳运行。

第十三章主要对 2023 年 A 股行情进行了总结，并展望 2024 年宏观经济。总体来讲，2023 年 A 股先涨后跌，波动仍然显著。股票指数的拐点在 2023 年 5 月，在 5 月之前，疫情政策的放松带动经济和市场出现同步改善，而后，在复苏充分的状态下，经济又回到了偏低的增长水平，现实的由强转弱导致股指出现连续性的下探。展望 2024 年，我们应做好商品周期变平的准备，房地产投资和金融周期也可能明显变平。于股市而言，预计 2024 年 A 股市场整体估值不会出现大幅变化，上证 A 股的整体市盈率为 11X ~ 11. 6X。按照预测，2024 年权益市场不会发生太大程度的指数变化，全年可能会以震荡为主，上证指数的震荡区间为 2950 ~ 3150 点。

第十四章主要探讨了 2024 年我国电力供需形势。通过对 2023 年我国经济和电力供需形势的分析，对影响 2024 年电力供需的主要因素进行了研判。综合考虑宏观经济、重点行业、气候气温、电煤供应等因素，预计 2024 年全年全社会用电量比上年增长 6% 左右，截至 2024 年年底，预计全国发电装机容量比上年增长 14. 7%。预计 2024 年全国电力供需平衡偏紧，局地高峰时段电力供需紧张。

第十五章主要对能源转型背景下全国及区域煤炭供需安全保障进行了研究。“双碳”背景下，低碳转型步伐加快势必会加速能源结构实质性重塑，化石能源与清洁能源用能结构深刻调整过程对保障能源安全蕴藏着新的风险。煤炭行业不仅仍存在因市场投机炒作行为推高煤价、市场机制不健全引发失灵状态、国际外部形势变化影响煤炭进口等传统问题，还面临着煤炭产需空间格局进一步调整、电力行业煤电调峰压力加剧等新型挑战。在能源转型进程中，应进一步采取完善煤炭交易市场环境、拓宽煤炭进口来源渠道、建立健全煤炭储备体系和保障电煤可靠稳定供应等措施来保障全国及区域煤炭供需安全，推动煤炭行业高质量发展。

第十六章主要对全球石油市场进行了年终回顾及 2024 年的展望。2023 年全球的石油需求经历了一轮快速的增长。全年全球石油消费增长了 2.5 百万桶/天，达到 102 百万桶/天，创下年度石油消费量历史最高纪录。2023 年，全球石油供给增长了大约 1.7 百万桶/天，创下 101.8 百万桶/天的最高纪录，这主要得益于非 OPEC + 地区的石油供应的强劲增长。在消费中的 2.5 百万桶/天的增量里，大约 86% 的增量来自发展中国家，余下 14% 的增量来自发达国家。其中，中国市场贡献了全球增量的 70%。2023 年中国石油消费增速如此之高，主要推动力为出行需求的复苏和国内化工品生产的繁荣。基于目前的经济形势，2024 年全球石油消费量仍然会有小幅度增长，增量估计约 1 百万桶/天。同时，2024 年全球石油供给也有望保持中速增长（ +1.6 百万桶/天），高达 103.4 百万桶/天。

第十七章主要针对当前中国推出双循环新发展格局的背景下，聚焦于国内市场分割程度和市场一体化改革成效，采用相对价格法测算了 2002 年至 2022 年中国 31 个省份的商品市场和劳动力市场的分割指数，然后从全国层面、四大地区层面、三大经济圈层面以及省市级层面比较分析各类市场的分割程度和一体化改革成效，以期发现当前中国市场一体化改革中的薄弱环节，并针对性地提出政策建议，为打通国内大循环，实现双循环发展理念和战略提供政策性参考。

本报告是关于中国宏观经济运行和宏观经济安全问题的年度系列报告之一。本系列报告的第一本是《中国经济金融形势展望报告（2016）：寻求突破的中国经济》，该报告由中国人民大学出版社出版，并已经出版了俄文、韩文、英文、蒙古文、乌兹别克文、日文、哈萨克文、西班牙文 8 个文版，还有希伯来文、印地语、荷兰文、塞尔维亚语、阿拉伯文五个文版已签约，正在翻译出版过程中。本系列报告的第二本是《中国经济展望报告（2017）：供给侧改革与经济波动》，由社会科学文献出版社出版。本系列报告的第三本是《中国经济安全展望报告（2018—2019）：世界格局变动中的中国经济安全形势分析》，由中国经济出版社出版，自该报告起，本系列报告定名为《中国经济安全展望报告》，集中关注中国宏观经济安全问题。本系列报告的第四本是《中国经济安全展望报告（2020）：供求双萎缩下的经济形势与政策》，由中国经济出版社出版。本系列报告的第五本是《中国经济安全展望报告（2021）：疫情冲击下的中国经济安全形势分析》，由中国经济出版社出版。本系列报告的第六本是《中国经济安全展望报告（2022）：人口拐点、多重压力与宏观经济安全》，由中国经济出版社出版。本系列报告的第七本是《中国经济安全展望报告（2023）：后疫情时期的中国经济运行与安全形势分析》，由中国经济出版社出版。本报告是该系列报告的第八本。

上篇作者：北京大学国民经济研究中心课题组所有成员（蔡含篇、陈丽娜、黄昱程、邵宇佳）。下篇作者：第八章由邹士年撰写，第九章由周景彤和梁斯撰写，第十章由邢军、彭澎、于宝玉和闫思彤撰写，第十一章由盛军和盛洁撰写，第十二章由周景彤和吴丹撰写，第十三章由杨为敩、孟子君撰写，第十四章由吴姗姗、曲天词、汲国强和冀星沛撰写，第十五章由张欣桐和田惠敏撰写，第十六章由陈巧玲撰写。第十七章由邵宇佳、艾婧和花璐撰写。

上篇

2024年中国经济展望

第一章　2023 年中国经济形势回顾

2023 年，疫情影响进一步减弱，中国宏观经济正式进入后疫情时代，经济运行稳定恢复，预计完成年初制定的增速目标无忧，但依然存在一些较为突出的结构性问题尚待解决。在防疫政策的调整下，消费快速扩张，但房地产行业风险频发，加之国际环境突变，外贸明显下行，为应对诸多风险，一系列稳增长政策落地实施，支撑宏观经济恢复平稳运行。本章将从实体经济和货币金融两个方面对 2023 年中国宏观经济的运行进行回顾和解读。

一、实体经济

（一）国内生产总值

2023 年，国内外环境复杂多变，国内生产总值温和增长，完成年初设定的 5.0% 的 GDP 增长目标。按可比价格计算，2023 年全年，国内生产总值为 1260582 亿元，同比增长 5.2%，较 2023 年上涨 2.2 个百分点，较疫情前的 2019 年下滑 0.9 个百分点。其中，第一产业增加值 89755 亿元，同比增长 4.1%，与 2022 年持平，较 2019 年上涨 1.0 个百分点；第二产业增加值 482589 亿元，同比增长 4.7%，较 2022 年上涨 0.9 个百分点，较 2019 年下滑 1.0 个百分点；第三产业增加值 688238 亿元，同比增长 5.8%，较 2022 年上涨 3.5 个百分点，较 2019 年下滑 1.1 个百分点（见图 1－1）。

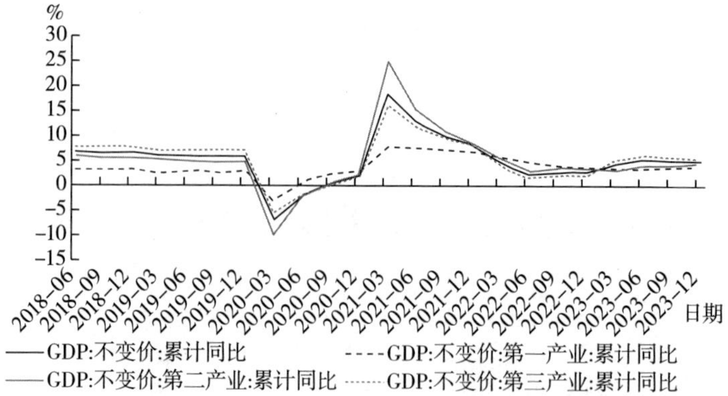

图 1-1　GDP 及三大产业增加值累计增速

资料来源：Wind 数据库，北京大学国民经济研究中心。

生产法方面。第一，2023 年，防疫政策调整后，居民生产生活逐渐恢复正常，国内经济稳步复苏，叠加前期基数效应的影响，2023 年国内生产总值震荡前行。2023 年第一季度，不变价 GDP 同比增长 4.5%；第二季度，受低基数效应影响，当季不变价 GDP 同比增速快速上涨至 6.3%；第三季度，没有低基数效应，当季不变价 GDP 增速下滑至 4.9%，但依然高于 2022 年同期 1.0 个百分点。第二，国际环境复杂，美欧对华技术封锁加剧，全球产业链断裂，贸易壁垒高企，抑制了中国经济加速复苏的脚步。从具体行业来看，2023 年，信息传输、软件和信息技术服务业增加值同比增长 11.9%，较 2019 年下滑 6.8 个百分点。另外，对 2023 年中国经济走势影响较大的就是房地产业。2023 年，房地产业增加值同比增长 -1.3%，较 2019 年下滑 4.3 个百分点。

"三驾马车"方面，防疫政策调整，消费快速增长，是拉动经济增长的主要支撑；国际环境突变，外贸下行，是抑制经济增长的主要因素。2023 年，最终消费支出拉动 GDP 增长 4.3%，2019 年为 3.5%；资本形成总额拉动 GDP 增长 1.5%，2019 年为 1.7%；货物和服务净出口拉动 GDP 增长 -0.6%，2019 年为 -0.8%（见图 1-2）。支出法方面的数据进一步说明，房地产市场下行、外部环境突变是影响 2023 年经济增速的主要因素。房地产市场的下滑及外部环境的突变，一方面拉低了资本形成总额增速，另一方面抑制了对外贸易。

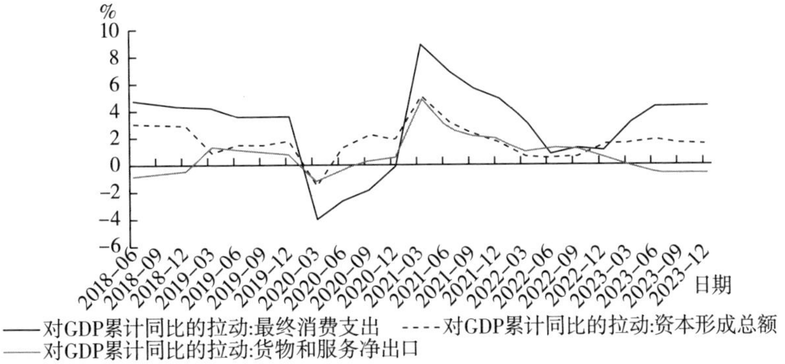

图 1-2　“三驾马车”对累计 GDP 的拉动

资料来源：Wind 数据库，北京大学国民经济研究中心。

（二）供给端

2023 年全国规模以上工业增加值全年累计同比增长 4.6%，较上年上升 1.0 个百分点，三年复合增长 5.9%，工业产出持续恢复性增长。其中，第一季度累计同比增长 3.0%，上半年累计同比增长 3.8%，前三季度累计同比增长 4.0%。可以看出，在稳增长、扩内需、促改革等政策发力下，企业生产稳步恢复，工业经济平稳运行。尽管工业企业盈利增速压力较大，但工业需求稳步复苏，工业整体开工率仍保持合理适度水平，工业经济整体处在复苏阶段。值得注意的是，1—11 月全国规模以上工业企业实现利润总额同比下降 4.4%，较上期继续收窄 3.4 个百分点。全国规模以上工业企业实现利润总额累计同比增速呈现低开高走、降幅不断收窄的态势。其主要利润同比下降仍由制造业贡献，显示中游制造业工业企业盈利压力较大，同时规模以上工业企业每百元营业收入中的成本同比增加不及利润下滑，显示工业终端需求不足是主要问题。

2023 年全国工业生产主要表现在以下三个方面：

第一，工业生产低开高走、持续回升，随着疫情影响消退，工业经济逐步复苏。第一季度，随着春节季节性、疫情影响消退和赶工积压需求集中释放，生产改善强于需求，市场主体预期进一步改善。第二季度，需求不足开始有所体现。4 月，中共中央政治局会议提到“当前我国经济运行好转主要是恢复性的，内生动力还不强，需求仍然不足”，同时积压订单消退和出口、地产等新增需求偏弱造成工业环比表现偏弱。5 月，积压订单支撑效应进一步下降，需求不足问题显现，上下游制造业利润增速压力较大，工业表现低于市场预期。6 月，生产环比重回扩张区间，需求仍显不足，工业增加值的边际改善主要受到部分中上游行业短期补库存的影响。第三季度，中共中央政治局会议肯定上半年经济运行态势，同时指出存在“新的困难挑战”，强调宏观政策逆周期调节与结构性政策并重，逆周期政策进一步加力，政策支撑下工业生产恢复明显。7 月，工业去库存化速度有所放缓，部分原材料行业库存回补，内需环比有所改善，但外需环比仍下行。8 月，不利天气因素缓解，叠加政策推动，基建支撑作用凸显，生产超季节性改善。9 月，受出口边际超季节性改善，整体需求小幅改善，工业生产较上月继续改善。第四季度，财政政策发力支撑工业生产，在 1 万亿元国债的带动下制造业动能得到改善，拉动工业生产。10 月，受益于出口边际改善以及 1 万亿元新增国债带动基建的溢出效应，工业生产继续恢复。11 月，受低基数效应影响，工业增加值同比较上月继续上升，但内外需边际改善和政策落地见效仍需时间。2023 年前三季度中国工业增加值累计增速分别为 3.0%、3.8% 和 4.0%，如图 1－3 所示。

第二，制造业增加值贡献较上年显著上升，而采矿业是致使工业产出增长放缓的主要部门。从工业产出的三大部门来看，处于主导地位的制造业增加值在年初贡献最小，但随着后续工业企业利润压力趋缓，其贡献逐渐上升，使整体工业增加值增长稳步抬升。2022 年，在高基数效应、疫情反复、地产下行和高温限电限产等多重因素的影响下，制造业生产有所回落，而 2023 年在生产成本冲击逐步消退的影响下，尽管需求表现低于预期，制造业生产仍较上年有所回升。2023 年，中国制造业增加值同比增长 5.0%，支撑工业增加值同比表现，而电力、燃气及水的生产和供应业同比增长 4.3%，采矿业同比增长 2.3%，拖累工业增加值同比增速，如图 1 –4 所示。

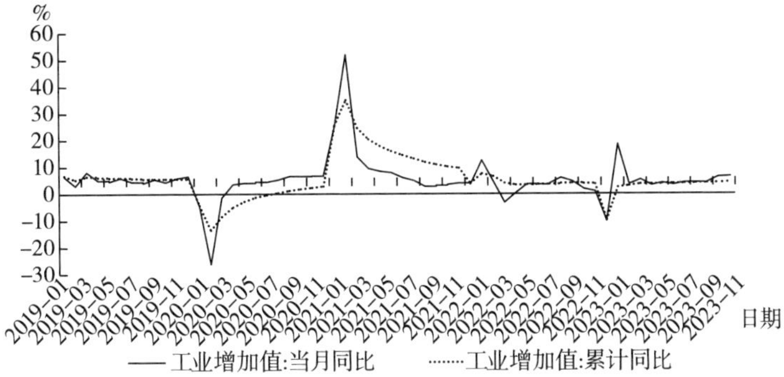

图 1 –3 工业增加值增速

资料来源：Wind 数据库，北京大学国民经济研究中心。

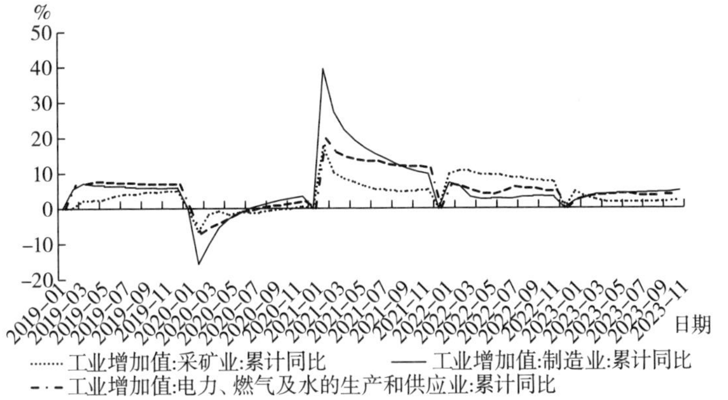

图 1 –4 三大门类工业增加值累计同比增速

资料来源：Wind 数据库，北京大学国民经济研究中心。

第三，分经济类型看，股份制和国有企业增长仍较快。2023 年，国有及国有控股企业增加值同比增长 5.0%，股份制企业同比增长 5.3%，外商及港澳台商投资企业同比增长 1.4%，私营企业同比增长 3.1%，如图1 –5所示。股份制企业和国有及国有控股企业在工业生产中依旧发挥了引领拉动作用，受国际环境波动和外需下行影响，外商及港澳台商投资企业和私营企业增速继续拖累整体工业增加值表现。

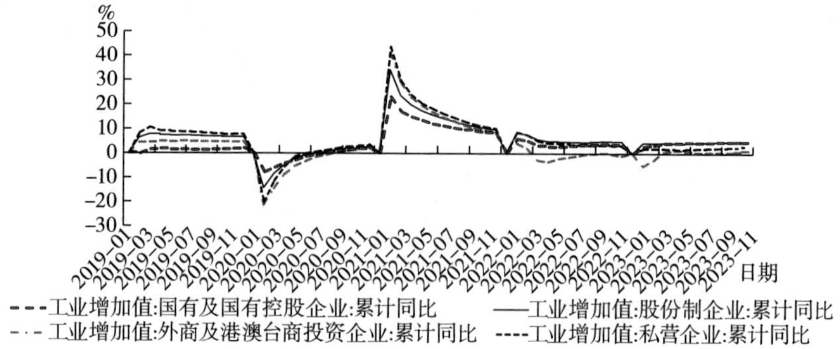

图 1－5　中国分经济类型工业增加值累计同比增速

资料来源：Wind 数据库，北京大学国民经济研究中心。

在《中国经济安全展望报告（2023）》中，我们预判 2023 年工业增加值同比增速在第一季度受高基数效应影响将较低，之后随着中国工业经济持续复苏，预计增速会逐季抬升。从趋势上看，与 2023 年实际情况基本一致，数值上高于实际增速，造成误差的主要原因是在估计时偏乐观，对工业需求恢复的预判过高。

（三）需求端

1. 消费

2023 年，社会消费品零售总额同比增长 7.2%，较 2022 年上涨 7.4 个百分点，较 2019 年下降 0.8 个百分点。随着经济的温和复苏，2023 年消费增速波动式上行，呈“N”形走势。其中，第一季度社会消费品零售总额同比增长 5.8%；上半年同比增长 8.2%，较第一季度上涨 2.4 个百分点；前三季度同比增长 6.8%，较上半年下滑 1.4 个百分点。从单月来看，2—4 月，社会消费品零售总额增速呈逐月上涨的趋势，4 月社会消费品零售总额当月同比增长 18.4%，也是全年最高点；5—7 月，社会消费品零售总额增速逐月下降进入下行区间，7 月社会消费品零售总额当月同比增长 2.5%，是年内最低点；8—11 月，社会消费品零售总额增速再次进入上行区间，当月同比增速从 8 月的 4.6% 上涨至 11 月的 10.1%（见图 1－6）。

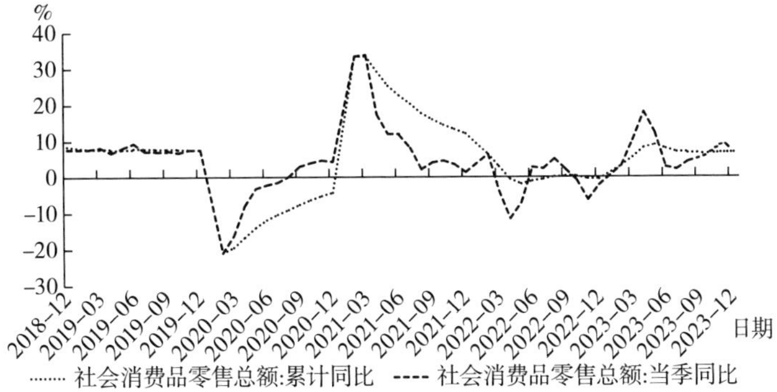

图 1－6　社会消费品零售总额当季与累计同比增速

资料来源：Wind 数据库，北京大学国民经济研究中心。

综合而言，2023 年社会消费品零售总额总体表现出以下几方面特点：

第一，防疫政策调整，消费扩张，部分相关消费品涨幅明显。基于防疫政策的重大调整，一方面，消费环境明显改变，消费需求整体扩张。2023 年，社会消费品零售总额累计同比增长 7.2%，较 2022 年上涨 7.4 个百分点。另一方面，与疫情防控期间有关的消费恢复迅速，进一步推动消费增速上涨。2023 年，餐饮收入同比增长 20.4%，较 2022 年上涨 26.7 个百分点；服装鞋帽针纺织品类消费额同比增长 12.9%，较 2022 年上涨 19.4 个百分点；化妆品类消费额同比增长 5.1%，较 2022 年上涨 9.6 个百分点（见图 1－7）。

第二，基数效应影响明显，消费增速波动式恢复。受 2022 年部分月份疫情集中暴发影响，社会消费品零售总额同比增速在 2022 年波动较大，在部分月份形成明显的低基数效应，受此影响 2023 年社会消费品零售总额同比增速呈波动式前进。例如，2022 年 3—5 月，全国多地疫情暴发导致消费增速显著下降，2022 年 3 月、4 月、5 月社会消费品零售总额当月同比增速分别为 -3.5%、-11.1%、-6.7%，比其前后两月 2 月、6 月的消费额增速低“两位数”个百分点，对 2023 年同期形成了明显的低基数效应。受此影响，2023 年 3 月、4 月、5 月社会消费品零售总额当月同比增速分别为 10.6%、18.4%、12.7%，明显高于其前后两月 2 月、6 月的消费额增速 3.5%、3.1%。

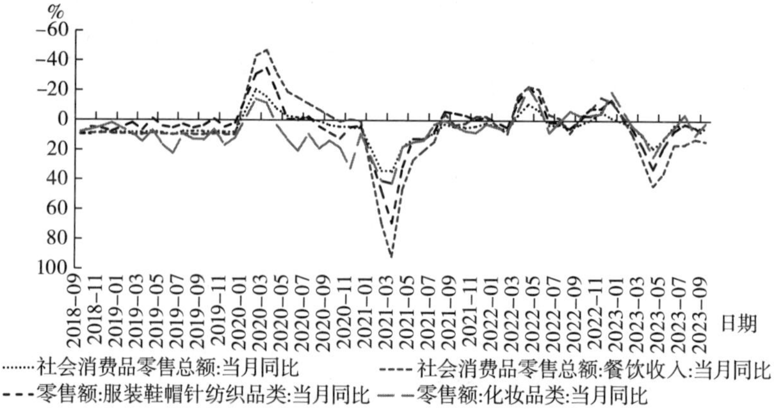

图 1-7　受疫情影响较大的消费品当月同比增速

资料来源：Wind 数据库，北京大学国民经济研究中心。

第三，政策推动，汽车消费依然起到重要支撑作用。尽管 2021 年 9 月以后，汽车消费额累计增速开始低于全部消费额增速，但通过对比历年数据可以发现，疫情暴发以来在政策的推动下，汽车消费的稳增长一直是支持当前消费额增速上涨的主要动力（见图 1-8）。一方面，2021 年以来，大部分月份中汽车消费额增速保持同比正增长；另一方面，当前汽车消费增速与全部消费增速的差额显著收窄，至少说明与 2019 年之前不同，当前汽车消费额增速并未对全部消费额增速起到明显的拉低作用。2022 年 9 月，财政部、国家税务总局、工业和信息化部发布了《关于延续新能源汽车免征车辆购置税政策的公告》，对购置日期在 2023 年 1 月 1 日至 2023 年 12 月 31 日期间内的新能源汽车，免征车辆购置税。与 2022 年相比，减少了对单车价格（不含增值税）不超过 30 万元的 2.0 升及以下排量乘用车减半征收车辆购置税的政策。尽管随着汽车消费的逐步恢复，税费减免的优惠政策也在逐步取消，但与疫情前相比，汽车消费增速相对上涨，对全部消费的支撑作用相对更强。

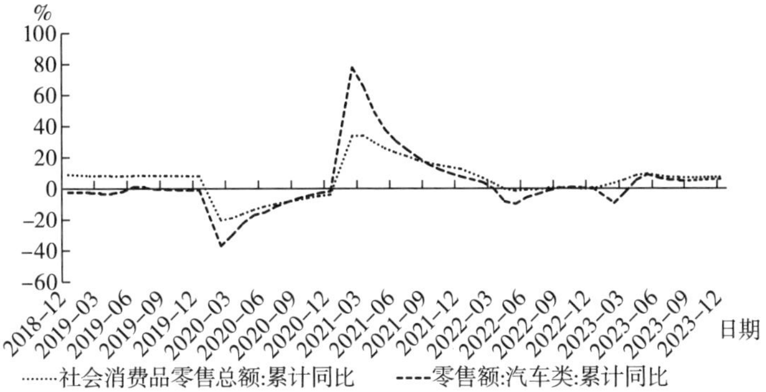

图 1－8　汽车消费额累计同比增速

资料来源：Wind 数据库，北京大学国民经济研究中心。

第四，价格波动，对部分消费品消费额增速作用显著。一方面，2023 年贵金属价格高企，受价格因素影响，2023 年金银珠宝消费额增速快速上涨。2023 年 1—9 月，金银珠宝消费额同比增长 12.2%，高于全部消费额增速 5.4 个百分点。例如，2023 年 3 月，基础价中国黄金为 429.16 元/克，金价较 2 月环比增长 3.6%，受黄金价格的快速上涨推动，当月金银珠宝消费额增速快速上涨，当月同比增长 37.4%，高于全部消费额增速 26.8 个百分点，而且当月存在高基数效应。另一方面，尽管 2023 年出行增多，石油及制品消费需求扩张，但受国际原油价格相对回落影响，2023 年石油及制品消费额增速相对下降。2023 年，石油及制品消费额同比增长 6.6%，较 2022 年下降 3.1 个百分点。

第五，房地产市场低迷，相关消费增速继续低位徘徊。2023 年，房地产市场走势低迷，受其影响与之相关的消费品消费额增速继续低位徘徊。2023 年，家用电器和音像器材类消费额同比增长 0.5%，较全部消费额增速低 6.7 个百分点，较 2019 年低 5.1 个百分点；家具类消费额同比增长 2.8%，较全部消费额增速低 4.4 个百分点，较 2019 年低 2.3 个百分点，是 2022 年的低基数效应以及防疫政策调整对接触型消费品消费的刺激所致，相比其他消费品及历史记录仍位于底部；建筑及装潢材料类消费额同比增长 -7.8%，较全部消费额增速低 15.0 个百分点，较 2019 年低 10.6 个百分点（见图 1-9）。

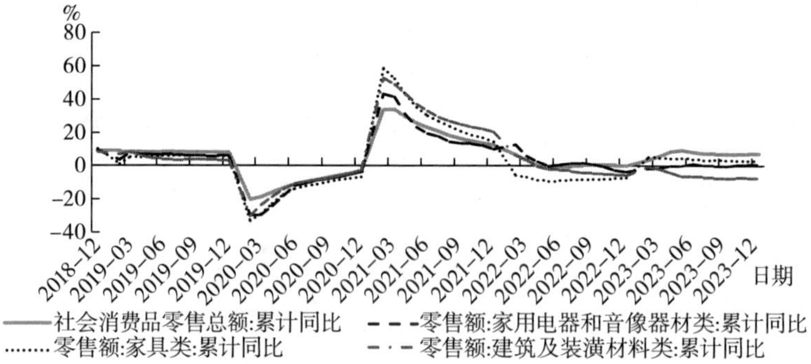

图 1-9　与房地产相关消费品的消费额累计同比增速

资料来源：Wind 数据库，北京大学国民经济研究中心。

2. 投资

2023 年前三季度，全国固定资产投资 503036 亿元，同比增长 3.0%，较 2022 年下滑 2.1 个百分点，投资增速逐月下滑（见图 1-10）。其中，第一产业投资 10085 亿元，同比增长 -0.1%，较 2022 年下滑 0.3 个百分点；第二产业投资 162136 亿元，同比增长 9.0%，较 2022 年下滑 1.3 个百分点；第三产业投资 330815 亿元，同比增长 0.4%，较 2022 年下滑 2.6 个百分点。从重点产业来看，房地产开发投资 110913 亿元，同比增长 -9.6%，较 2022 年上涨 0.4 个百分点；制造业投资同比增长 6.5%，较 2022 年下滑 2.6 个百分点；基建投资同比增长 5.9%，较 2022 年下滑 3.5 个百分点。可见，2023 年除了第三产业中的非房地产非基建部分投资增速上涨外，其他投资增速均较 2022 年出现不同的下滑。

综合而言，2023 年全国固定资产投资总体表现在以下四个方面：

第一，第三产业投资增速上涨，但第二产业投资才是主要支撑。2023 年，全国固定资产投资中，第三产业投资增速较 2022 年显著上

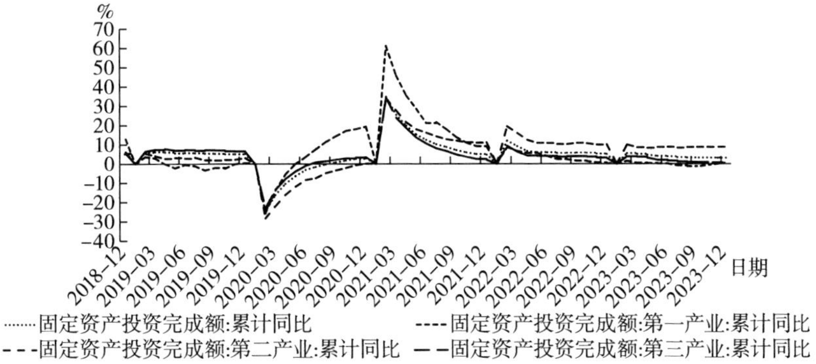

图 1 -10　全国固定资产与三大产业投资累计同比增速

资料来源：Wind 数据库，北京大学国民经济研究中心。

涨，是主要行业、产业中唯一增速较 2022 年上涨的产业，但增速却低于全部投资增速，是拉低全部投资增速的主要因素。2023 年，第三产业投资同比增长 0.4%，较全部投资增速低 2.6 个百分点，是抑制 2023 年投资增速上涨的主要因素。尽管与 2022 年相比，2023 年第二产业投资增速下滑 1.3 个百分点，但依然是当前投资的主要支撑。2023 年，第二产业投资同比增长 9.0%，高于全部投资增速 6.0 个百分点。而且 2023 年，除了第二产业投资外，其他投资增速均呈逐月下滑的态势。

第二，房地产投资领跌，基建投资未见兜底。2023 年，导致投资增速持续下滑的最主要因素就是房地产市场持续低迷。2023 年，房地产投资同比下降 9.6%，影响全部投资增速下降 2.1 个百分点。另外，与过去不同的是，当前经济下行压力较大，却并未见到明显的基建投资兜底的现象。2014 年，经济下行压力较大，GDP 增速从 2011 年的 9.6%，跌至 7.4%，逆周期调节基建投资增速从 2012 年的 13.7%，上涨至 21.5%。与 2014 年的大规模基建投资不同，2023 年，不含电力的基建投资增速仅为 5.9%，不仅连“两位数”的投资增速都没达到，还呈现逐月下降的态势（见图 1 -11）。

第三，民间投资下滑明显。2023 年，民间投资同比增长 -0.4%，较 2022 年下滑 1.3 个百分点，占比一半以上的民间投资增速持续下滑，是拉低当前投资增速的根本因素。与往年相比，2023 年民间投资增速下滑速度较快。2019 年以来，民间投资占全部投资比重基本徘徊在 56%左右，但 2023 年出现较为明显的下滑，截至 2023 年年底，民间投资占全部投资比重已经跌至 50.4%，而且当前占比仍呈现出逐月下降的趋势（见图 1－12）。

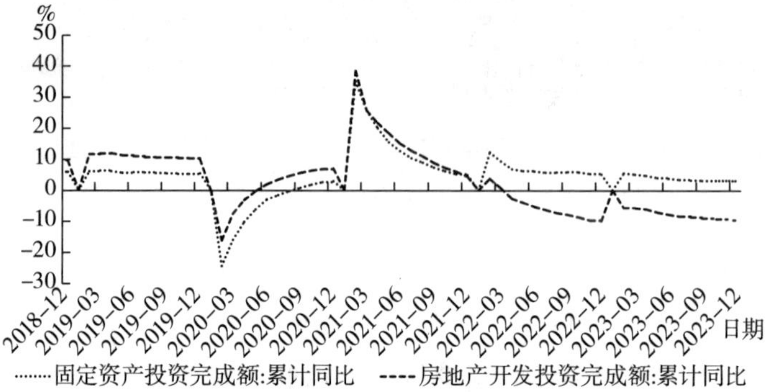

图 1－11　房地产投资与全部投资增速

资料来源：Wind 数据库，北京大学国民经济研究中心。

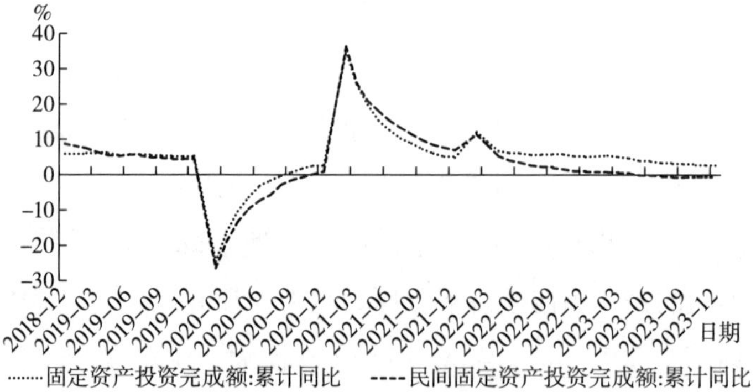

图 1－12　民间投资与全部投资增速

资料来源：Wind 数据库，北京大学国民经济研究中心。

第四，投资结构变化，高技术投资替代传统投资领跑全部投资。尽管受房地产等投资增速下滑影响，2023 年全部投资增速低位徘徊，但高技术产业投资却始终保持“两位数”的同比增速，领跑全部投资，成为拉动整体投资的主要动力之一，投资结构不断变化。2023 年 1—10 月，高技术产业投资同比增长10.3%，高于全部投资增速7.3个百分点。其中，高技术制造业投资同比增长9.9%，高技术服务业投资同比增长11.4%。

3. 进出口

2023年，中国进出口总额为59368.3亿美元，同比增长-5.0%，低于2022年8.3个百分点，增速整体呈现逐步下滑的趋势。其中，进口总额为25568.0亿美元，同比增长-5.5%，低于2022年6.2个百分点；出口总额为33800.2亿美元，同比增长-4.6%，低于2022年10.2个百分点；贸易顺差为8232.2亿美元，收窄1.75%。总体来看，2023年中国的对外贸易整体收缩，进出口增速出现下滑，详见图1-13、图1-14。

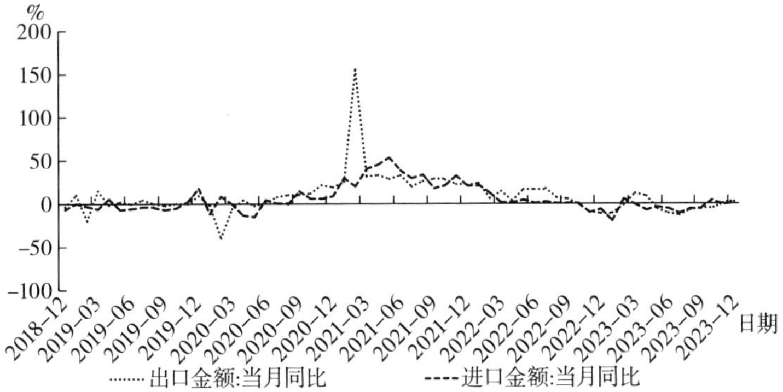

图1-13　进出口额当月同比增速

资料来源：Wind数据库，北京大学国民经济研究中心。

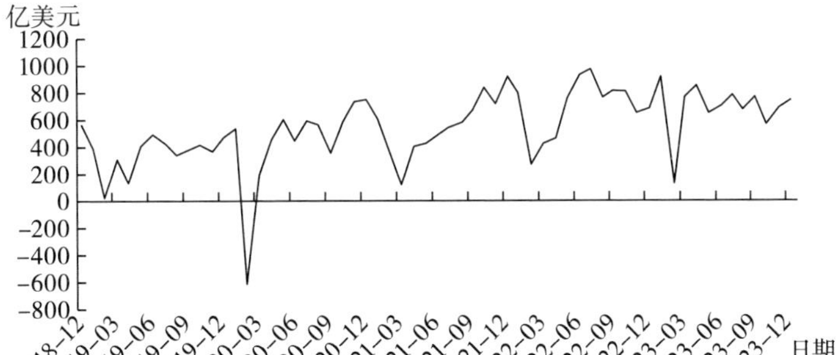

图1-14　贸易差额当月值

资料来源：Wind数据库，北京大学国民经济研究中心。

综合而言，2023 年中国的对外贸易主要表现在以下几方面：

（1）出口方面

第一，2023 年，国际政治变化多端，地缘政治冲突四起，在世界贸易产业链重构冲击下，全球对外贸易下滑，中国对外出口额增速同比负增长。2023 年，包括美国、欧盟、东盟、日本、印度等主要经济体的对外出口增速均较 2022 年出现不同程度的下滑，欧盟、印度、东盟等部分经济体的出口金额甚至较 2022 年出现下降，马来西亚、印度尼西亚、越南等部分东盟国家的降幅有的已达到 10% 左右。一方面，俄乌冲突、巴以冲突使得欧美等国家或地区陷入战争的泥潭，抑制了经济的增长；另一方面，高企的能源等原材料价格以及贸易脱钩，推高了全球的通胀率，使得全球进入加息周期，进一步抑制了主要经济体的经济增长。地缘政治冲突、产业链断裂、贸易脱钩使得全球外贸增速普遍下滑，2023 年中国对外出口额增速的下行只是全球贸易走势的一个缩影。

第二，国别出口结构发生变化，传统出口贸易伙伴的比重不断下降，中国对中西亚的出口额增速快速大幅提升。从出口的国别角度来看，一方面，2023 年中国对欧美等传统贸易伙伴国的出口额增速、出口占比均出现了显著的下降；另一方面，中国对俄罗斯、朝鲜以及沙特阿拉伯、伊朗等中西亚国家的出口额增速、出口占比在快速上涨。

2023 年，中国对美国、欧盟的出口额占全部出口的比重分别为 14.83%、15.23%，分别低于 2022 年 1.85 个、0.12 个百分点；同时，2023 年，中国对美国、欧盟出口额分别同比下降 13.1%、10.2%，合计影响中国对外出口额下降 3.50 个百分点。新贸易伙伴方面，2023 年，中国对俄罗斯、朝鲜、蒙古国以及非洲和中西亚国家的出口额增速快速上涨。2023 年，中国对朝鲜、俄罗斯以及非洲国家的出口额分别累计同比增长 140.4%、46.9%、7.5%，显著高于全部对外出口额累计增速的 -4.6%。2023 年，中国对外出口新伙伴合计占对外出口比重为 17.73%，较 2022 年上涨 3.60 个百分点，合计影响中国对外出口额上涨 3.48%。中国的新出口伙伴国包括：俄罗斯、非洲国家、阿富汗、朝鲜、伊朗、伊拉克、科威特、老挝、蒙古国、沙特阿拉伯、新加坡、土耳其、阿拉伯联合酋长国、哈萨克斯坦、吉尔吉斯斯坦、塔吉克斯坦、土库曼斯坦、乌兹别克斯坦以及亚洲其他国家（地区）。

第三，从出口产品的类别来看，“新三样”快速增长，成为当前中国对外出口的主要支撑。电动载人汽车、锂电池、太阳能电池是出口“新三样”，替代“老三样”（服装、家具、家电）成为推动中国外贸出口增长的新支撑。与“老三样”相比，“新三样”的技术含量更高，与中国产业结构的调整方向一致，更具有可持续性和发展性。

2023 年，“新三样”的出口金额占中国全部对外出口总额的 4.5%，这一比重较 2020 年上涨了 3.0 个百分点，影响中国对外出口总额上涨 1.68 个百分点。其中，电动载人汽车出口金额同比增长 73.4%，影响汽车包括底盘出口金额同比增长 30.2%，影响全部出口金额同比增长 0.91%。与 2020 年相比，“老三样”的出口金额占中国对外出口总额的比重则下降了 1.82 个百分点，影响中国对外出口总额下降 0.37 个百分点。

（2）进口方面

第一，受国际大宗商品价格大幅波动影响，2023 年中国的进口额增速呈现出前低后高波动式上涨的态势。2023 年，中国进口总额累计同比增速已经从 1 月的 -20.9% 涨至 12 月的 -5.5%。2022 年第一季度，受国际大宗商品尤其是能源价格快速上涨的影响，中国进口额增速相对较高，对 2023 年第一季度形成了显著的高基数效应。2022 年第一季度进口额同比增长 10.4%，高于 2022 年全年进口额增速 9.7 个百分点。受高基数效应影响，2023 年第一季度，进口额同比下降 7.2%，低于全年增速 1.7 个百分点。

第二，国内外形势突变，2023 年中国国内经济复苏进程慢于预期，内需压力增大，抑制出口增速上涨。第一季度后，中国国内主要宏观经济数据下调，经济下行压力加大，内需收缩，抑制进口增速上行。2023年上半年，全国固定资产投资同比增长 3.8%，低于第一季度 1.3 个百分点，其中，房地产开发投资同比下降 7.9%，较第一季度下降 2.1 个百分点。房地产投资的下滑，极大地抑制了钢铁等原材料需求的扩张，影响进口增速的上涨。截至 2023 年年底，中国钢材的进口数量累计同比下滑 27.6%。国际方面，以美欧为首的西方发达国家，渲染“中国威胁论”，一度打压、抑制中国的发展，国际环境的突变间接抑制了国内需求的增长，不利于进口增速的上涨。

第三，东盟是中国第一大进口贸易伙伴，进口增速主要靠 RCEP 成员国支撑。2023 年，中国从东盟、欧盟、美国和日本的进口总额分别为 3880.4 亿美元、2817.5 亿美元、1641.6 亿美元、1604.8 亿美元，分别同比增长 -4.8%、-0.9%、-6.8%、-12.9%。其中，东盟作为中国第一大进口贸易伙伴，占中国全部进口总额的 15.18%，高于 2022 年比重 0.16 个百分点；欧盟是中国第二大进口贸易伙伴，占中国全部进口总额的 11.02%，高于 2022 年比重 0.52 个百分点。值得注意的是，中国对荷兰的进口增速相对较高，1—10 月，中国从荷兰进口额同比增长 35.1%，高于从欧盟进口额增速 41.9 个百分点，高于中国全部进口总额增速 40.6 个百分点。

第四，大宗商品方面，大部分商品进口数量增速上涨，但由于价格下行进口额增速走低。2023 年全球经济下行压力依然较大，欧美等发达国家的加息周期仍未结束，主要大宗商品价格下滑，对中国的进口额增速起到抑制作用。2023 年 1—10 月，铁矿砂及其精矿、原油、煤及褐煤、天然气、粮食、肉类的进口数量分别同比增长 6.6%、11.0%、61.8%、9.9%、11.7%、-0.3%，进口额增速分别为 4.9%、-7.7%、24.1%、-8.1%、1.0%、-13.2%。可见，进口数量增速均高于进口额增速，价格因素对进口额增速具有抑制作用。

（四）价格

2023 年，中国价格形势整体超预期呈现出低迷态势，总需求不足成为主要矛盾。1—12 月居民消费价格指数（CPI）累计同比增长 0. 2%，处于持续下行态势。分月来看，CPI 同比自 4 月以来连续 9 个月处于零值边缘及以下，环比仅 1 月、第三季度和 12 月等 5 个月份上涨，其中起主导作用的是消费品价格，全年多数月份出现下跌。货币供应充足，但物价却持续低迷的症结在于居民消费需求不足和民间投资不振，主要归因于两个方面：一是居民和企业债务较高。去杠杆过程中，居民可支配收入减少和消费倾向偏低，企业投资不足。二是疫情的疤痕效应。疫情冲击的短期影响逐渐消退，但长期影响仍在，包括对消费习惯的改变、企业投资的改变和就业市场的影响等；1—12 月工业出厂价格指数（PPI）累计同比下跌 3. 0%，上半年处于持续下行态势，下半年基本稳定，但始终处于负值区间。分月来看，PPI 同比上半年连续 6 个月跌幅扩大，环比始终处在非正区间，下半年同比企稳，环比在零值附近波动。生产成本冲击对 PPI 的影响逐渐消退，工业出厂价格逐渐回归到合理均衡范围。PPI 上半年持续下行的原因主要在于疫情及俄乌冲突对国际原油等大宗商品价格影响消退，同时工业需求不足造成产能利率下滑以及利润恶化也是推动 PPI 下半年持续低迷的重要因素。

1. 居民消费价格指数方面

2023 年 CPI 同比增长 0. 2%，低于 2022 年增速 1. 8 个百分点。受疫情疤痕效应、总需求不足、油价下行以及猪价低迷压制影响，CPI 增速呈现高开低走、逐月下降的走势特征，在 2022 年高基数效应的影响下，2023 年 CPI 同比增速中枢表现出明显下移，如图 1 – 15 所示。

分季度来看，第一季度 CPI 累计同比上涨 1. 3%，高于 2022 年同期增速 0. 2 个百分点，上半年累计同比上涨 0. 7%，低于 2022 年同期增速 1. 0 个百分点，前三季度累计同比上涨 0. 4%，低于 2022 年同期增速

图 1-15　CPI 累计同比和当月同比

资料来源：Wind 数据库，北京大学国民经济研究中心。

1.6 个百分点。2023 年居民消费价格指数表现出以下两方面特点：

第一，CPI 增速在前三季度受到食品项的抬拉，但在第四季度受到食品项拖累（见图 1-16）。食品项主要受鲜果和蛋类价格的支撑，受猪肉和鲜菜价格的压制，其中猪价在上半年为支撑作用，但在第三季度转为压制作用，且压制力度逐月加大。食品项价格全年累计同比下跌 0.3%，其中第一季度累计同比增长 3.7%，上半年累计同比增长 2.5%，前三季度累计同比增长 0.9%。从猪价看，中央猪肉收放储政策保障了猪肉市场的平稳运行，上半年中国生猪存栏量惯性增长，市场供应宽松充裕，受低基数效应影响，猪价同比持续为正，但增幅逐月下降。进入下半年，受前期压栏惜售和消费需求回温等影响，猪肉价格有所反弹，但受高基数效应影响，猪价同比降幅较大，全年同比下跌 13.6%。从粮油看，粮油价格全年偏稳定，低基数效应和翘尾因素使得上半年粮油价始终是 CPI 拉升项，但全年粮价小幅抬升总体平稳，全年累计同比增长 1.0%，低于上年同期 1.8 个百分点，食用油在高基数下价格增长继续下行，全年累计同比增长 0.7%，低于上年同期水平 5.1 个百分点。从鲜菜、鲜果看，受运输条件改善、气温偏暖带来成本下降和供需结构不匹配等因素影响，鲜菜累计同比下跌 2.6%，鲜果累计同比增长 4.9%，均大幅低于上年同期水平。从水产品、蛋、奶看，受供需求状况先偏紧后又偏松的影响，水产品、蛋类和奶类价格全年累计同比增速分别为 0、0.3%、0.4%，三者均低于上年同期水平。

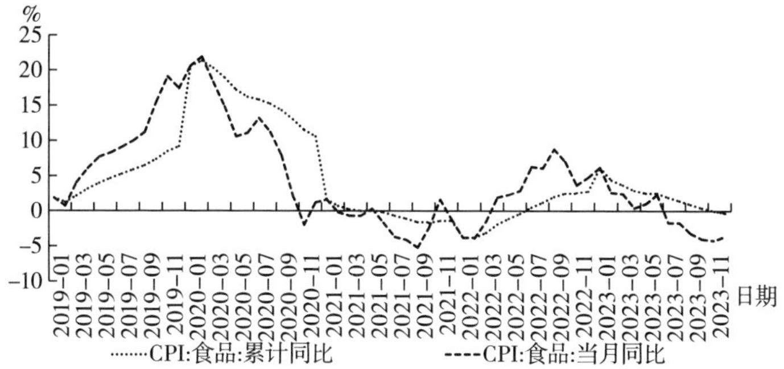

图 1－16　CPI：食品累计同比和当月同比

资料来源：Wind 数据库，北京大学国民经济研究中心。

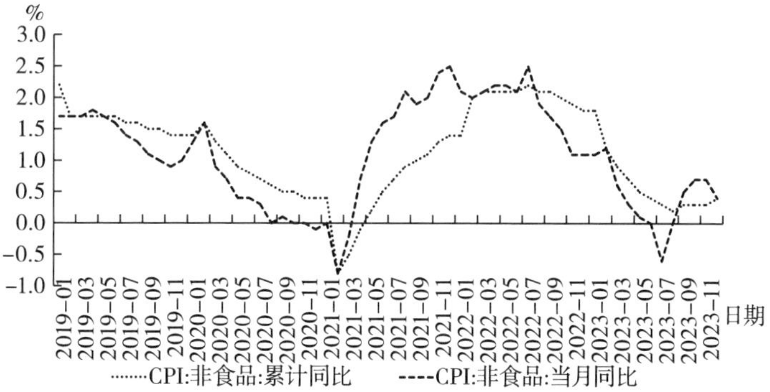

图 1－17　CPI：非食品累计同比和当月同比

资料来源：Wind 数据库，北京大学国民经济研究中心。

第二，CPI 增速在前三季度主要受到非食品项的拖累，但在第四季度受到非食品项支撑（见图 1－17）。国际原油价格高位震荡下行带动工业消费品价格表现低迷，而总需求不足压制整体服务业价格表现。非食品项价格全年累计同比增长 0.4%，其中第一季度累计同比增长 0.7%，上半年非食品项价格累计同比增长 0.3%，前三季度非食品项价格累计同比增长 0.3%，均低于上年同期表现。衣着、医疗、教育文娱和其他用品等四项价格全年增长平稳，累计同比增速分别为 1.0%、1.1%、2.0%、3.2%，抬拉非食品项价格同比表现；受国际原油价格高位震荡下行特别是燃油价格下行的影响，交通和通信项价格全年累计同比增长 -2.3%，成为拖累非食品项价格同比表现的主要因素；另外，居住和生活用品等两项价格小幅拖累非食品项价格同比表现，全年累计同比增长分别为0、0.1%。

在《中国经济安全展望报告（2023）》中，我们预测的 CPI 累计同比增速普遍偏高，这主要是因为，一方面，未能预期到居民消费需求不足和民间投资不振对物价持续低迷的巨大影响；另一方面，低估了猪肉价格低迷对 CPI 的压制作用，造成预测值高于实际值。

2. 工业出厂价格指数方面

2023 年 PPI 同比下跌3.0%，低于2022 年增速7.1 个百分点。受全球大宗商品高位震荡回落叠加高基数效应等因素影响，PPI 同比增速上半年持续下行，下半年降幅企稳，全年呈现低开低走的走势特征，如图1-18 所示。

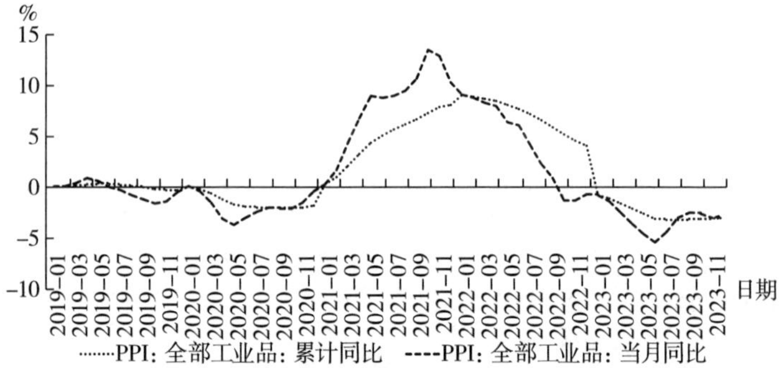

图1-18 PPI：全部工业品累计同比和当月同比

资料来源：Wind 数据库，北京大学国民经济研究中心。

分季度来看，第一季度 PPI 累计同比下跌1.6%，低于2022 年同期增速10.3 个百分点，上半年累计同比下跌3.1%，低于2022 年同期增速10.8 个百分点，前三季度累计同比下跌3.1%，低于2022 年同期增速9.0 个百分点。2023 年工业出厂价格指数表现出以下两方面特点：

第一，PPI 增速主要受生产资料增速的拖累。受高基数效应影响，第一季度生产资料价格累计同比下跌 2.3%，随着国际原油等大宗商品价格高位震荡回落叠加中下游工业需求渐显不足和高基数效应，生产资料价格增速上半年持续回落，上半年累计同比下跌 4.1%，但在下半年企稳，前三季度累计同比下跌 4.1%，全年累计同比下跌 3.9%（见图 1－19）。2023 年上半年，工业出厂价格受生产成本压力趋缓影响持续下行，基本符合市场预期，而工业需求不足推动工业出厂价格下半年持续低迷，超出市场预期。具体来看，全年采掘工业生产资料价格累计同比下跌 7.7%，原材料工业生产资料价格累计同比下跌 4.4%，加工工业生产资料价格累计同比下跌 3.3%。

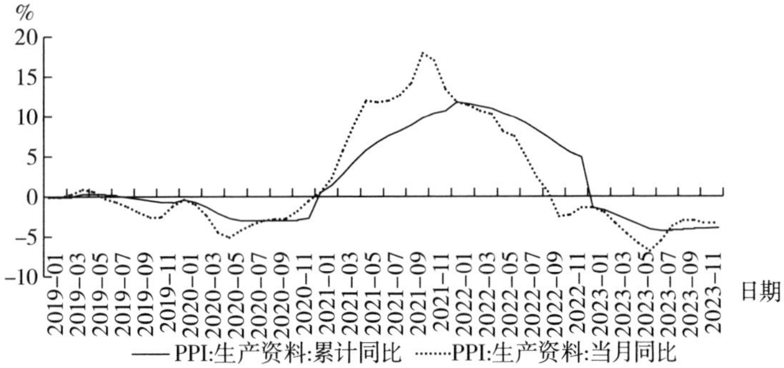

图 1－19　PPI：生产资料累计同比和当月同比

资料来源：Wind 数据库，北京大学国民经济研究中心。

第二，PPI 增速主要受到生活资料项的支撑，但较上年同期而言仍反映出需求不足的状况。生活资料价格整体呈现高开低走态势，全年同比下跌 0.1%。上半年受国内疫情防控政策调整、保供稳价等政策支持和中下游工业需求温和恢复叠加低基数效应影响，第一季度生活资料价格累计同比上涨 1.2%，上半年累计同比上涨 0.6%。但下半年随着工业经济整体呈现需求不足的态势叠加基数效应走高，同比增速逐渐下行，前三季度累计同比上涨 0.3%（见图 1－20）。生活资料价格增速较上年有所下行，主要归因于从能源传导而来的中下游工业成本下降和中下游需求表现不足，进而导致下游生活资料价格的同比增速下行，全年食品类生活资料价格累计同比上涨 0.2%，而衣着类生活资料价格累计同比上涨 1.1%、一般日用品类价格累计同比上涨 0.5%、耐用消费品类价格累计同比下跌 1.1%（受地产下行影响）。

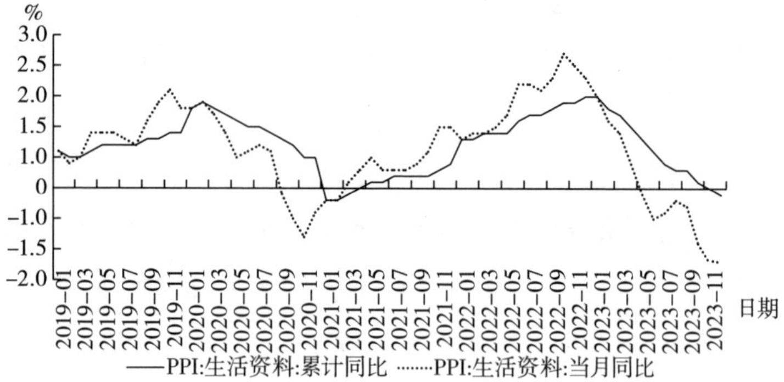

图 1-20　PPI：生活资料累计同比和当月同比

资料来源：Wind 数据库，北京大学国民经济研究中心。

在《中国经济安全展望报告（2023）》中，我们预测的 PPI 累计同比增速高于实际结果，主要是由于成本冲击超预期的消退和未能预期到总需求的超预期低迷。

二、货币金融

（一）人民币贷款

2023 年，全国新增人民币贷款 227431 亿元，比 2022 年高 14335 亿元。其中，短期贷款 57000 亿元，较 2022 年多增 15900 亿元；中长期贷款 161200 亿元，较 2022 年多增 23100 亿元。分部门看，居民户新增人民币贷款 43300 亿元，同比多增 5000 亿元，其中短期贷款 17800 亿元，中长期贷款 25500 亿元，分别同比多增 7000 亿元和同比少增 2000 亿元；企（事）业单位新增人民币贷款 179100 亿元，同比多增 8200 亿元，其中短期贷款 39200 亿元，中长期贷款 135700 亿元，票据融资 3410 亿元，分别同比多增 8900 亿元、25100 亿元和同比少增 26190 亿元，如图 1-21 至图 1-23 所示。

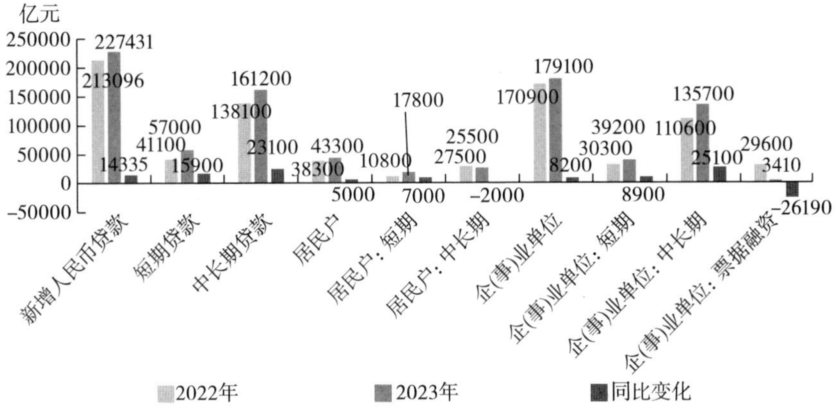

图 1－21　金融机构：新增人民币贷款：分项

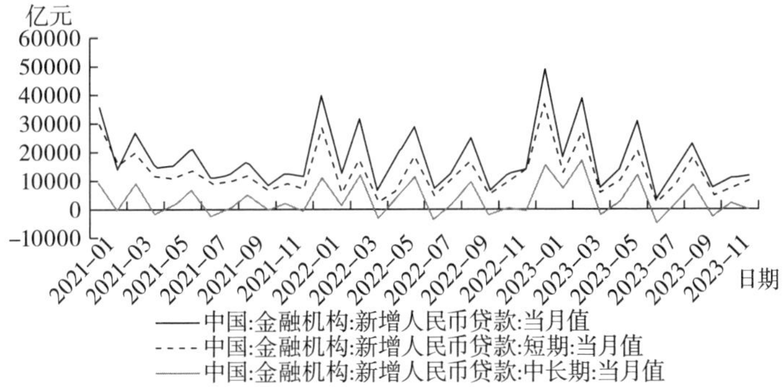

图 1－22　新增人民币贷款：分项：当月值

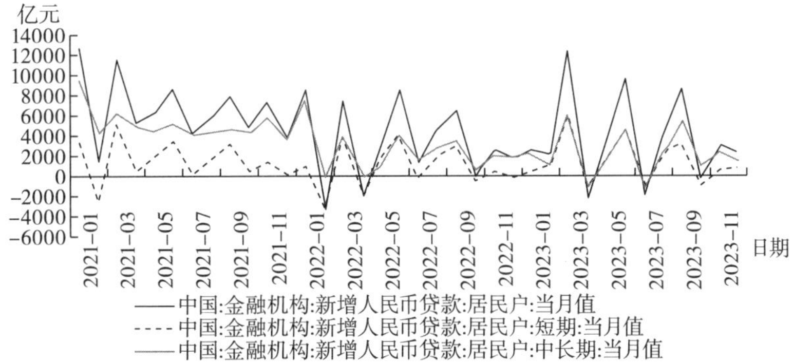

图 1－23　新增人民币贷款：居民户分项：当月值

1. 人民币贷款总量多增，信贷结构也较上年大幅改善

2023 年以来，中国人民银行继续加强和完善货币政策调控，一方面，在本年度通过降准或降利率的方式加大稳健货币政策的实施力度，合理增加流动性，确保货币政策灵活适度、精准有效，支持居民户和企（事）业单位的信贷需求；另一方面，在 2022 年第四季度推行的各类专项再贷款以及结构性工具均对 2023 年的信贷规模构成了支撑，共同助力 2023 年全年信贷规模稳步扩大。与此同时，从短期贷款和中长期贷款结构来看，信贷结构较上年表现出大幅改善，主要得益于中长期贷款的大幅多增，由 2022 年的同比少增 15000 亿元转为 2023 年的同比多增 23100 亿元，结构优化较为显著。

2. 居民户信贷规模同比多增，但信贷需求仍处于恢复状态

2023 年居民户信贷需求在疫情影响逐渐消散的背景下并未得到集中释放，而是在经历疫情之后助长了预防性储蓄需求。例如，2023 年全国储蓄存款余额 136.99 万亿元，较上年同期增长 16.65 万亿元，同比增长 12.15%。截至 2023 年 9 月，居民户存款余额 14.42 万亿元，较上年同期增长 1.21 万亿元，同比增长 9.16%，如图 1 – 24、图 1 – 25 所示。如此快速增长的预防性储蓄导致居民户信贷需求不足，尽管 2023 年以来国内出台了各类相关促进消费的政策，以及楼市调整政策，尤其是年中以来全国各地纷纷松绑楼市，实行认房不认贷等重大促楼市政策。这些政策的实施在当月的确发挥了一定的积极作用，居民户中长期贷款出现了短暂的上涨，但持续力有限，后续政策效力减弱。但也正是这些政策的持续发力，使全年居民户信贷规模实现了同比多增，较上年大幅改善，尽管中长期贷款仍是同比少增，但信贷需求仍在不断修复。

3. 企（事）业单位信贷规模和结构均得到改善，但票据融资明显减少

2023 年在上年年末各类专项贷款政策、开放性金融工具以及当年

持续落地的稳增长政策作用下，企（事）业单位整体信贷规模呈现前高后低的走势，具体表现为上半年同比大幅多增，进入下半年增幅开始逐步减小，例如，11 月企（事）业单位中长期贷款已经同比少增 2907 亿元，但这并不影响全年企（事）业单位信贷规模同比多增的格局，以及信贷结构改善的局面。此外，从当前票据融资规模来看，相较上年大幅少增，显示 2023 年企（事）业单位获取信贷资源相对宽裕，一定程度上印证了 2023 年以来稳健货币政策的执行力度，如图 1－26 所示。

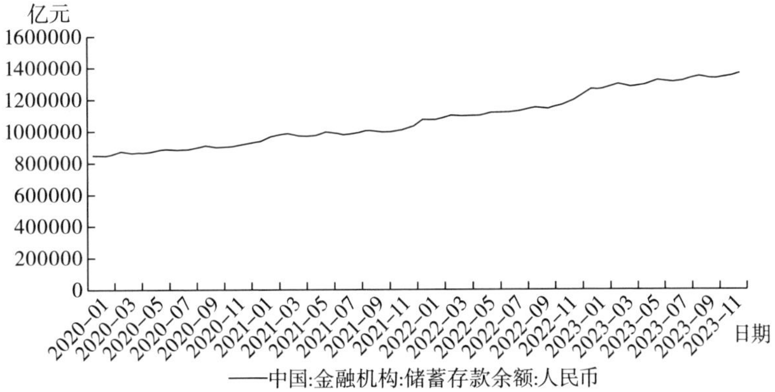

图 1－24　储蓄存款余额

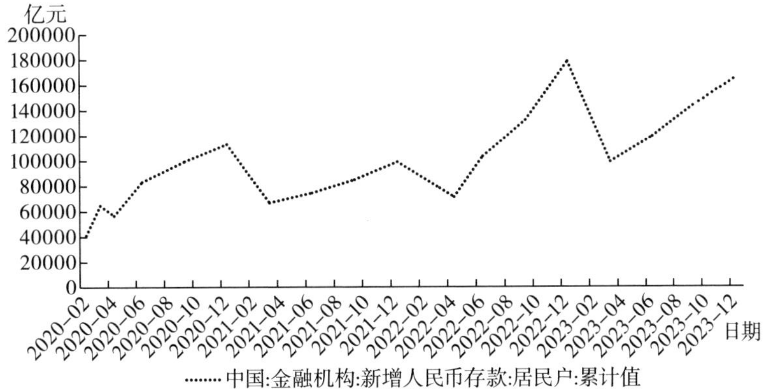

图 1－25　新增人民币存款：居民户

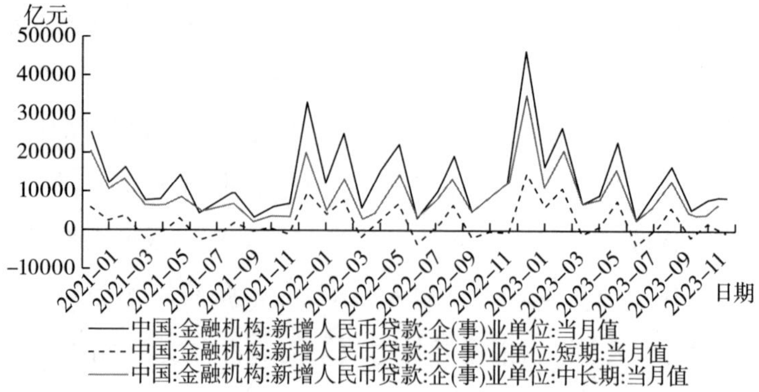

图 1-26　新增人民币贷款：企（事）业单位

（二）M2

2023 年，狭义货币（M1）余额 68.05 万亿元，同比增长 1.3%，较 2022 年下降 2.4 个百分点；广义货币（M2）余额 292.27 万亿元，同比增长 9.7%，较 2022 年下降 2.1 个百分点，低于市场预期，如图 1-27 所示。

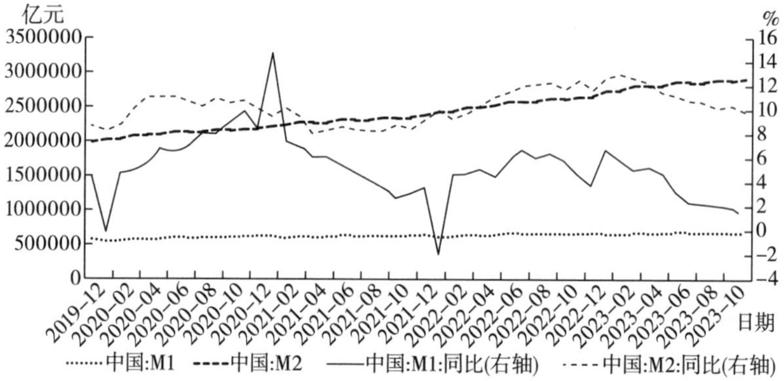

图 1-27　M1 和 M2

从 M2 与 M1 的同比增速差来看，11 月末两者的同比增速差为 8.7%，增速剪刀差较上期提高 0.3 个百分点。自 2023 年以来，M1 和 M2 同比增速均已形成持续性下降的趋势，且本月的 M1 同比增速已经降至 2009 年年初以来的低位（排除受春节效应影响的月份），从而形成增速剪刀差持续扩大的态势，显示 2023 年以来市场资金活化程度持续较弱，表明实体部门支出意愿较为谨慎，如图 1－28 所示。这一定程度上印证了企（事）业单位中长期贷款边际减弱的迹象，企业经营内生动力出现了波动，间接反映出市场预期还需进一步巩固。

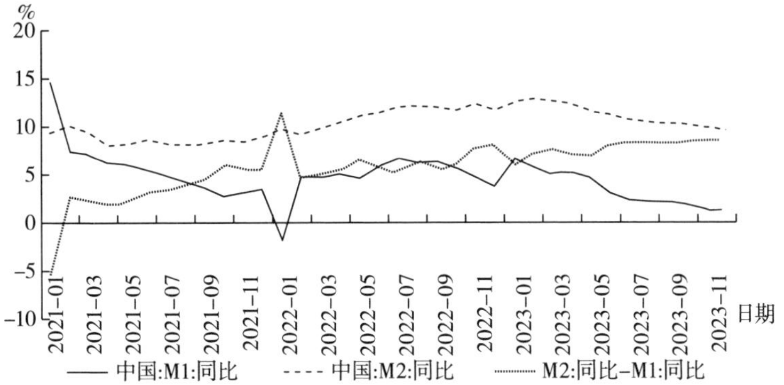

图 1－28　M1、M2 和 M2－M1

从社会融资规模存量与 M2 的同比增速差来看，11 月末两者的同比增速差为－0.6%，较上期继续减少 0.4 个百分点，增速差延续趋势性减少。自 2022 年 4 月以来，社会融资规模存量扩张速度持续弱于货币扩张速度，且增速差持续为负，预示着资金流动性持续充裕。自 2023 年以来，稳经济政策持续落地生效，尤其是第一季度政策发力显著，社会融资规模存量同比增速缓慢上升，同时叠加 M2 同比增速趋势性下滑，使得增速差持续减小并可能出现反转，表明资金空转现象有持续缓解的趋势（见图 1－29）。

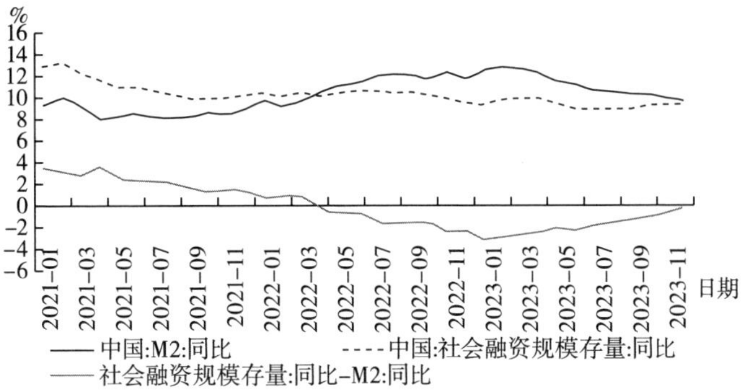

图 1－29　社会融资、M2 和社会融资－M2

（三）人民币汇率

2023 年人民币汇率先降后升，呈“V”形走势。美元兑人民币即期汇率从 2023 年年初的 6.79，降至 12 月的 7.14，降幅达到 5.2%。10 月，美元兑人民币即期汇率进入窄幅震荡期，在 7.2922～7.3187 区间双向波动。11 月 4 日，美国劳工统计局发布的数据显示，美国 10 月 CPI 同比增长 3.2%，低于 9 月 0.9 个百分点，低于 1 月 3.2 个百分点。受美国通胀率超预期下调影响，11 月人民币汇率一路上涨。11 月 1 日，美元兑人民币即期汇率为 7.3187，12 月 29 日为 7.0920，上涨了 2267 个基点。随着美国、欧洲通胀率的下降，以及全球货币政策预期的改变，后续人民币汇率存在平缓上升的趋势。

2023 年第一季度，人民币汇率震荡下跌，人民币汇率从 6.71 下跌至 6.99。1 月人民币汇率整体小幅走强，在 6.71～6.95 区间双向波动；2 月人民币汇率整体小幅走弱，在 6.72～6.97 区间双向波动；3 月人民币汇率整体小幅走强，在 6.88～6.99 区间双向波动。北向资金净流入、中美利差倒挂、美联储加息预期变动、国内疫情政策变化是影响第一季度人民币汇率走势的主要因素。国际方面，2023 年的第一次加息会议，美联储加息 25 个基点，美国通胀处于下行通道，美联储加息步伐放缓，美国经济数据压低美元指数；2 月 2 日美联储宣布继续加息 25 个基点，美国通胀下行斜率放缓，美联储加息预期增强，地缘政治风险增强助力美元指数持续反弹；尽管银行业风险对美联储加息形成压力，但 3 月美国通胀和就业数据超出预期，3 月 23 日美联储公布 FMOC 会议纪要显示美联储加息 25 个基点，符合市场预期，3 月最后一周市场对欧美银行业的担忧情绪有所缓解，美元指数走弱。

2023 年第二季度，人民币汇率继续呈现震荡下跌趋势，人民币汇率从 6.85 下跌至 7.27。4 月人民币汇率整体走弱，在 6.85～6.94 区间双向波动；5 月人民币汇率继续走弱，在 6.91～7.12 区间双向波动；6 月人民币汇率延续震荡下跌趋势，在 7.08～7.27 区间双向波动。北向资金净流入、中美利差倒挂、欧美银行业风险、国内经济复苏短期波动、季节性购汇需求、货币政策分化是影响第二季度人民币汇率走势的主要因素。国际方面，4 月、5 月美国经济数据呈现分化，通货膨胀黏性较大，美元指数双向波动；6 月美国经济数据超预期，市场风险偏好抬升，美元指数双向波动。

2023 年第三季度，人民币汇率依然延续震荡下跌趋势，人民币汇率从 7.13 下跌至 7.32。7 月人民币汇率呈现震荡反弹现象，在 7.13～7.26区间双向波动；8 月人民币汇率继续震荡下跌在 7.13～7.34 区间双向波动；9 月人民币汇率依然震荡下跌，在 7.17～7.32 区间双向波动。中美利差倒挂、季节性购汇需求、国内经济基本面偏弱、货币政策分化是影响第三季度人民币汇率走势的主要因素。国际方面，7 月、8 月美国就业和通胀数据超预期回落，美元指数明显走弱；9 月美国经济数据表现良好，美联储加息会议释放维持高利率信号。国内方面，7 月中共中央政治局会议部署的稳经济政策落地实施，同时中国人民银行和国家外汇管理局启用稳汇率工具保障汇率在合理区间内稳定运行。

2023 年第四季度，人民币汇率止跌反弹进入上升区间，人民币汇率从 7.32 涨至 7.09。10 月人民币汇率继续震荡下跌，从 7.30 跌至 7.32；11 月人民币汇率开始止跌反弹，从 7.32 涨至 7.13；12 月人民币汇率继续震荡上涨，在 7.09～7.13 区间双向波动。10 月尽管美联储暂停加息，但鲍威尔表示“美联储目前没有考虑，也没有讨论过未来降息的问题”，人民币承压；11 月中美高层互动频繁，双方元首会晤，利好人民币；12 月美联储再次暂停加息，加大了市场对加息转向的预期，美元指数走贬，利好人民币。

三、总结

本章从实体经济和货币金融两个方面回顾了 2023 年中国宏观经济运行情况，并对《中国经济安全展望报告（2023）》中的预测结果进行了误差分析。实体经济方面，在防疫政策调整后，国内经济稳步复苏。价格方面，CPI 受疫情疤痕效应、总需求不足、油价下行以及猪价低迷压制影响，呈现高开低走、逐月下降的走势特征；PPI 受全球大宗商品高位震荡回落叠加高基数效应等因素影响，同比增速呈现低开低走的走势特征。货币金融方面，人民币贷款总量多增，信贷结构较上年大幅改善，信贷需求处于恢复态势，但企（事）业单位票据融资明显减少；M2 总量平稳增长，存款活期化平稳波动，而增速剪刀差呈扩大态势，资金活化程度持续偏弱。汇率方面，人民币汇率先降后升，随着美国、欧洲通胀率的下降，以及全球货币政策预期的改变，后续人民币汇率存在平缓上升的趋势。

第二章　2024 年影响中国经济的因素

2024 年，中国宏观经济面临多方面因素的影响。随着全国总人口的持续下降，劳动力人口加速减少，人口结构发生深刻改变，老龄化程度日益加深，俨然成为影响未来经济发展的重要因素。同时，支柱产业趋弱，如房地产持续低迷，新能源产业出现产能过剩、行业乱象等问题，影响市场预期，外商投资也出现大幅下降。此外，国际经济环境和政策形势仍存在较大不确定性，未来地缘冲突、气候变化以及全球经济的复苏乏力均将对中国经济造成扰动。为此，本章将详细阐述人口问题、外资撤离、市场预期转变、国际政治环境变化、支柱产业趋弱以及国际经济环境变化六个因素对 2024 年中国经济的影响。

一、人口问题

根据国家统计局公布的数据，2022 年中国总人口为 141175 万人，比 2021 年年末减少 85 万人，人口首次出现下降；全年出生人口 956 万人，比 2021 年减少 106 万人；死亡人口 1041 万人，比 2021 年增加 27 万人。人口出生率为 6.77‰，比 2021 年下降 0.75 个千分点；人口死亡率为 7.37‰，微升 0.19 个千分点。从当前中国人口的出生率走势来看，未来中国新出生人口还将持续下降，官方的统计数据也确认了超低生育率的事实（总和生育率约为 1.3），尽管 2023 年以来中国各地接连推出各种鼓励生育的政策，但短期来看收效甚微，这意味着未来中国总人口降幅会更加显著（见图 2－1）。

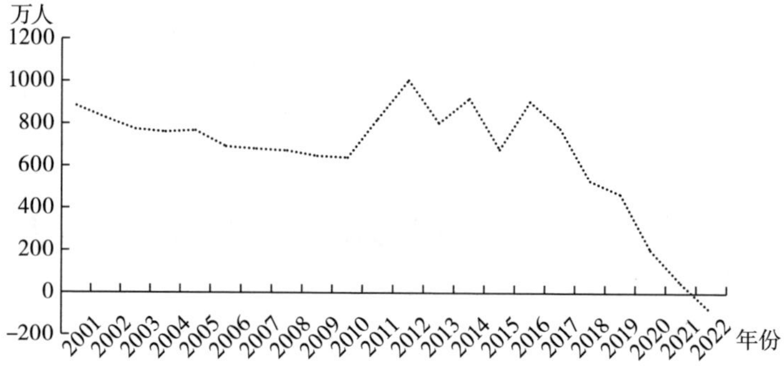

图2-1　2001—2022年全国总人口变化趋势

资料来源：Wind数据库，北京大学国民经济研究中心。

进一步从各省份的情况来看，在人口出生率方面，2022年共有4个省份超过了10‰，分别是西藏、贵州、宁夏和青海，均来自西部地区；有5个省份人口出生率超过了8‰，分别是海南、广西、甘肃、广东和云南；陕西、河南、江西、安徽、福建人口出生率均超过7‰，高于全国平均水平。换言之，2022年共有14个省份人口出生率高于全国平均水平，与上年持平。整体来看，除西藏外，其他省份人口出生率均有不同程度的下降，云南、甘肃降幅最大，均较2021年下降了1.21个千分点。

从人口自然增长率来看，全国共有20个省份2022年人口自然增长率为负，分别是黑龙江、辽宁、吉林、四川、重庆、内蒙古、湖南、江苏、天津、上海、湖北、河北、山西、北京、河南、山东、云南、甘肃、陕西、安徽，其中北京、河南、山东、云南、甘肃、陕西、安徽的人口自然增长率首次由正转负，如图2-2所示。分区域来看，东北地区人口自然增长率最低，川渝地区次之，其中黑龙江人口自然增长率低至-5.75‰。此外，浙江也在人口自然负增长的边缘。

随着人口出生率的持续下滑，中国人口的年龄结构也发生了深刻改变：一是随着退休高峰的到来和新增劳动力的逐渐减少，劳动年龄人口将持续加速减少；二是人口年龄结构将逐渐深度老龄化。根据国家统计

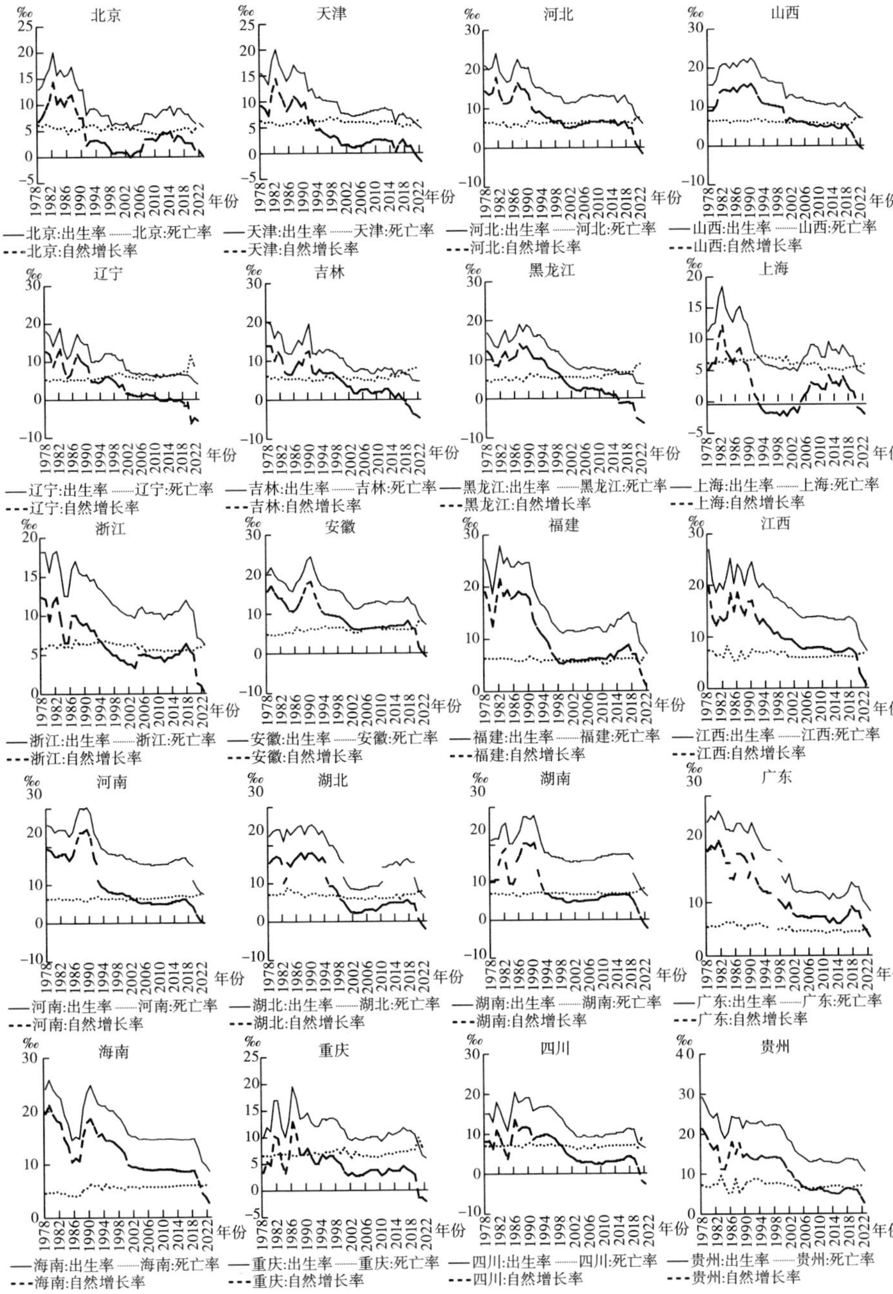

图 2－2　2022 年全国 31 个省份人口增长情况

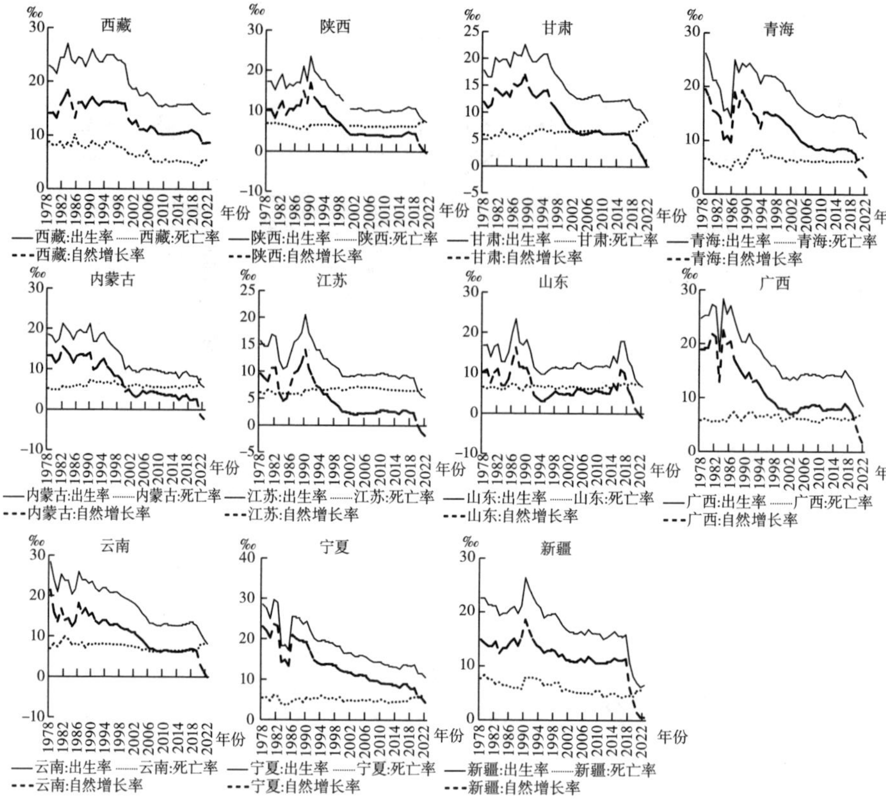

图 2－2　2022 年全国 31 个省份人口增长情况（续）

资料来源：Wind 数据库，北京大学国民经济研究中心。

局公布的人口普查数据及联合国公布的中国各年龄段人口数据，可以推算出 2023—2040 年中国 16～59 岁劳动人口数量。从图 2－3 中可以看出，无论基于哪种数据进行预测，未来劳动力人口都呈现逐步缩减趋势。若以官方普查数据预测来看，2024 年比 2023 年劳动力数量减少 717 万左右；若以联合国数据预测来看，2024 年比 2023 年劳动力数量减少 835 万左右。中国劳动力供给不足已经成为一个不争的事实，劳动力急剧下滑势必会影响中国中长期经济增长。人口峰值的到来也伴随着日益严重的人口老龄化。中国自 2000 年年初步入老龄化社会以来，人口老龄化程度日益加深，老年抚养比从 2000 年的 9.9% 上升到了 2022 年的 21.8%。随着 20 世纪 60 年代出生的人逐渐步入老龄，老龄化程度将迅速加深，劳动力急剧下滑及人口老龄化势必会影响中国中长期经济的增长。

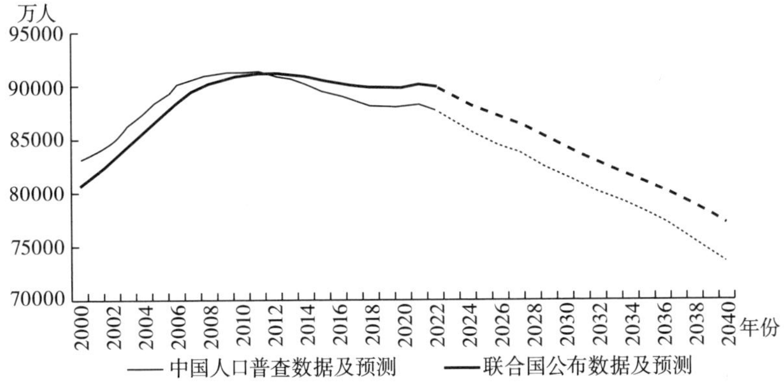

图 2－3　中国 16～59 岁劳动力人口数量及预测

资料来源：根据国家统计局公布的人口普查数据及联合国公布的人口数据计算得出。

二、外资撤离

中国作为世界上最大的发展中国家，长期以来一直是外资流入的主要对象，外资流入对中国经济的发展具有重要的推动作用。然而，近年来中国外资撤离现象接连发生，并产生了一些明显特征。

首先，从商务部公布的中国实际使用外资金额数据来看，2023 年 1—7 月中国外商直接投资金额为 1118 亿美元，单月 FDI 规模均超百亿美元，显示外资整体流入规模依然较好（见图 2－4）。但是，自 2022 年 11 月以来，中国外商直接投资当月同比增速开始出现负增长，同时累计同比增速从 2023 年 4 月开始持续负增长，其中 1—7 月外商直接投资累计同比增速已降至－9.8%（见图 2－5），表明 2023 年前 7 个月的外商直接投资规模较上年减少接近 10%。可见，2023 年以来中国 FDI 流入增速缩减的趋势可能形成，对 2024 年 FDI 的流入规模存在进一步扩大的可能。

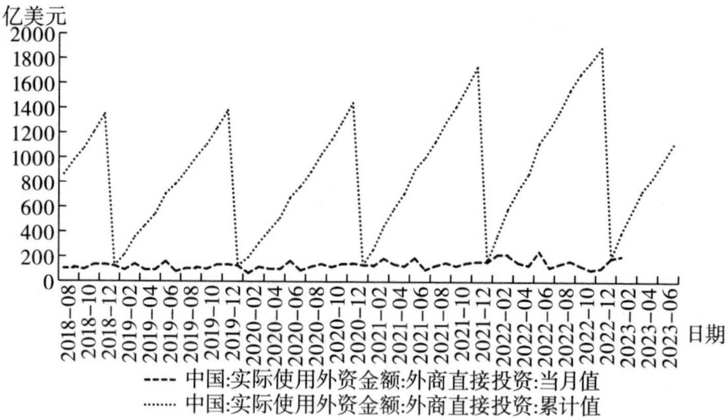

图 2-4　中国：实际使用外资金额：外商直接投资：当月值和累计值

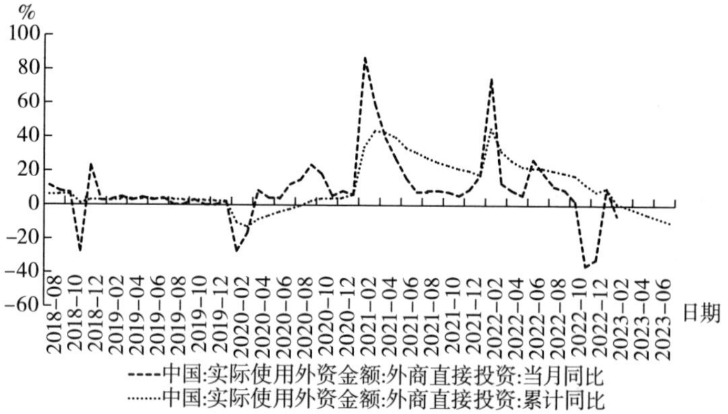

图 2-5　中国：实际使用外资金额：外商直接投资：当月同比和累计同比

其次，从国家外汇管理局公布的银行结售汇数据来看，2023 年 12 月中国银行代客结汇直接投资金额 67.17 亿美元，同比下降 35.45%，1—12 月中国银行代客结汇直接投资累计金额 648.25 亿元，累计同比下降 49.5%（见图 2-6、图 2-7）。可见，无论是单月金额还是累计金额，2023 年以来直接投资金额下降幅度均在不断扩大，而且这种连续下降的趋势主要从 2022 年 4 月开始形成。

最后，从相关外资企业撤离情况来看，进入 2023 年以来已有三家较大规模的外资离开中国。2023 年 6 月，加拿大第二大退休基金 CDPQ 公开宣布将其位于中国上海的亚洲办事处迁往新加坡；2023 年 9 月初，

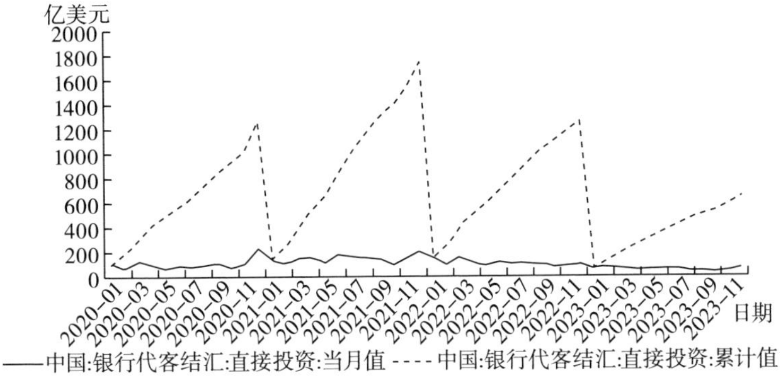

图 2–6　中国：银行代客结汇：直接投资：当月值和累计值

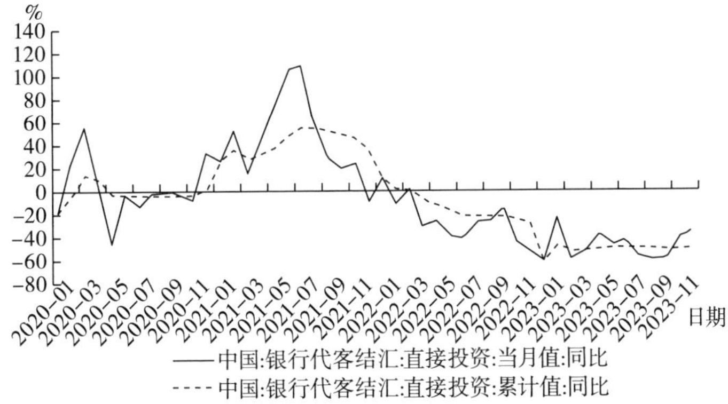

图 2–7　中国：银行代客结汇：直接投资：当月同比和累计同比

全球最大资管公司贝莱德旗下产品贝莱德全球基金通过股东信，宣称 2023 年 11 月 7 日将关闭中国灵活股票基金，停止其在中国的投资职能；2023 年 9 月底，规模高达 1.4 万亿美元的挪威主权财富基金宣称将其亚洲运营中心迁往新加坡；美国思杰系统（Citrix）母公司 Cloud Software Group 决定自 2023 年 12 月 3 日起，停止在中国的所有新商业交易，Cloud Software Group 是一家美国科技公司，总部位于美国佛罗里达州。作为世界第二大经济体，中国曾是外资投资的天堂，国际资本巨头更是将其亚洲运营中心放在上海或香港，然而随着内外形势的变化，这些外资要么已全面撤离，要么已将或计划将其亚洲运营中心迁往新加坡。

综上所述，外资撤离现象已经持续发生，未来趋势也未见缩小，这将对中国未来经济造成一定的影响，如外资撤离导致失业人数增加，税收大幅减少，同时在供应链、产业链的关联下，上下游企业经营也将受到不利影响，以致订单减少、销售下降、企业倒闭等。

三、市场预期转变

2023 年以来，随着国内疫情影响逐渐转弱、稳地产保障房等政策共同发力、欧美经济逐步加息见顶，反映内部环境较上年有所转好，而外部环境压力超出市场预期。官方数据显示，2023 年前三季度，按不变价格计算，中国 GDP 同比增长 5.2%（上年同期为 3.0%）。分季度看，第一季度同比增长 4.5%（上年同期为 4.8%），两年复合增长 4.7%；第二季度同比增长 6.3%（上年同期为 0.4%），两年复合增长 3.3%；第三季度同比增长 4.9%（上年同期为 3.9%），两年复合增长 4.4%。可见，经济增速整体较上年有所抬升，但从两年复合增速来看，仍低于疫情前 2019 年的季度增速，表明中国经济仍处于恢复性增长区间，自进入新常态以来的下行趋势并未得到显著改变。另外，自第二季度以来的价格表现也反映了总需求不足，导致 2023 年下半年市场对中国经济增长的整体预期转弱。

从中长期经济发展目标看，《中共中央关于制定国民经济和社会发展第十四个五年规划和二〇三五年远景目标的建议》对 2035 年远景目标做了定性描述：到 2035 年，我国“人均国内生产总值达到中等发达国家水平”，中共中央总书记习近平在《关于〈中共中央关于制定国民经济和社会发展第十四个五年规划和二〇三五年远景目标的建议〉的说明》中指出，“到‘十四五’末达到现行的高收入国家标准、到 2035 年实现经济总量或人均收入翻一番，是完全有可能的”。在该经济发展目标下，要求未来 15 年（2021—2035 年）GDP 复合增速达到 4.8%，这可以作为一个基准考虑未来 15 年间保障经济在合理区间的参考速度，同时考虑到“基数抬高的过程中，速度的重心会往下落”的一般经济规律，因而“十四五”政府经济发展目标的速度重心在 5.5% ~6%，“十五五”在 5.0% ~5.5%，“十六五”在 4.5% ~5.0%，15 年年均增速接近 5%。但是目前“十四五”开局，2021 年（8.1%）和 2022 年（3.0%）形成的两年复合增长率较 2020 年增长了 5.5 个百分点，2023 年预计在 5.0% 左右，因而政府为了将经济运行维护在合理区间，需要在 2024 年加大财政货币政策的支持力度，继续助力经济复苏，有利于改善市场预期。

2024 年，预计随着发达经济体制造业去库见底、高利率环境减退，外部贸易、汇率和投资环境将较 2023 年有所好转，而随着外需周期性恢复、地产拖累减少和财政政策更加积极发力，国内经济环境有望进一步恢复性向好，市场主体对 2024 年的经济预期或将逐渐转好。

预期转好对宏观经济的影响主要表现在投资、消费和就业的改善。从企业角度而言，随着经济复苏信心向好，企业会逐渐提升对未来投资的支出并增加劳动雇佣。从个人角度而言，随着个人可支配收入预期的改善，个人可能会逐渐减少预防性储蓄并增加可选消费支出。因此，其对实体经济的影响主要表现在投资、消费和就业的改善上，从而在供给和需求两端同时出现扩张的状态。

综合以上分析，2024 年中国市场预期转好对实体经济的影响主要表现在投资、消费和就业的改善上，从而主要从供给端（固定资产投资和增加劳动雇佣）抬升中国总供给的自然走势，进而逐步扭转总需求不足的格局。

四、国际政治环境变化

中美关系是全球最重要的双边关系之一。紧张的中美关系可能对中国经济造成负面影响，如贸易摩擦、关税和贸易限制措施会导致中国出口减少，对中国制造业和相关产业造成冲击。同时，中美之间的技术竞争和安全问题也可能影响中国的科技发展和相关产业。自 2023 年 5 月后中美持续保持高层会晤，使得中美关系进入一个新的发展阶段，即短期缓和、管控分歧不改长期博弈。2023 年 11 月，国家主席习近平应邀赴美举行两国元首旧金山会晤，同时出席亚太经合组织领导人非正式会议，此次会晤提出“五个共同”，强调要开辟“旧金山愿景”，为中美关系增信释疑、管控分歧、拓展合作提供支持。预计 2024 年中美关系短期战术性缓和不改，长期仍面临较大挑战，将对中国经济产生一定的负面影响，而短期来看，由于美国是中国主要贸易合作国之一，两者关系趋稳或将对中国对外贸易产生积极影响。

俄乌冲突自 2022 年 2 月爆发以来，从最初的局部冲突逐渐转变为一场全球战争，影响世界格局的重塑。俄乌冲突导致粮食减产、海运受到限制以及粮食贸易成本提高，在 2022—2023 年推高了全球粮食价格、能源价格，由此推升了全球通胀风险。预计 2024 年随着俄乌冲突及其地缘政治影响趋缓，能源市场或将处于趋势性下行阶段，前期油价和天然气价格上行带来的高成本压力或将逐步消退，同时也将减少国际政治经济环境的不确定性，对中国的对外贸易和投资产生积极影响。

中东局势动荡将通过地缘政治风险溢价及能源价格对中国经济产生不利影响。自 2023 年 5 月起，巴以冲突不断升级，以军发动多轮空袭，巴方向以色列境内发射火箭弹，双方冲突持续 5 天。2023 年 7 月，以色列发起大规模空中和地面军事行动。2023 年 10 月，巴方对以色列从海、陆、空三方同时发动袭击。中东是全球能源重要产区之一，该地区的地缘政治动荡可能导致国际能源品的再度波动上行，进而影响中国的能源进口成本和能源安全，对全球通胀和增长产生负面溢出效应。同时，中东地区的政治不稳定也可能造成地缘政治不确定性普遍上升，导致资产价格风险溢价上升以及企业和消费者信心下降，为中国的国际投资和贸易活动带来风险。预计 2024 年，若巴以冲突缓解或不再进一步扩大到中东其他地区，对全球经济造成的冲击可能相对有限，若巴以冲突蔓延到周边主要产油国，则对全球经贸的影响可能会明显扩大，或将加大 2024 年全球通胀风险，并压低全球经济增长预期。

五、支柱产业趋弱

20 世纪末，中国住房商品化改革以来，房地产行业稳定高速发展，在国民经济体系中的地位不断上升，逐渐成为中国经济的支柱行业。然而，近年来房地产行业持续低迷，房地产市场面临着前所未有的挑战。从供给端来看，房地产开发投资自 2022 年 4 月以来已经连续 18 个月维持负增长，房地产企业在资金压力、销售压力、库存压力以及对市场预期转弱等多重因素作用下致使新开工意愿不足，这是导致整体投资增速下滑的重要原因；从需求端来看，受房地产行业周期性下行的悲观情绪以及居民收入增速放缓等因素的影响，全国商品房销售面积单月同比增速自 2021 年 7 月以来一直为负，近期降幅又有扩大之势，商品房销售金额单月同比增速在 2023 年 3 月、4 月短暂转正之后，又回到负值，同比降幅在 20% 左右波动。当前房地产行业正陷入“价格下跌—销售趋弱—回款困难—拿地下降—投资下滑”的负反馈链条中，尽管 2023 年以来刺激房地产市场的利好政策不断，比如除北京、上海、深圳及其他个别城市外，绝大部分城市已经全面或部分放开限购政策，一、二线城市“认房不认贷”政策全面落地，部分城市取消限售、限价，在超大、特大城市积极稳步推进城中村改造工作部署、建设保障性住房等，但政策效应边际趋弱，整体来看，房地产市场仍处在震荡筑底阶段。

当前，结合中国经济发展阶段和房地产自身发展规律来看，房地产行业对经济的影响逐渐减弱是必然的，政府对房地产行业的定调及未来政策方向都发生了变化。2023 年 7 月 24 日中共中央政治局会议对“房地产市场供求发生重大变化”的判断成为政策转折点，以债务拉动经济增长的效能降低，房地产行业不可能继续维持高周转、高负债和高杠杆的三高发展模式，受恒大、碧桂园相继出现债务违约影响，未来金融机构将更加关注风险化解情况，房地产市场也将逐步回归居住本质。展望 2024 年，居民购房意愿偏弱、收入恢复不及预期、房价下跌预期较强等仍然是抑制购房需求的主要因素，土地成交规模缩减、资金压力、销售压力、库存压力等或将继续拖累房屋新开工，短期内供给端无法修复，房地产开发投资下行态势难改，一定程度上会拉低经济增速。

近年来，为贯彻新发展理念，助力实现“双碳”目标，全国上下统筹能源安全供应和绿色低碳发展，推动了新能源产业迅速发展。中国电力企业联合会发布的《中国电力行业年度发展报告 2023》显示，截至 2022 年年底，全国全口径非化石能源发电装机容量 127548 万千瓦，比上年增长 14. 0%；非化石能源发电占发电总装机容量比重为 49. 7%，比上年提高 2. 6 个百分点。新能源产业的发展是拉高高技术制造业投资增速的主要力量，这在一定程度上对冲了房地产投资下滑的影响。然而，新能源产业快速发展的同时也出现了产能过剩、行业乱象、管理缺位、技术和成本挑战等问题。

在一系列政策支持下，各地区积极发展新能源产业，新项目接连落地，无序化竞争导致重复建设和低端产能过剩。国家能源局数据显示，2023 年前 10 个月，全国光伏新增装机容量 1. 43 亿千瓦，同比增长 145%，2022 年全国光伏发电新增装机容量为 8741 万千瓦，光伏行业产能远大于实际需求，整体行业处于供大于求的状态。对于新能源汽车行业，随着国家补贴政策逐步退出，市场热度逐渐消退，新能源汽车产销有所放缓，2023 年中国新能源汽车产销累计分别完成 958. 7 万辆和 949. 5 万辆，累计分别增长 35. 8% 和 37. 9%，而 2022 年全年新能源汽车产销同比分别增长 96. 9% 和 93. 4%。随着新能源汽车市场占有率进一步提高，新能源汽车制造商存在的技术和产品质量问题、充电基础设施建设不足等都制约了行业进一步发展。另外，在国际贸易环境日益恶化的背景下，新能源产业已经成为中国出口增长的主力军。然而，欧盟宣布《新电池法》即将生效，根据新规定，从 2024 年 2 月 18 日起，所有进口到欧盟地区的动力电池都必须符合一系列要求，否则将无法在欧洲市场销售。这项法规的实施不可避免地会抑制新能源产业的出口，进而影响经济增速。

整体来看，新能源产业的发展短期必定要经历阵痛，但长期来看，产能过剩可以推动行业重新“洗牌”，淘汰落后产能，汽车电池出口受限，可以倒逼企业提高自身的创新能力，形成技术优势，推动新能源产业可持续发展。

六、国际经济环境变化

全球经济复苏放缓且呈现分化态势，根据 IMF 于 2023 年 10 月发布的《世界经济展望报告》，预计 2024 年全球经济增速为 2.9%，相比 7 月的预测下调了 0.1 个百分点。除了调低经济增长预期外，IMF 在报告中还着重强调了全球各经济体间经济增速的分化。IMF 预计发达经济体的增速将从 2022 年的 2.6% 降至 2023 年的 1.5%，2024 年则进一步降至 1.4%；新兴市场和发展中经济体的增速将从 2022 年的 4.1% 放缓至 2023 年和 2024 年的 4.0%。

尽管全球经济持续从疫情、俄乌冲突和生活成本危机中复苏，但各个地区的分化日益扩大，相比新兴市场和发展中经济体，发达经济体经济增速放缓更为明显。另外，如果气候变化和地缘冲突再次加剧，就会加剧大宗商品和粮食价格波动，不利于缓解全球高企的通胀率，也会给更多低收入国家带来困难，从而给全球经济带来较大的负面影响。如果全球通胀率依然处于高位，各国央行还将不断收紧货币政策，居民消费需求持续受到抑制，中国对外贸易可能仍将受到全球需求收紧的影响。

具体来看，美国方面，2023 年美联储连续的加息政策，导致美债利率和美元指数大幅走高并长期维持高位，随着通胀的回落，美联储有望结束本轮加息周期，并在 2024 年开启降息周期。在美联储加息、硅谷银行危机等负面压制下，美国 2023 年第三季度 GDP 高达 4.9%，经济仍然表现出韧性。2023 年美国人工智能领域迎来爆发式发展，科技创新再次成为全球经济的重要引擎，或将为全球经济恢复和增长提供新的动力。展望 2024 年，美国经济出现衰退的可能性很低，随着多项经济指标的边际好转，美债利率有望见顶，美元或有回落空间，人民币贬值的外部压力缓解，中美利差收窄将缓解资金流出导致的资产价格下跌问题。此外，2024 年美国大选年份下，中美关系或将迎来波动，美国对华政策存在不确定性。

欧洲方面，与美国需求拉动型通胀不同，欧洲本轮的通胀属于成本推动型。过去两年，欧洲央行不断加息，一方面是为了遏制能源冲击、财政补贴带来的价格上涨，另一方面是为了抵消美联储加息的影响。欧洲央行在连续 10 次加息以后，于 2023 年 10 月会议维持利率不变，预计欧洲央行将跟随美联储步伐，就此停止加息，并在 2024 年逐步开始降息，但该过程仍有较大的不确定性。同时，欧洲经济复苏也持续承压，根据欧盟统计局公布的数据，第三季度欧元区国家 GDP 同比增长 0.1%，较前值 2.1% 大幅回落，环比增长 -0.1%，较前值 0.2% 小幅下降。由于欧洲能源对外依存度较高，俄乌冲突和巴以冲突的持续导致欧洲能源供应危机一直存在；数据显示，欧元区 11 月 Markit 综合 PMI 初值为 47.1，连续 6 个月低于荣枯分水岭 50，制造业和服务业 PMI 也显示出类似的趋势，制造业活动收缩导致劳动力市场走弱、新增就业岗位减少。短期来看，欧盟经济前景不容乐观。

东盟方面，2023 年 10 月，东盟与中日韩宏观经济研究办公室（ARMO）发布的《东盟与中日韩区域经济展望季度更新报告》指出，东盟面临的外部风险主要是全球商品价格上涨、美国和俄罗斯未来发生衰退的可能、美联储加息和中美关系恶化。在外部需求持续疲软的情况下，国内需求和旅游业为整个东盟地区的经济活动提供了支持，东盟的经济增长仍将保持强劲。2024 年在全球贸易增速有望温和复苏的背景下，作为中国最大的贸易伙伴，东盟地区将对中国进出口贸易形成支撑。另外，2023 年正值“一带一路”倡议十周年之际，“一带一路”基础设施建设的联通效应将为中国与东南亚、中亚等周边地区经贸联系带来持续的收益，有利于进一步拓展海外贸易。

七、总结

综合以上六大因素的影响分析，劳动力急剧下滑及人口老龄化势必会影响中国中长期经济增长，随着国内疫情影响逐渐转弱、稳地产保障房等政策共同发力、欧美经济逐步加息见顶，国内经济环境有望进一步向好恢复，市场预期也逐渐转好。但国际政治形势和经济形势仍旧充满不确定性，外资撤离现象持续发生，将对未来中国经济发展造成扰动。

第三章　2024 年中国总需求的自然走势

2023 年中国总需求的恢复进程稳中向好，消费增速波动式上行，经济温和复苏；投资增速虽有所放缓，但总体仍属平稳，且不乏亮点；进出口同比增速虽整体呈现逐步下滑趋势，出口有所波动，但进口延续修复态势，RCEP 持续发挥进口支撑作用。那么，结合第二章对 2024 年影响中国经济的主要因素的详细阐述，2024 年中国总需求的自然走势将会如何？是否有望进一步提升增长率水平，抑或长期处于稳定恢复状态？本章将分别从消费、投资和进出口三个方面做出预判。

一、消费

综合拉升和压低因素，与 2023 年社会消费品零售总额同比增速相比，预计 2024 年社会消费品零售总额的自然同比增速走势平稳，但低于 2023 年增速。

从拉升因素看：

第一，价格因素。2023 年居民消费价格增速低位徘徊，2023 年 CPI 同比增长 0.2%，是 2009 年以来的最低值。2024 年，随着国内经济的进一步复苏，总需求存在扩张空间，居民价格存在企稳回升的可能。居民消费价格的上涨，对消费额增速起到拉升作用。

第二，体育、娱乐、家电等改善性消费存在增长的空间。2020—2022 年受疫情影响，整体消费增速下行，居民消费以基本生活保障消费为主，相应地，粮油食品、饮料、中西药品消费额增速快速上涨，保持高位。2023 年，随着防疫政策的重大调整，消费环境相对改变，促进了餐饮、文娱等接触型消费额增速的上涨。但由于经济复苏缓慢，在剔除 2022 年的低基数效应后，可发现 2023 年上半年居民消费的增长仍然是消费环境改变所致。截至 2023 年第三季度，代表居民改善性消费的体育、娱乐用品类消费额增速出现明显上涨，反映出居民消费逐渐企稳的迹象。2024 年，随着居民生产生活逐渐步入正轨，改善性消费需求应该会呈现逐渐增长的态势，对消费增长起到拉升作用。

第三，政策推动因素。2023 年 3 月，《政府工作报告》提出要把恢复和扩大消费摆在优先位置，多渠道增加城乡居民收入，稳定汽车等大宗消费，推动餐饮、文化、旅游、体育等生活服务消费恢复。2023 年 7 月 28 日，国务院办公厅转发国家发展改革委《关于恢复和扩大消费措施的通知》指出，要稳定大宗消费、扩大服务消费、促进农村消费、拓展新型消费、完善消费设施、优化消费环境。其中，稳定大宗消费包括优化汽车购买使用管理、扩大新能源汽车消费、支持刚性和改善性住房需求以及提升家装家居和电子产品消费。2023 年 7 月 24 日，中共中央政治局召开会议，分析研究当前经济形势、部署下半年经济工作时强调："要积极扩大国内需求，发挥消费拉动经济增长的基础性作用，通过增加居民收入扩大消费，通过终端需求带动有效供给，把实施扩大内需战略同深化供给侧结构性改革有机结合起来。要提振汽车、电子产品、家居等大宗消费，推动体育休闲、文化旅游等服务消费。要更好发挥政府投资带动作用。"

从压低因素看：

第一，国际形势突变，截至当前，国际环境突变引发的不确定性依然存在，风险加大的压力也并未减缓，自然走势下，将对国内消费产生抑制作用。全球产业链断裂风险加剧，产业结构重塑，对全球大部分国家产生冲击，一段时间内将对各国的经济增长产生抑制，甚至影响国内就业、投资、居民收入的增长，引致消费下滑。

第二，宏观经济形势。2023 年经济复苏的速度慢于预期，使得消费增速上涨的速度低于预期。自然走势下，经济下行压力风险依然较大，一方面，引致失业率上升，不稳定的就业预期抑制居民消费需求的增长，当失业率明显上升时甚至会使得居民消费收缩；另一方面，经济下行风险加大，居民实际收入下降，居民收入预期不稳，拉低居民消费。

第三，居民人均收入增速低位徘徊，抑制居民消费需求扩张。2023 年，防疫政策重大调整后，经济复苏进程慢于预期，既有国际形势突变的因素又有国内结构调整的因素，但总体来看，后期若没有明确的政策调整，按当前自然走势，居民人均收入不存在上涨的基础。2023 年，全国居民人均可支配收入 39218 元，同比名义增长 6.3%，低于上半年 0.2 个百分点。其中，工资性收入增速为 7.1%，较上半年升高 0.3 个百分点，但仍低于疫情前同期 2019 年 1.5 个百分点；财产净收入同比增长 4.2%，较上半年下滑 0.5 个百分点，较 2019 年下滑 5.9 个百分点。促进居民消费增长的根本还是稳定的收入、就业预期，如果居民收入增速上涨缓慢甚至停止上涨，势必会影响居民消费的扩张。

第四，人口因素。根据测算，中国的人口峰值出现在 2017 年，中国总人口在 2018 年开始出现负增长；即使按照官方公布的数据，2021 年全国人口净增长也仅为 48 万人，最迟在 2022 年也会出现人口的负增长，这意味着中国的人口总数正在或即将逐年减少。一个国家总的市场规模取决于人口总量和人均消费，人口数量就是消费市场，就是总需求。当人口开始减少时，一定程度上反映了市场存在收缩的风险。同时，随着人口老龄化的加速，经济活力也将不断地减弱。尽管三孩生育政策落地，相关配套支持措施也相继发布，但是要改善中国现有的人口结构、提高总和生育率仍需要很长时间。总人口减少、老龄化进程加快，都抑制了消费需求的增长。

二、投资

综合拉升和压低因素，与 2023 年全国固定资产投资同比增速相比，预计 2024 年全国固定资产投资的自然同比增速走势总体趋于平稳，但低于 2023 年增速。

从拉升因素看：

第一，房地产投资低基数效应。与 2022 年走势相似，2023 年房地产投资增速前高后低，2023 年，房地产投资同比下滑 9.6%，低于 1—2 月 3.6 个百分点，是历史低值，对 2024 年形成低基数效应。房地产开发投资占全部固定资产投资的 20% 以上，因此房地产投资增速的第一基数效应，也将对全部投资增速起到拉升作用。

第二，大国元首会晤，短期利好投资。2023 年，以欧美为首的西方发达经济体掀起了“去中国化”的浪潮，受其影响，中国的对外贸易显著下滑。外需收缩，拉低了工业企业利润，抑制了企业投资再生产的积极性。截至 2023 年 10 月，中美高层互动增加，外贸氛围有所改变，短期内至少会防止外贸增速进一步下跌。2024 年 11 月美国大选在即，当前美国执政党在大国竞争关系中求稳。预计 2024 年，中美关系将迎来暂时的平稳发展，尖锐化关系或有缓和，外贸摩擦相对减少，工业企业利润或有上涨。

第三，高技术产业继续发展领跑投资，带动全部投资增速上涨。2023 年，高技术产业投资同比增长 10.3%，高于全部投资增速 7.3 个百分点，成为 2023 年固定资产投资的主要支撑。2023 年 7 月，在全国高校科技创新暨优秀科研成果奖表彰大会上，教育部表示“将加强有组织科研攻关，围绕集成电路等战略性、基础性、先导性产业培育一批重大科技项目，集中力量开展科研攻关。针对国家急需和国家重大战略，推进与国家相关部门合作，进一步解决核心技术‘卡脖子’问题”。可以预见，高技术产业投资将长期成为推动中国固定资产投资的动力。

从压低因素看：

第一，国际环境多变，不确定性抑制投资增速上涨。2022 年年初，俄乌冲突爆发；2023 年 10 月，巴以冲突爆发；与此同时，中国周边局势也出现波动，2022 年佩洛西蹿台，2023 年黄岩岛纷争不断，美日韩联盟密切互动。具体政策方面，2023 年 8 月 9 日，美国总统乔·拜登签署了一项行政命令，禁止美国在中国对计算机芯片等敏感技术进行一些新投资，并要求政府在其他科技领域进行通报。国际环境的突变使得长久以来在中国投资稳定的环境变得不确定，潜在风险增加，抑制了国内外投资者长期投资需求的快速增长。

第二，经济结构调整继续，新旧产能交换抑制投资增速过快上涨。长期以来，房地产、基建投资是维持固定资产投资快速上涨的主要动力，而这主要带动的是传统产业。一方面受环境因素制约，另一方面当前经济发展阶段使然，结构调整的重要性已不亚于“稳增长”的重要性。尽管 2023 年经济下行压力较大，投资增速持续低位徘徊，但过去作为政策托底的基建投资并未出现快速上涨的状况，而占比相对不高的高技术产业投资却始终保持“两位数”增速上涨，可见当前调结构的重要性。

三、进出口

（一）出口方面

综合拉升和压低因素，与 2023 年出口总额同比增速相比，预计 2024 年出口总额的自然同比增速会有所上升。

从拉升因素看：

第一，低基数效应。一方面，2023 年地缘政治冲突不断，继俄乌冲突爆发后，巴以冲突再次爆发，欧洲、美国陷入战争泥潭；另一方面，美欧单边去“中国化”的系列操作，引发全球产业链断裂风险加剧，贸易壁垒高筑，全球主要经济体外贸增速集体下滑，对外贸易同比负增长，对 2024 年形成了低基数效应。

第二，美国大选临近，中美关系缓和，或利好中国对外出口。美国是中国的第一大出口国，截至 2023 年，中国对美国出口额占中国对外出口总额的 14.8%，占比较 2022 年下滑 1.6 个百分点；中国对欧盟的出口占比也从 2022 年的 15.8%，跌至 2023 年的 14.8%。2023 年，中国对美国、欧盟的出口额分别同比下降 13.1%、10.2%。可见，中国对欧美的出口形势对中国出口增速的走势影响较大。随着中美高层互动的增加，叠加美国大选临近，美国当局在大国关系中以稳为主，将利好中国对欧美出口形势。

第三，《区域全面经济伙伴关系协定》（RCEP）对中国出口的拉动作用持续显现，东盟已经成为中国第一大贸易伙伴，RCEP 的生效将促进中国与东盟各国的多边贸易往来。2023 年 6 月 2 日，RCEP 对菲律宾正式生效，标志着 RCEP 对东盟 10 国和澳大利亚、中国、日本、韩国、新西兰等 15 个签署国全面生效。中国与东盟、新西兰、澳大利亚等成员国之间的关税大幅减免，90% 的商品实现零关税。2023 年 1—4 月，我国与 RCEP 其他成员进出口总额 4.12 万亿元，同比增长 7.3%，占我国外贸进出口总额的 30.9%。

从压低因素看：

第一，全球经济下行压力犹存，高通胀风险仍在，不利于 2024 年全球对外贸易的上涨。2023 年 10 月 10 日，国际货币基金组织（IMF）在《世界经济展望》报告中将 2024 年全球消费价格上涨速度预期从 3 个月前的 5.2% 上调至 5.8%，并在呼吁警惕通胀的同时，下调了 2024 年的经济增长预期。IMF 认为，2024 年全球经济增长率为 2.9%，比 7 月的展望下降了 0.1 个百分点，低于疫情前 20 年 3.8% 的平均水平。全球继续保持通胀高位，经济下行的状态，使得全球贸易不确定性增加，海外需求减少，不利于中国的对外出口。

第二，实际上的贸易逐渐脱钩、“去中国化”，使得全球贸易重组，一段时间内将对全球外贸产生惯性收缩。尽管 2023 年 10 月后，中美、中欧高层互动增加，但并未扭转欧美对中国战略层面的规划。早在 2023 年 7 月，德国首份“中国战略”出台，意味着德国对待中国的态度已经做出了战略层面的调整，这种调整是长期的规划，是方向性的，不会因短期的事件而轻易发生改变。

（二）进口方面

综合拉升和压低因素，与 2023 年进口总额同比增速相比，预计 2024 年进口总额的自然同比增速会有所上升。

从拉升因素看：

第一，中国国内经济继续复苏，内需扩张，促进进口增速上涨。尽管 2023 年前三季度，经济复苏进程不及预期，但进入第四季度，人民币兑美元汇率止跌上涨、消费增速超预期反弹，以及中美紧张关系趋缓、新增人民币贷款超预期上涨等显现出经济存在企稳加快复苏的迹象。延续 2023 年第四季度经济加速复苏的态势，2024 年经济恢复，内需扩张，促进进口增速上涨。

第二，多渠道推进贸易关系，签订贸易协议。“一带一路”峰会的成功召开以及 RCEP 的全面落实，均加强了中国与贸易合作伙伴国的紧密联系，促进了多边、双边贸易往来，利多中国的贸易进口上涨。2022 年 1 月 1 日，RCEP 正式生效实施。2023 年 6 月 2 日，RCEP 对 15 个成员国全面生效，全球最大经济规模的自由贸易区进入全面实施新阶段。据海关总署透露，截至 2023 年 8 月 31 日，RCEP 项下享惠进口货值 1213 亿元，减让税款 30.4 亿元。其中，钢铁、塑料及其制品、有机化学品、机械器具及其零件等为主要享惠进口商品。2023 年 10 月 18 日，第三届“一带一路”国际合作高峰论坛在北京召开，其间与俄罗斯签订的粮食供应合同总价值接近 2.5 万亿卢布，按当时汇率，折合人民币超过 1800 亿元。

第三，全球大幅快速加息周期或有改变，人民币继续短期快速升值预期改变，利多进口。11 月 4 日，美国劳工统计局发布的数据显示，美国 10 月 CPI 同比增长 3.2%，低于 9 月 0.9 个百分点，低于 1 月 3.2 个百分点。受美国通胀率超预期下调影响，11 月人民币汇率一路上涨。与此同时，10 月 31 日，欧盟统计局发布的数据显示，欧元区 10 月调和 CPI 初值同比上涨 2.9%，为近两年最低水平，低于 9 月的 4.5% 和 1 月的 8.5%。伴随着主要经济体通胀率的下降，全球加息预期也在发生改变，利多进口。

从压低因素看：

第一，中国国内结构调整，房地产、基建投资等传统“稳增长”手段被弱化，使得经济恢复程度弱于预期，进口增速受到相对制约。一方面，房地产、基建投资的弱化，从抑制经济快速增长的传导途径拉低进口增速上涨；另一方面，房地产、基建投资主要影响的是钢铁、能源等大宗商品的需求，直接拉低了大宗商品的进口需求。2023 年 1—10 月，中国对钢材的进口数量同比下跌 30.1%，而且 2021 年、2022 年分别下跌 29.5%、25.9%。可见，受房地产市场低迷、基建发力弱化的影响，中国的钢铁进口数量持续显著下滑。中国人民银行授权全国银行间同业拆借中心公布，8 月 21 日 1 年期 LPR 为 3.45%，5 年期以上 LPR 为 4.2%，其中，5 年期以上维持 4.2% 不变，1 年期 LPR 下降 10 个基点，与个人住房贷款和企业中长期贷款关系紧密的 5 年期以上 LPR 未变。随后，8 月 31 日，发布《中国人民银行　国家金融监督管理总局关于降低存量首套住房贷款利率有关事项的通知》。中国人民银行行长潘功胜表示，“8 月份，我们把存量房的贷款利率调降下来，让商业银行和借款人之间相互协商，调降的幅度平均大概是 0.8 个百分点”。这释放出当前房地产市场供过于求、正处于产能去化阶段的信号。这意味着，房地产投资市场的低迷将长期存在，钢铁等大宗商品的进口需求不存在大幅上涨的空间。

第二，国际风险犹存，外贸不确定性仍在。尽管 10 月以来中美、中欧高层互动增加，但并未扭转欧美对中国战略层面的规划，外贸不确定性仍在。全球贸易壁垒高筑，产业链被迫断裂，供货商更替，势必影响原有的国际贸易往来，利空中国进口。

四、总结

本章从拉升因素和压低因素两个角度研判了 2023 年消费、投资和进出口的自然走势，最终结果显示：预计 2024 年社会消费品零售总额的自然同比增速走势平稳；预计 2024 年全国固定资产投资的自然同比增速走势总体平稳；预计 2024 年出口总额的自然同比增速会有所上升；预计 2024 年进口总额的自然同比增速会有所上升。综合而言，总需求在 2023 年的基础上持续恢复态势，经济将继续温和复苏。

第四章　2024 年中国总供给的自然走势

2023 年中国总供给在波动中保持恢复态势，第一季度，随着春节季节性、疫情影响消退和赶工积压需求集中释放，市场主体预期进一步改善；第二季度，需求不足开始有所体现；第三季度，中共中央政治局会议强调宏观政策逆周期调节与结构性政策并重，逆周期政策进一步加力，政策支撑下工业生产恢复明显；第四季度，财政政策发力支撑工业生产，拉动工业生产。从工业部门结构来看，制造业增加值贡献较上年显著上升，而采矿业是导致工业产出增长放缓的主要部门。处于主导地位的制造业增加值在年初贡献最小，但随着后续工业企业利润压力趋缓，其贡献逐渐上升，也促使整体工业增加值增长稳步抬升。2024 年总供给的自然走势将会如何？未来能否维持恢复态势？本章将从人口因素、西方国家的技术“封锁”、能源价格波动、汇率波动、国际环境五个方面进行分析与预判。

一、人口因素

20 世纪 80 年代初期，中国开始实行严格的计划生育政策，直到 2014 年生育政策才开始出现调整。2014 年中国开始实行单独二孩政策，实施两年后，2016 年正式实行全面二孩政策，直到 2021 年开始实施一对夫妻可以生育三个子女政策及配套支持措施。从 2014 年开始实施二孩政策以来，生育率并没有大规模攀升，而且从 2021 年的人口增长情况来看，三孩政策也没有带来生育高峰。可见，放开计划生育政策并没有显著带来出生人口的增长，而真正能够促进生育的政策应向生育配套措施和女性就业保障方面倾斜，解决家庭多生育的后顾之忧。

2022 年全国总人口首次出现下降，人口自然增长率为 -0.60‰，较 2021 年下降 0.26 个千分点，实际规模较上年减少 85 万人。从当前中国人口的出生率走势来看，2024 年总人口降幅还将进一步扩大，劳动力人口数量也会不断减少。2011—2022 年，全国劳动人口占总人口的比重由 69.8% 降至 62.0%，可见劳动力人口持续减少的情况仍在恶化。与此同时，2022 年 60 岁及以上人口和 65 岁及以上人口比重分别为 19.8% 和 14.9%，分别较 2021 年上升 0.9 个和 0.7 个百分点，显示老龄化现象仍在不断加剧。人口老龄化导致全国总人口结构不合理以及养老负担过重等问题，造成有效劳动力供给下降。此外，随着高等教育逐年扩招，高等教育入学率逐年上涨，使得低龄劳动参与率逐渐下降，这也在一定程度上制约了劳动力供给。

从供给端来看，随着人口的减少，劳动力开始萎缩，劳动力要素的短缺以及随之而来的劳动力成本上升，将会制约中国经济的潜在产出，例如，劳动力成本上涨会导致国内低利润或劳动密集型行业面临倒闭的风险，同时人口负增长又会加剧老龄化，迫使大量社会资源用于养老服务，导致社会生产资源紧张，进而影响总产出。此外，年轻劳动力减少和老龄化将不利于通过人的流动、集聚和交流产生科技创新，导致社会整体创新能力下降，减小科技创新对经济增长的推动作用和贡献。因此，随着总人口逐步减少，未来中国劳动力市场面临供给规模减小、低龄劳动力参与率持续下降、老龄化加剧等问题，劳动力无限供给的时代已经结束，支撑中国经济高速发展的人口因素逐渐消失，潜在经济增长率面临下行压力。因此，预计 2024 年人口因素将继续压低总供给的自然走势。

二、西方国家的技术“封锁”

2022 年 8 月 9 日，美国总统拜登签署了《2022 年芯片和科学法案》，拉长对华科技制裁清单，意在重塑美国在世界半导体制造领域的霸权地位。2023 年 1 月 27 日，美国联合日本、荷兰于华盛顿签订关于扩大对华芯片技术限制的协议，联合日本和荷兰对华施压。全球最大半导体设备制造商之一的荷兰阿斯麦公司（ASML）和日本表示会对华实行一定的技术出口限制。2023 年 8 月 9 日，美国政府发布《关于解决对受关注国家的特定国家安全技术和产品投资的行政令》，限制对我国半导体和微电子、人工智能和量子计算技术等特定领域的投资。

除了发布相关法案，美国对中国企业实施针对性遏制，例如，美国商务部工业与安全局（BIS）根据美国《出口管理条例》（EAR），通过实体清单和其他出口管制清单，管控向特定最终用户出口受 EAR 管制的物项，以实现维护美国国家安全及外交利益的目标。其中，实体清单（Entity List）是目前使用最为频繁的管制清单。截至 2023 年 10 月，BIS 涉华实体清单共发布 32 次，其中 2018 年 2 次、2019 年 5 次、2020 年 7 次、2021 年 6 次、2022 年 2 次、2023 年 10 次，清单包括中国科研机构（研究/院/中心）117 家、人员 16 名、高校 9 所、国家机关 19 个，相关企业 586 家。从实体清单发布次数来看，2023 年达到了历年新高，并且这种趋势还将持续。

综上所述，当前中国面临国外技术“封锁”的困境，科技进步必然受到拖累。根据宏观经济学理论，技术进步是扩大产出的重要因素，在未来技术进步受到拖累的背景下，中国长期总供给自然走势也将受到抑制。

三、能源价格波动

能源价格波动主要通过三个方面对中国的总供给自然走势产生影

响：一是生产成本。能源是工业和制造业的重要输入要素，价格的上升会增加生产成本，从而可能导致企业减少生产、提高产品价格或寻求替代能源，同时抑制企业投资和扩张，对整体供给产生不利影响，尤其是能源密集型行业。二是技术创新和能源效率。能源价格的上升可能会激励技术创新和能源效率的提高，使企业面临高能源成本压力，企业可能会寻求更加节能和环保的生产方式，以减少能源消耗。这有助于优化供给结构，提高资源利用效率，并推动可持续发展。三是能源供给结构调整。当能源价格上升时，政府和企业可能会加大对可再生能源和清洁能源的投资和开发，调整能源供给结构，以降低对进口能源的依赖，提高能源供给安全性。

2023 年国际原油等能源品价格由上升通道转入下降通道。2022 年，受俄乌冲突爆发等因素影响，国际能源品价格经历了一轮大幅增长，而经过一年多各方面因素调整后，国际原油等能源品价格已由上升通道转入下降通道。2023 年上半年受美国银行业危机影响，油价低位震荡。7 月之后伴随中美经济阶段性好转以及 OPEC + 产量控制，油价一路上行。10 月，受巴以冲突不断升级后趋缓、供需偏松等因素影响，国际油价短期反弹后回落。截至 2023 年 12 月，布伦特原油价格约为 75 美元/桶，美油价格约为 71 美元/桶。根据国际货币基金组织报告，预计 2024 年国际原油价格主震荡区间为 70 ~ 90 美元/桶，若中国经济进一步复苏叠加美联储降息，油价有望出现季节性走强行情，整体来看 2024 年油价中枢或将继续下行，小幅低于 2023 年水平。

另外，从不确定性风险因素来看，全球经济活动持续复苏及原油产量受限，如美国原油产量受极端天气的影响、欧佩克及其合作伙伴实际减产幅度超预期（计划外停产以及投资持续疲软），或支撑 2024 年国际油价；天然气、煤炭价格方面，受恶劣天气影响，如夏季高温、冬季严寒增加电力需求，干旱、低风速减少水电、风电的供应，洪水影响部分金属和煤炭供应，这些都是导致天然气、煤炭价格超预期上涨的因素。长期来看，随着地缘政治影响趋缓，未来由于可再生能源的快速渗透和“双碳”目标，煤炭、天然气价格也面临来自脱碳趋势的长期压力。

综合以上分析，随着 OPEC + 产出释放、美国增产放缓叠加中国经济进一步复苏、美联储降息，以及煤炭核增产能释放放缓叠加需求韧性，2024 年能源价格或将继续高位运行，但整体小幅向下波动，有利于中国总供给的自然走势。

四、汇率波动

2023 年人民币汇率先降后升，呈“V”形走势。美元兑人民币即期汇率从 2023 年年初的 6.79，降至 12 月的 7.14，降幅达到 5.2%。10 月，美元兑人民币即期汇率进入窄幅震荡期，在 7.2922 ~ 7.3187 区间波动。11 月 4 日，美国劳工统计局发布的数据显示，美国 10 月 CPI 同比增长 3.2%，低于 9 月 0.9 个百分点，低于 1 月 3.2 个百分点。受美国通胀率超预期下调影响，11 月人民币汇率一路上涨。11 月 1 日，美元兑人民币即期汇率为 7.3187，11 月 17 日为 7.2465，上涨了 722 个基点。随着美国、欧洲通胀率的下降，以及全球货币政策预期的改变，后续人民币汇率存在平缓上升的趋势。

人民币汇率波动将对中国的经济发展产生一定影响，主要表现在对外贸易和资本流动两个方面。一方面，汇率波动直接影响本国及其他国家商品价格，从而对国家的进口和出口产生显著影响；人民币升值意味着中国商品和服务的价格相对上涨，不利于出口企业利润改善和承接出口订单，利空中国出口；这也表明中国进口商品的价格相对下降，在一定程度上减少了依靠进口原材料和中间品进行生产的企业的生产成本，从而压缩了其利润，对中国进口和企业生产是利好的。另一方面，汇率波动会影响国际资本的流动方向，人民币汇率升值增加了国际资本对中国资本市场的信心，改善市场的预期，促进国际资本向中国市场的流入，对中国金融市场稳定性产生影响。

2024 年中国经济基本面继续呈现修复态势、美联储利率政策、国际地缘政治关系是引起利率波动的主要因素，美国经济走势的不确定性引致美元指数的变化也将进一步增加人民币汇率的波动，进而影响中国进出口企业、金融市场和宏观经济基本面，仍然需要继续密切关注。

五、国际环境

当前国际环境形势多变，错综复杂的国际政治经济关系对中国经济的稳定发展构成挑战，对外贸易关系是经济发展的重要影响因素之一，而对外关系在相当程度上能够影响国家间贸易，不仅进口贸易能够从成本端影响总供给的自然走势，出口贸易也能从需求端拉动或者压低总供给，因而研判国际政治经济环境是必要的。2024 年全球经济发展压力或将缓解，美欧等主要发达经济体或将逐步退出加息，在一定程度上将给中国外部需求带来新的生机。

从中美关系看，美国是我国对外贸易的重要伙伴，尽管近年来中美关系陷入建交以来前所未有的不利形势，但 2023 年下半年中美关系短期趋缓，一定程度上为未来外贸环境改善奠定了基础。数据显示，2023 年前三季度，中美两国的双边货物进出口额为 4958 亿美元，同比下降 14%。其中，中国对美国出口 3723 亿美元，同比下降 16.4%；从美国进口 1235 亿美元，同比下降 6.1%。由于全球高通胀环境不利于外需，对美贸易在相当程度上抑制了 2023 年中国总供给。预计 2024 年随着中美关系短期战术性缓和叠加美国通胀回落，美联储逐步退出加息，中国对美出口可能面临阶段性回升，两国关系趋稳或将对中国对外贸易产生积极影响。

从中欧关系看，中欧关系正面临较大挑战，由于欧洲安全格局发生变化，一定程度上波及中欧关系，给中欧关系发展带来一些新问题和新挑战。2024 年或仍处于低迷阶段，但欧洲内部问题丛生，面对全球治理各种问题的需要，欧盟亦存在跟中国缓和的可能。数据显示，2022 年前三季度，中欧双边货物贸易额 5561 亿欧元，同比下降 13.4%。其中，中国对欧盟出口 3887 亿欧元，同比下降 17.5%；从欧盟进口 1674 亿欧元，同比下降 1.9%。对欧贸易的下降同样在相当程度上抑制了 2023 年中国总供给。预计 2024 年中欧关系消极性趋势仍然存在，但随着全球发达经济体逐步走出高通胀环境，中国对欧贸易或有阶段性恢复。

综合以上分析，2024 年中国与最大的贸易伙伴欧美的关系短期或有缓解，将小幅支撑中国总供给的自然走势，但若国际政治经济环境恶化，贸易摩擦以及意识形态领域的争端将可能通过影响关键中间投入品的可得性抑制中国总供给的自然走势。

六、总结

本章总结了影响 2024 年中国总供给自然走势的主要因素，分析结果表明，随着 OPEC + 产出释放、美国增产放缓叠加中国经济进一步复苏等因素，能源价格或将整体小幅向下波动，加之我国与最大贸易伙伴欧美的关系短期或有缓解，将有利于中国总供给的自然走势。但人口出生率下降、老龄化加剧，人民币汇率波动加大以及中国面临国外技术“封锁”的困境，科技进步受到拖累和国际政治经济环境的不确定性，将持续制约总供给的自然走势。总体来看，2024 年总供给的自然走势将表现出一定程度的下滑趋势。

第五章 2024 年中国宏观经济形势及风险点

基于我们对 2024 年中国总需求和总供给自然走势的研判，本章将对 2024 年中国宏观经济总供求格局进行预判，并从经济增长、价格与就业三大领域预测自然增速。然而，上述判断均是基于中国宏观经济无其他潜在风险的假设做出的，因此本章将基于现实情况从房地产危机风险、地方政府债务风险、汇率及货币危机风险、国际地缘政治风险、境外金融传导风险五个方面总结未来中国宏观经济运行中可能存在的风险点。

一、2024 年总供求格局

综合 2024 年中国总需求和总供给的自然走势，2024 年中国宏观经济的自然走势将是供给、需求双恢复的格局，但仍低于潜在增长率。

从需求端来看，2023 年整体经济运行已经逐渐表现出外需持续疲弱、内需恢复缓慢的特征，使得消费和进出口在后疫情时代恢复不及预期，但是随着美联储加息基本结束，以及国内促内需的导向作用，市场预期逐步趋稳，为 2024 年需求端的持续恢复提供较强的动力，加之低基数效应，总需求的增速预计会进一步恢复。

从供给端来看，尽管劳动力供给减少、西方国家技术封锁、能源价格波动、国际环境不确定性增强以及人民币汇率可能不进入升值通道不利于总产出扩张，但伴随国内产业结构逐步调整，尤其是以高技术产业为主的投资稳步增长，有利于 2024 年总供给的持续扩张，供给端恢复势头仍将凸显。

进一步从恢复程度来看，由于 2023 年供给端恢复程度明显快于需求端，并且需求端的恢复一直是当前政策发力的主要方向，未来在供需两端双恢复的背景下，2024 年需求端的恢复要快于供给端。

二、2024 年中国宏观经济的自然走势

（一）经济增长

综合 2024 年中国供给、需求走势特征，自然走势下（即没有政策干预下），预计中国 GDP 同比增速可能在 4.4% ~4.7%。影响 2024 年经济增长的主要因素包括：一是房地产因素，当前房地产市场处于产能去化阶段，前三季度房地产业对 GDP 拉动近 -0.1 个百分点，而且从 10 月房地产投资数据来看，也没有显示出止跌趋势，1—10 月房地产开发投资累计同比增长 -9.3%，较 1—9 月低 0.2 个百分点。二是非低基数效应，受疫情影响，2022 年 GDP 增速为 3.0%，是历史低值，对 2023 年形成明显的低基数效应，但这种低基数效应在 2024 年不存在。三是美欧战略层面“去中国化”，尽管短期内中美关系相对缓和，但更多的是为了全球的稳定，而非贸易方面的密切合作。产业链断裂的影响依然在不断扩散，对经济造成的冲击短期内难以消除。四是中国国内正处于经济结构调整、新旧产能替换时期，长期来看“调结构”是为了经济长期的健康发展，短期内“调结构”与“稳增长”是相悖的。

（二）价格

CPI 方面：从食品项看，猪肉方面，在生猪供需仍偏松和中央储备政策干预下，预计猪价或将在第一季度触底回升，第三季度至高点；鲜菜鲜果方面，受季节性因素影响较大，如气温波动带来产量和物流仓储成本波动，存在一定程度的波动性，预计整体有所增长。从非食品项看，服务价格随经济进一步复苏保持平稳增长，工业消费品则随上游大

宗商品价格高位回落继续下行。总的来说，受政策促进消费需求释放和低基数效应影响，CPI 整体处于回升态势，消费品价格方面存在一定压力，服务价格方面则主要取决于需求恢复态势。预计 2024 年自然走势下的 CPI 同比增速中枢较 2023 年将会继续小幅上移，全年 CPI 同比增速约为 1.2%。

PPI 方面：油价方面，受 OPEC + 减产供应政策和地缘政治因素影响较大，叠加全球流动性转折，因此预计油价中枢将稳中趋降；有色金属方面，随着中国经济进一步复苏和美欧逐步退出加息，预计有色金属价格中枢向上；黑色金属方面，受欧美升息转折及需求收缩影响，涨价风险并不高；化学原料制造品行业方面，该类商品的价格受原油影响较大，预计走势与原油价格保持一致，稳中趋降；煤炭方面，煤炭风险犹存，迎峰度夏时节煤炭价格有阶段性上行压力。总的来说，随着国内经济逐步恢复走出低谷，全球大宗商品价格整体或将继续震荡，但结构表现有所分化，叠加高基数效应消退，预计 2024 年自然走势下的 PPI 同比增速中枢较 2023 年将会有一定上移，全年 PPI 同比增速约为 0.3%。

（三）就业

综合 2024 年中国供给、需求缓慢复苏，劳动力人口减少，稳就业政策力度加大等因素，预计 2024 年按官方统计口径中国失业率将维持在 5.1% 左右，略低于 2023 年水平，同时预计 2024 年全国城镇新增就业将达到 1200 万人左右，与 2023 年基本持平。

展望 2024 年，一方面，在稳增长政策的发力下，工业企业利润有望加快修复，企业盈利改善有助于吸纳更多的劳动力；伴随着消费市场进一步回暖，住宿餐饮业、交通运输业、旅游业等服务业将持续发挥吸纳劳动力就业的重要作用。另一方面，房地产行业复苏整体偏弱，短期内对就业的拉动作用有限，甚至会加剧就业压力。此外，教育部、人力资源和社会保障部召开会议指出，2024 届高校毕业生规模预计 1179 万人，同比增加 21 万人，高校毕业生人数再创新高，就业岗位需求较大，青年人群就业问题较为突出。为多措并举促进高校毕业生就业，教育部印发《关于做好 2024 届全国普通高校毕业生就业创业工作的通知》，提出 26 条举措，包括大力开拓市场化社会化就业渠道、充分发挥政策性岗位吸纳作用等。综合来看，2024 年失业率或将维持在 5.1% 左右，略低于 2023 年的 5.2%，在劳动力人口减少以及失业率下降的共同作用下，2024 年全国城镇新增就业人数或将继续维持在 1200 万人左右。

三、宏观经济风险点

（一）房地产危机风险

2023 年房地产行业复苏整体偏弱，销售端无明显复苏迹象，房价持续承压，房企到位资金情况依旧严峻，土地成交市场表现低迷，房屋新开工面积跌幅扩大，房地产投资下行趋势未改。尽管房地产政策不断加码，居民端从“认房不认贷款”到调整优化差别化住房信贷、降低存量首套住房贷款利率再到部分城市取消限售、限价，但居民购房意愿仍显不足，2023 年以来商品房单月销售同比持续下降，房企销售回款困难，现金流严重紧张，加上受恒大、碧桂园债务违约事件影响，金融机构信心遭受打击，房企融资难度加大，债务违约风险进一步加大。

展望 2024 年，随着城镇化水平的不断提升，房地产市场无法继续维持高周转、高负债和高杠杆的发展模式，房地产市场需要适应供求关系的重大转变，需要构建新发展模式。当前为解决企业端融资问题，“三支箭”接连落地。贷款授信方面，工农中建交邮六大行向 17 家房企提供意向性综合授信额度超 1.2 万元，但签约企业多为优质房企。债券融资方面，为了响应中央金融工作会议强调的一视同仁满足不同所有制房地产企业合理融资需求，缓解民营房企信用收缩、阻断民营房企风险蔓延，中国人民银行、金融监管总局、中国证监会要求继续用好“第二支箭”支持民营房地产企业发债融资。目前已支持 13 家民营房企发行 318.18 亿元债券融资工具，但市场机构承销和投资民营企业债券依旧偏少，民营房企融资环境还有待改善。股权融资方面，恢复涉房上市公司并购重组及配套融资、恢复上市房企和涉房上市公司再融资、进一步发挥 REITs 盘活房企存量资产作用、积极发挥私募股权投资基金作用，规避了公开发债但认筹不足的局面。

尽管 2024 年房地产境内债到期规模合计 3067 亿元，境外债到期规模合计 3126 亿元，总体来看到期规模较 2023 年减少 38%，偿债压力有所减轻，但民营房企偿债规模并未显著减少，房地产行业债务违约风险依然不小。市场对未来房价形成走低预期，部分楼盘烂尾或停工打击了居民的购房信心，进而转向二手房市场，然而当前二手房挂牌量激增，成交量涨幅却不大，二手房存量较大导致流通性变弱，消费者发现购房没有投资价值且难以变现后，会进一步打击购房信心。未来房企销售情况或将持续恶化，导致销售回款减少，叠加项目公司资金受预售资金监管等多方限制，房企现金流压力进一步加大，更多项目面临停工风险，“保交楼”压力持续存在，陷入资金短缺困境的房企通过新一轮打折促销等方式刺激销售，消费者观望情绪加重。如果未来房企现金流恶性循环无法打破，房地产债务违约或未停止。可以看出，房地产市场的复苏关键在于房地产销售情况，但在人口负增长、房企接连出现问题、居民购房信心不足、地产供给端收缩、信用端不确定性仍然存在的背景下，房地产销售同比增速或较长时间内处于底部运行阶段。

另外，就业形势严峻叠加地产下行致使居民收入恶化，而居民可支配收入增长放缓或带来居民偿债风险，进而风险传染至银行金融体系。长期以来的高房价使得居民部门杠杆高企，居民部门债务占 GDP 比重从 2000 年的 12.4% 提高至 2022 年的 60.6%，2022 年居民债务收入比更是高达 175.3%。受国内外经济增长放缓影响，企业整体盈利能力降低，城镇居民可支配工资性收入增长受到显著抑制。可支配收入水平增速显著放缓，无疑会加大居民按揭贷款还贷风险，而房地产按揭贷款是居民部门债务中的重要组成部分，一旦居民由于债务负担过重违约，其风险将传导到银行体系。

由以上分析可看出，中国房地产市场下行牵连实体产业、抑制居民消费，与此同时，房企违约风险加大，居民杠杆率居高不下或将传导至金融机构。随着房地产市场关系的变化和稳地产调控的深入，预计房地产市场复苏节奏将极大地影响 2024 年中国宏观经济。

（二）地方政府债务风险

地方政府债务风险关乎经济和金融系统的稳定，主要表现在以下四个方面：一是对地方政府财政稳定性构成威胁。当地方政府债务过高或偿债压力过大时，可能导致财政困境，极端情况下甚至出现债务违约的风险，影响地方政府筹备资金、开展基础设施建设和提供公共服务等能力。二是影响国家金融系统稳定性。若地方政府债务问题严重，可能导致金融机构资产质量下降，引发金融风险传导，对银行体系的稳定性、信贷供给和市场信心产生负面影响。三是影响投资环境和信用评级。高风险的地方政府债务情况可能降低投资者对该地区的信心，抑制投资活动，此外，国际信用评级机构可能会调整对地方政府的评级，从而影响地方政府融资成本和借款能力。四是影响经济发展潜力。若地方债化解问题严重，则地方政府可能需要采取紧缩政策来控制债务风险，这可能对地区经济增长产生抑制作用，影响长期经济增长潜力。

尽管地方政府显性债务风险总体可控，但已逼近警戒线。根据财政部披露的数据，受疫情冲击影响，到 2020 年年末，我国地方政府性债务余额已经增加到近 26 万亿元，地方政府债务率逼近 100% 的警戒线。地方政府性债务余额在 2021 年年末已高达 30. 47 万亿元，其中地方政府专项债务余额 16. 70 万亿元，按照专项债券剩余平均期限 9. 0 年测算，年均到期还本规模 1. 86 万亿元，尽管按照 2021 年地方政府性基金预算收入 9. 47 万亿元测算，专项债务到期还本保障倍数为 5. 11，但考虑到地方政府性基金预算收入主要来自土地出让金，而 2022—2023 年地方卖地收入大幅下滑，地方政府债务率很有可能接近警戒线，较高的债务率势必带来巨额的还本付息压力。另外，2024 年稳增长的压力依然较大，预计地方政府债务率很难出现明显改善。

因而，近年来我国持续加强地方政府债务管理，保持高压监管态势。一方面，发挥一般债务、专项债务的积极作用，促进稳增长、稳投资；另一方面，严肃查处违法违规举债融资行为，坚决遏制隐性债务增量，逐步化解隐性债务存量。2023 年 11 月 5 日，财政部表示，将继续贯彻实施好积极的财政政策，加快推进新增国债的发行使用，用好新增地方政府专项债券资金，同时严防风险，抓好“一揽子”化债方案落实，积极稳妥推动化解地方政府债务风险。

（三）汇率及货币危机风险

与 2023 年相比，2024 年汇率大幅下行风险降低。2023 年，高通胀、全球进入加息周期，叠加中国降准降息，使得短期内国内外利差大幅倒挂，迫使人民币进入贬值区间。进入 2023 年第四季度，欧美的高通胀得到有效控制，10 月美国 CPI 超预期降至 3.2%，低于 9 月 0.9 个百分点，大幅低于 1 月 3.2 个百分点；欧元区 10 月调和 CPI 初值同比上涨 2.9%，为近两年来最低水平，低于 9 月的 4.5%，也较 1 月的 8.5% 大幅下降 5.6 个百分点。美欧通胀得到控制，市场开始了全球加息周期结束的预期。实际上，美欧通胀率下行，已经说明在没有其他黑天鹅出现的情况下，2024 年美欧不会再上调利率，这是利好人民币汇率的现象。

2024 年，只要中国国内经济保持平稳增长，东亚周边不出现地缘政治冲突，人民币汇率就不会大幅贬值。

（四）国际地缘政治风险

2023 年以来，地缘政治风险事件频发，俄乌冲突尚未结束，巴以冲突不断升级，地缘政治风险明显出现上行趋势。俄乌冲突自 2022 年

2 月爆发持续至今，从最初的局部冲突逐渐转变为一场全球战争，无论结果如何，都将影响世界格局的重塑。俄罗斯和乌克兰都是全球粮食生产和出口大国，俄乌冲突导致粮食减产、海运受到限制以及成本提高，最终降低粮食供给，推高全球粮食价格。同时，俄罗斯是全球第二大原油出口国，是欧洲最大的天然气供应国，俄乌冲突和美欧制裁持续推高全球能源价格。巴以冲突的升级可能将更多中东国家卷入地缘政治旋涡，进一步影响原油供应和产能，从而对能源价格构成上行风险。这些地缘政治风险都会给中国的能源安全和粮食安全带来一定隐患。另外，俄乌冲突也使得中欧班列受阻，影响中欧贸易和“一带一路”合作，给中国对外贸易带来不利影响。

国际地缘政治风险（俄乌冲突、巴以冲突等）引发的不确定性风险，会改变经济主体的风险认知和预期，进而影响实体经济（投资、消费和就业）、金融市场（资产价格调整和信贷需求减少）和国际贸易投资（产业链重塑和经济区域化），并提高经济政策不确定性。历史经验表明，地缘政治风险上升时期所对应的全球 GDP 增速往往是大幅下降的，同时金融市场波动性将有所上升，股票、国债收益率、固定资产投资增速均将下降，劳动力市场也将恶化。

2024 年，在地缘政治冲突持续、全球经济增速放缓、通胀高企的背景下，出现全球经济危机的概率进一步增强。2023 年大多数发达国家可能已经完成了加息，但可能在 2024 年下半年才会迎来降息，同时由于地缘政治因素能源成本持续攀高，欧洲经济衰退的压力加剧，这些主要经济伙伴面临经济衰退的风险以及主要国家的宏观调控政策将导致中国面临的外部需求环境逐步恶化，进而影响中国经济的整体表现。

（五）境外金融传导风险

2023 年 11 月 30 日，美国众议院外交委员会通过一项法案，要求撤销中国香港驻美国经济贸易办事处的外交豁免权，并限期在 180 天内关闭该办事处。这些办事处作为中国香港与世界各地经济贸易关系的桥梁，一直是香港“背靠祖国、联通世界”战略的重要组成部分。此事件不仅是对香港经贸办事处的直接影响，也是对香港在国际上作为独立经济体地位的一种质疑。例如，该方案的落实可能取消香港独立关税地位，导致出口和转口贸易受到严重挑战，同时技术转让也遭受重创，无法实现技术购买借鉴，更关键的是可能导致港元与美元脱钩，严重冲击港元的币值稳定性。此外，从香港楼市来看，2023 年 8 月 3 日，香港楼市发生了一件大事，李嘉诚突然七折卖楼，其长江实业旗下新楼盘“亲海駅Ⅱ”公布了令香港人震惊的楼价，折实价 14.87 万港元/平方米，较周边二手房还便宜三成，将香港房价打回到了 7 年前的水平。从香港股市来看，截至 2023 年 12 月 7 日，恒生指数累计跌超 18%，同时国际评级机构穆迪将香港信用评级展望由“稳定”调整为“负面”，香港整体表现在全球股市中处于末位。

针对当前中国香港发生的众多变化，如经济增长放缓、外资撤离、高级人才外流等，使得维持港元与美元挂钩的基础保障可能存在压力，这种压力的持续积压极有可能引发港元与美元脱钩的风险，从而对中国经济造成多种不利影响。第一，若港元脱钩于美元，会导致港元汇率受到市场供需和其他因素的影响变得更不稳定，可能导致企业和投资者应对风险难度加大，从而减少对中国香港和内地的资产配置；第二，中国香港是国际贸易和金融中心，与世界上其他国家和地区都有密切的经济联系，同时也是中国吸引外资和转口贸易的重要据点，所以脱钩风险可能对中国香港作为贸易和金融枢纽的吸引力产生较大负面影响，进而影响中国与其他经济体之间的贸易活动；第三，脱钩加剧港元和人民币汇率的波动性传导至香港金融系统，致使香港金融系统的稳定性受到挑战，较大的金融波动可能影响市场信心，进而传导至内地的金融及其他领域，产生负面效果。因此，当前中国香港的处境极可能成为影响中国经济的主要境外金融传导风险。

四、总结

综上所述，2024 年中国宏观经济的自然走势将呈现出供给、需求双恢复的格局，但仍低于潜在增长率。综合 2024 年中国供给、需求的走势特征，在经济增长方面，预计中国 GDP 同比增速可能为 4.4% ~ 4.7%；在价格方面，预计 2024 年自然走势下的 CPI 与 PPI 同比增速中枢较 2023 年将会继续小幅上移，全年 CPI 同比增速约为 1.2%，全年 PPI 同比增速约为 0.3%；在就业方面，预计 2024 年全国城镇新增就业将达到 1200 万人。然而，上述判断均是基于中国宏观经济无其他潜在风险的假设做出的，因此本章进一步从房地产危机风险、地方政府债务风险、汇率及货币危机风险、国际地缘政治风险、境外金融传导风险五个方面总结了未来中国宏观经济运行中可能存在的不利影响。

第六章　2024年中国宏观经济政策展望

一、宏观经济政策的目标

（一）经济增长

2022年受疫情影响，我国GDP增速为3.0%，处于历史低位，对2023年形成了低基数效应。2023年居民生产生活趋于正常化，经济逐渐复苏，对2024年不存在低基数效应。宏观经济方面，房地产市场产能去化将继续抑制2024年经济的快速增长。另外，高技术产业正在高速成长，有望继续推动经济增长。结合中国“十四五”规划中提出的“十四五”时期经济增长目标“保持在合理区间”，以及2035年远景目标——“2035年人均GDP达到中等发达国家水平”，预计2024年经济增长目标约为5.0%。

（二）价格

CPI方面：从外部看，国际能源品价格下行一定程度上减轻输入性通胀压力。从内部看，短期内需恢复压力仍存。从食品项看，生猪产能仍然较高，但在政策干预下，预计2024年猪价或先低后高，这对食品通胀仍有一定支撑，但在口粮对外依存度低、外需恢复、汇率企稳，特别是居民收入和消费仍偏低迷背景下，核心通胀持续较弱（表现为房租价格的下行），核心CPI或仍温和，而鲜菜、鲜果受季节性因素影响较大；从非食品项看，工业消费品方面，既受上游工业价格传导，也与中下游终端需求有关，但现阶段主要受需求端约束，预计随着成本压力进一步趋缓、下游需求温和恢复，工业消费品价格或温和增长；服务业价格方面，主要取决于需求恢复情况，预计随着中国经济进一步恢复，服务业价格将整体上升。总体而言，在低基数以及经济回暖叠加猪价整体抬高的影响下，预计 2024 年政府的 CPI 同比增速目标在 2.0% 左右。

PPI 方面：海外经济降息预期将对国际原油和铜价形成冲击，全球大宗商品价格将结构性分化。国际方面，原油等国际大宗商品价格高位震荡带动国内相关行业成本压力趋缓，工业品价格低位有所企稳；国内方面，随着外部需求改善，稳地产、保障房和保交楼等政策深入推进，建筑施工有所改善，部分中上游价格有所企稳，迎峰度夏背景下煤炭供需偏紧下价格有阶段性上行压力；金属整体无论是内需定价的黑色系还是外需定价的有色系，随着欧美逐步退出加息叠加需求韧性，或中枢有所上行，但整体大幅涨价风险并不大。在高基数效应消退的影响下，预计 2024 年 PPI 增速将有所回升。

（三）就业

2023 年 1—10 月全国城镇新增就业达到 1109 万人，完成全年目标任务的 92.4%，前三季度全国城镇调查失业率平均为 5.3%，低于全年调控目标 0.2 个百分点，表明 2023 年就业目标基本实现。

展望 2024 年，在稳增长政策的发力下，工业企业利润有望加快修复，企业盈利改善有助于吸纳更多的劳动力，消费市场回暖有助于服务行业吸纳大量劳动力，整体就业压力有所降低。然而，一方面，2024 年高校毕业人数将创新高，青年就业压力日益凸显，就业市场结构性错配使得劳动力数量较少和大学生就业难现象并存；另一方面，作为经济压舱石的房地产行业复苏整体偏弱，短期内对就业的拉动作用有限，甚至会加剧就业压力。

综合宏观经济恢复态势以及国内劳动力市场供需形势，2024 年的新增就业人口目标可能仍为 1200 万人，城镇调查失业率政策目标或在

5.5%左右，与2023年持平。

二、中国宏观经济政策体系

苏剑（2017）认为现有的宏观调控体系存在一定的局限性，首先是政策框架的局限性，因为当前宏观经济政策体系的发展严重滞后于宏观经济理论体系的发展；其次是政策效果的局限性，例如，现有宏观经济政策体系存在治标不治本、无法同时针对多个政策目标等现象，并且容易导致经济“肥胖症”，由此引发金融或经济危机，这些政策还会产生依赖性以及效果外溢等不利影响。此外，现有宏观经济政策体系并没有考虑到中国特色、经济健康、经济结构以及经济发展的质量问题，同时也对创新考虑不足。因此，当前中国经济的发展需要一个新的宏观调控体系。

鉴于上述宏观调控体系的弊端，苏剑（2017）提出了一个新的宏观调控体系总框架（见图6－1），其中包含根据总供求模型得出的需求管理、供给管理和价格管理三大类。其中，需求管理就是在价格不变的情况下增加需求的政策，反映在图形上，需求管理就是使得总需求曲线的位置或者斜率发生变动的政策，其目的主要是通过扩大需求消除产能过剩和失业。与此类似，供给管理就是在价格不变的情况下增加供给的政策，反映在图形上，供给管理就是使得总供给曲线的位置或者斜率发生变动的政策，其目的主要是通过调节生产者的激励和约束影响供给。价格管理就是通过调整价格来稳定经济的政策，其目的主要是消除市场失灵，恢复市场机制的功能，让市场机制充分发挥作用。这个政策在计划经济下经常用于实现其他经济或非经济目的，所以在中国宏观经济调控中被广泛使用，并由此引申出从价格政策到市场环境管理政策的扩展（苏剑，2017；刘伟、苏剑，2018）。

根据上述新型宏观调控体系，苏剑（2017）认为，首先，各种政策组合方式应该优先选择市场环境管理，消除市场失灵，恢复市场功能；其次，由于现实经济中往往无法完全消除市场失灵，应该尽量用需求管理政策应对需求冲击，用供给管理政策应对供给冲击；最后，在一个失衡出现时，往往不能单纯应用某一种政策，可能需要供给管理、需求管理，甚至还有市场环境管理三者的适当组合。

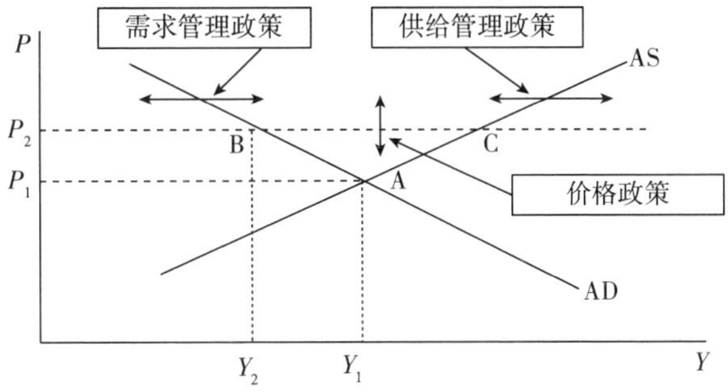

图 6－1　基于总供求模型的宏观调控体系

因此，作为发展中国家，中国的宏观调控政策体系应该包括市场环境管理、供给管理、需求管理三大类。我们的政策分析和政策建议就依据这一政策体系给出。

三、宏观经济政策展望

2024 年，中国宏观经济运行将处于供给和需求双恢复的态势，但经济的自然增速仍将低于潜在增速，也将低于政府的目标增速。鉴于此，中国应该采取需求、供给双扩张的政策，并着力推进市场化改革，改善市场环境。

（一）扩张性需求管理政策

需求扩张以货币政策为主，在“稳”字当头的前提下加大实施力度，保证精准有效，财政政策主要以提质增效为核心，注重风险可控和可持续。

第一，扩大消费需求。首先，继续稳定收入预期，尤其是稳定财产性收入。2023年，人民币汇率大幅下滑，以人民币计价资产出现缩水，同时，财产净收入增速放缓，加剧了居民对收入的担忧，抑制消费。其次，提升消费升级。进一步推动汽车消费、智能家居消费、适老养老消费。大力发展智慧交通，推动汽车电动化、网联化、智能化，加强停车场、充电桩、换电站等配套基础设施建设，促进智能家装消费。最后，完善保障体系建设。经济恢复不及预期，居民收入增速依然显著低于疫情前水平，抑制了居民消费，只有改善社会保障体系，减轻居民消费的后顾之忧才能促进消费。

第二，稳定投资。首先，加大财政支持力度，支持重点领域的投资建设。适当加量政策性银行信贷、政策性金融工具，支持能源、交通、水利、物流、生态环保、社会民生等基础设施建设，加大重点领域补短板力度。其次，加大制造业投资支持力度。一方面，加大对高新技术企业关于科技创新的税前扣除力度，降低企业生产经营成本。另一方面，增加制造业中长期贷款，创新完善制造业企业股权、债券融资工具，助力制造业高质量发展。最后，加强对民营企业的支持。减轻民营企业融资难、融资贵的负担，降低民营企业融资门槛。提供稳定的营商环境，保持政策连贯性，明确政策调整的方向和目标。继续减税降费，降低民营企业的负担。减少审批流程、电子化网络办公，降低企业经营过程中的行政门槛。

第三，稳出口。近年来，出口占中国GDP的比重在20%左右。2023年出口的下滑也是经济下行压力加大的主要原因之一。因此，稳出口是目前中国宏观调控的主要领域之一。

第四，促进生育。针对总人口减少、生育意愿下滑的现状，有以下三点建议：首先，加大财政补贴力度，为了鼓励生育，政府可以制定差别化政策，为不同收入的家庭提供生育补贴、育儿假补贴、儿童抚养补贴等，降低生育、养育成本。其次，完善税收优惠政策。一方面，提高子女教育个人所得税专项附加扣除金额，将儿童医疗费用全额纳入专项附加扣除范围。另一方面，为促进女性就业公平，可以给予雇佣企业一定的财税支持。最后，推动实施家庭友好型政策。政府重视学前教育阶段托育服务体系的建立，优化公共服务供给，尤其是要积极推动 0～3 岁婴幼儿托育服务的发展，为双职工家庭解决儿童照顾难题。

第五，以改善民生为导向进行财政扩张。从需求端而言，需要准确辨认老百姓真正需要满足的需求，如最迫切的民生问题、改善性需求以及贫困地区和低收入人群的需求，当下通胀水平保持低位使得货币政策具有较大施策空间。应该以改善民生为导向进行财政扩张，通过改善就业状况，提高居民收入，让居民更多分享发展成果，稳定预期，创造消费场景，推动扩大内需，让居民消费来引导资源配置。

（二）扩张性供给管理政策

供给扩张以有利于保障中国经济的健康稳定发展、促进经济提质增效与结构升级为目标，应进一步推动供给侧结构性改革，同时鼓励高新技术的自主研发，扩大对外开放。

第一，鼓励高新技术的自主研发，提高供给体系质量和效率，提升供给结构对有效需求的适配性。首先，建立起促进创新的科技金融体系；其次，制定相关各方在成果转让、股权分配等多种形式下的利益共享和分配机制，加快科技成果转化；再次，培育人力资本；最后，鼓励高新技术自主研发的同时必须重视基础研究投入。发挥创新第一动力作用，持续推动科技创新、制度创新，以自主可控、优质有效的供给满足和创造需求。

第二，促进就业。当前提高就业率的关键是解决招工难、就业难并存的就业结构性矛盾，普工难招、技术工人短缺，同时高校毕业生求职困难。为缓解这一问题，首先，充分发挥政策性岗位吸纳作用，稳定并适度扩大招录高校毕业生规模。鼓励引导基层就业，稳定“三支一扶”计划、大学生志愿服务西部计划等基层服务项目招募规模。其次，研究鼓励企业扩大高校毕业生就业的相关政策，对于吸纳应届大学生的企业根据招聘人数，实施社保减免、贷款支持等政策。最后，加大职业技能培训力度，积极推动各类职业院校、职业培训机构开展重点行业、急需紧缺职业技能培训，提升劳动者技能素质，缓解结构性就业矛盾。

第三，降低企业生产经营成本，包括企业税费负担、企业融资成本，进一步完善减税降费政策，支持保市场主体、保就业、保民生，确保制造业、餐饮业、建筑业和交通运输业等主要行业税负明显降低，有力推动供给端恢复，促进经济运行保持在合理区间。

第四，进一步扩大对外开放。首先，加大稳外贸政策力度。进一步加大对出口企业的支持力度，在出口退税等方面多给予出口企业优惠政策，增强外贸企业活力。其次，加强深层次的国际贸易合作。面对外部环境不确定性增加和贸易摩擦加剧的形势，进一步加强深层次的国际贸易合作，深化“一带一路”建设，推动商签更多高标准自由贸易协定和区域贸易协定，深化中国和周边国家在农业、能源、高新技术等领域的合作。最后，扩大重要产品和服务的进口。拓宽先进技术、关键零部件、优质能源资源等优质产品的进口渠道，持续办好中国国际进口博览会、中国进出口商品交易会等，推动进口规模扩大、结构优化、来源多元化。

（三）市场环境管理政策

加快建设全国统一大市场，构建良好的营商环境，简化企业生产经营审批和条件，深化商事制度改革，推进企业开办经营便利化。同时规范政府行为，加强依法治国，切实保证民营企业的产权和企业家的人身安全。

第一，加快全国统一大市场建设。这是目前财政相对困难的情况下各级政府能够在不花钱或者少花钱的情况下维持经济增长的一个领域，因而也是具有较大改革红利的领域。通过统一大市场建设，消除经济中存在的堵点，有助于提高经济运行效率，降低交易成本。

第二，稳定物价。随着内外需求改善，考虑到迎峰度夏期间用电需求集中爆发，强于正常水平，而供应能力增长是一个逐步释放的过程，因此需要各地各部门做好保供稳价工作，保证煤气价格稳定，继续完善并发挥成品油调价机制，减少外部能源价格对国内经济的冲击。金属方面，无论是内需定价的黑色系还是外需定价的有色系涨价风险并不高，但随着欧美逐步退出加息，或对大宗商品价格造成冲击，防止大宗商品价格短期大起大落也是经济良好平稳运行的保证。

第三，加强人才区域合理布局与协调发展。进一步加强对于人才的引进工作。从要素禀赋看，中国劳动年龄人口增长转负，人口老龄化加剧，劳动力成本上升，这意味着过去参与全球化的优势不断减弱。未来国际资本或向其他有人口红利的国家流动，而随着各国对人力资本的争夺更加激烈，人口流动也可能再次成为全球化的主要特征。党的二十大报告强调，加快建设世界重要人才中心和创新高地，促进人才区域合理布局和协调发展，着力形成人才国际竞争的比较优势。目前人才引进中存在两大因素制约：一方面，国内外学术环境差异较大；另一方面，各地人才引进政策之间过度竞争，带来了过度承诺，间接加大了人才引进难度。

第七章　2024年中国宏观经济展望

综合2024年中国宏观经济的自然走势，预计2024年GDP同比增长5.1%，CPI同比增长1.2%，PPI同比增长-0.4%。

供给端，预计2024年工业增加值同比增长5.8%。需求端，预计2024年社会消费品零售总额累计同比增长7.7%，固定资产投资累计同比增长3.0%，出口累计同比增长3.8%，进口累计同比增长1.8%，全年实现贸易差额8977亿美元。

货币金融方面，预计2024年稳健的货币政策灵活适度、精准有效，积极的财政政策适度加力、提质增效，同时加强各类政策协调配合，形成共促高质量发展合力。预计2024年M2同比增长10.8%，新增人民币贷款24万亿元。2024年中国宏观经济指标预测如表7-1所示。

表7-1　2024年中国宏观经济指标预测

宏观经济指标	2023年预测	2024年第一季度	2024年第二季度	2024年第三季度	2024年第四季度	2024年预测
经济增长						
GDP当季同比（%）	5.4	4.8	5.1	5.1	5.2	5.1
工业增加值同比（%）	4.5	4.0	4.8	5.2	5.8	5.8
社会消费品零售总额累计同比（%）	7.4	6.2	7.2	9.1	8.2	7.7
固定资产投资累计同比（%）	2.9	2.9	2.5	2.8	3.0	3.0
出口当季同比（%）	-4.4	1.0	3.1	5.0	5.9	3.8
进口当季同比（%）	-5.3	1.2	2.2	1.1	2.6	1.8

续表

宏观经济指标	2023 年预测	2024 年第一季度	2024 年第二季度	2024 年第三季度	2024 年第四季度	2024 年预测
贸易当季差额（亿美元）	8023	1809	2367	2702	2099	8977
通货膨胀						
CPI 累计同比（%）	0.2	0.3	0.5	0.8	1.2	1.2
PPI 累计同比（%）	-3.1	-2.3	-1.4	-0.9	-0.4	-0.4
货币金融						
M2 同比（%）	10.4	9.6	10.2	10.4	10.8	10.8
新增人民币贷款（万亿元）	23.3	9.4	4.3	3.7	2.6	24

下篇

专题报告

第八章 稳妥化解住房市场风险，积极构建住房发展新模式

——2023 年房地产市场分析和 2024 年展望

邹士年[①]

一、2023 年房地产市场走势

2023 年以来，我国房地产市场政策虽然不断放松，但受到多重因素影响，房地产市场并未走出疫情后的回暖，全年房地产市场呈现出“前高、中低、后稳”的态势，房地产投资和销售仍然继续下行，房价整体也在回落，但下行趋势减缓。

（一）国房景气指数不断走低，已连续 16 个月处于低景气水平

包含房地产投资、资金、面积、销售等有关指标的房地产开发景气指数（以下简称“国房景气指数”）是最能反映房地产整体情况的指标，国房景气指数为 100 是最合适的景气水平，95 ~ 105 点为适度景气水平，95 以下为较低景气水平，105 以上为偏高景气水平。截至 2023 年 12 月，国房景气指数已经 16 个月处于低景气水平，虽然 2023 年 11 月结束了连续 6 个月的下滑趋势，环比上升了 0. 02，但是 12 月这一指数又下滑了 0. 05（见图 8 – 1）。

① 邹士年，经济学博士，副研究员，研究方向为宏观经济、房地产经济等。

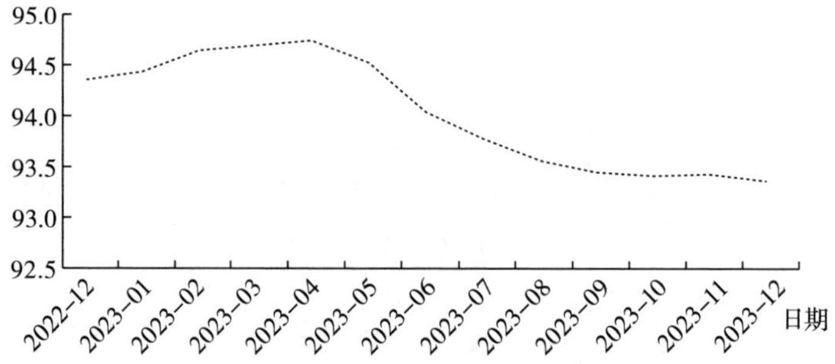

图 8－1　国房景气指数

（二）房地产投资累计 20 个月负增长，第四季度下滑速度有所减缓

2023 年，全国房地产开发投资 110913 亿元，同比下降 9.6%（按可比口径计算）。其中，住宅投资 83820 亿元，下降 9.3%。截至 2023 年 12 月，房地产投资已经连续 20 个月负增长，如图 8－2 所示。分区域看，东部地区房地产开发投资同比下降 5.3%，中部地区同比下降 9.5%，西部地区同比下降 19.6%，东北地区同比下降 24.5%。从投资下降的幅度来看，与经济发展和人口呈密切正相关，东部地区和中部地区降幅为个位数，东北地区和西部地区降幅都在两位数。

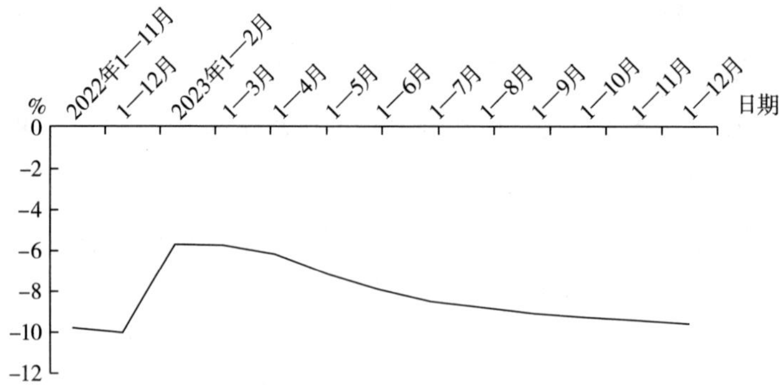

图 8－2　全国房地产开发投资增速

2023 年，在保交楼和加快回款等因素影响下，商品房竣工面积大幅上升，同比上涨 17%，但是受前期拿地下滑严重等因素影响，新开

工面积仍然深度下滑，同比下降 20.4%。

在房地产市场低迷背景下，土地市场成交规模较 2022 年同期出现明显下滑。根据研究机构统计，截至 2023 年 12 月 20 日，全国 300 个城市土地市场成交建筑面积 12.2 亿平方米，较 2022 年同期下降了 21%，较上年降幅收窄 5 个百分点。2023 年全年土地市场成交规模同比降幅维系在两成左右，总成交规模为近十年新低。取消土地地价上限，预计将对土地市场情绪产生一定积极影响。

（三）房地产销售增速前高后低，第四季度降幅收窄

2023 年，商品房销售面积 111735 万平方米，同比下降 8.5%，其中住宅销售面积下降 8.2%。办公楼和商业营业用房销售面积降幅更大，同比分别下降 9.0% 和 12.0%。商品房销售额 116622 亿元，下降 6.5%，其中住宅销售额下降 6.0%，如图 8－3 所示。从区域来看，中部地区商品房销售面积降幅最大，同比下降 13.2%，其次是西部地区同比下降 7.5%，东部地区同比下降 6.7%，东北地区由于同期较低的基数，降幅也最小，同比下降 3.0%。随着房地产宽松政策的效果逐步显现，第四季度房地产销售下滑幅度有所收窄。

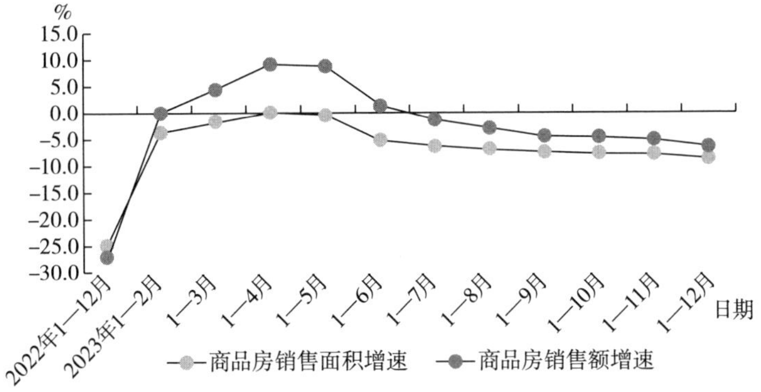

图 8－3　全国商品房销售面积增速和销售额增速

（四）房企到位资金21个月负增长，第四季度降幅逐步收窄

2023年，房地产开发企业到位资金127459亿元，同比下降13.6%，连续22个月负增长（见图8-4）。其中，国内贷款同比下降9.9%，利用外资同比下降39.1%，自筹资金同比下降19.1%，定金及预收款同比下降11.9%，个人按揭贷款同比下降9.1%。随着2023年10月底中央金融工作会议要求"一视同仁满足不同所有制房地产企业合理融资需求"，房地产融资迎来暖意，房地产企业资金出现边际改善。

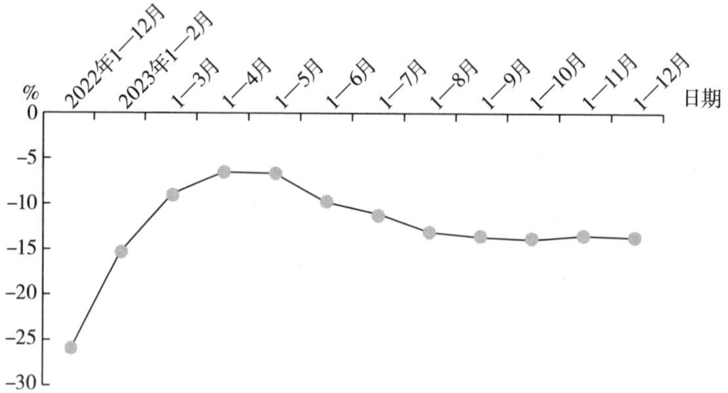

图8-4　全国房地产开发企业到位资金增速

二、2024年房地产市场展望

2024年，我国房地产市场在内外部环境更加有利的背景下，有望筑底企稳。外部中美关系暂时缓和，美元加息周期见顶，内部中央金融工作会议对房地产市场风险控制和房地产发展新模式的构建均已定调，各部门和各地区将会加强房地产市场风险防范和化解，加快以"三大工程"为抓手构建房地产新模式，房地产各类需求有望被激发，2024年也将成为我国构建房地产新模式的元年。

（一）房地产调控政策更加精准和优化

2023年以来，各部门和各地方政府不断放松和优化前期房地产调控政策，在需求端着力实施以降低购房成本和促进购房需求潜力释放的政策措施；在供给端着力实施防范化解房地产企业风险和保交楼等政策。2024年，在中央对房地产市场供求关系已发生重大变化这一判断的背景下，前期约束住房需求的一些限制性政策均有望逐渐优化调整。预计一线城市和核心二线城市会进一步优化因城施策的限购政策，强化调控的精准性，对供需压力不大的区域有望解除限购政策，并会进一步通过降首付、降利率、降交易税费、调整普宅认定标准等方式支持住房消费。超大特大城市城中村改造相关配套政策将会加快落地，支持房企盘活存量资产、盘活闲置地块等供给端政策也会进一步优化。

（二）房地产投资增速降幅进一步收窄

房地产投资主要包括施工投资及土地购置费两部分。近两年土地成交规模大幅缩量、现有库存量较高、企业资金压力仍承压等因素或将继续拖累企业新开工，2024年房企新开工规模同比或继续下行，施工投资也将继续下行。在当前房地产供需发生变化、商品房待售面积上升及购房需求仍然承压的背景下，房企土地购置仍比较谨慎。但是“保交楼”政策继续发力、购房者对于现房的偏好提升等因素预计继续对竣工形成一定支撑，进而对房地产投资产生带动作用。同时，城中村改造也将对房地产投资带来积极影响。2024年房地产投资增速预计在-5%左右。

（三）商品房销售有望温和复苏

房地产销售恢复取决于居民收入预期的改善和房价的企稳。2024年在美元加息周期见顶的背景下，我国宏观经济发展的外部环境有望部分改善。同时，在国内各项化风险、促投资和稳需求的政策落实下，国内经济有望保持平稳向好，居民收入预期有所改善。房地产市场在满足刚需和改善性需求的政策刺激下，以及以“三大工程”为抓手的房地产新模式构建下，有望加快筑底，房价下行趋势有望止跌企稳。全年商品房销售面积增速下滑有望收窄到 -3% 左右，不排除乐观情景下房地产销售面积增速转正的可能。

三、客观认识当前我国房地产市场供需变化和存在的风险

受内外部环境变化、自身发展周期调整和发展模式的转变，以及后疫情时代“疤痕效应”影响，预计我国房地产市场在未来一段时期都将处于弱复苏状态。既要客观认识当前房地产发展面临的不利因素和风险，也要客观认识到我国房地产市场发展的潜力，有助于我们制定理性的应对措施。

（一）正确认识我国当前房地产市场的供需变化

2023 年 7 月 24 日，中共中央政治局会议指出，我国房地产市场供求关系发生重大变化。这是中央立足我国经济社会发展阶段和房地产自身发展规律做出的重大判断。从供给侧来看，第七次人口普查的分项数据显示，我国家庭户人均居住面积达到 41.76 平方米，人均住房套数达到 1.2 套，从总量上看已经不缺房。从需求侧来看，我国人口结构发生了深刻的变化，人口增速放缓，加之年轻人购房观念的转变，导致房地产市场需求走弱。

但是我们必须深刻认识到，较高的人均面积和户均套数无法揭示住房在人口和区域分布上的不均衡，在总量充裕的情况下仍存在着供需的结构性错配。这不仅影响了房地产业的发展，也影响了国民经济的稳定和社会的和谐。

（二）高度警惕房地产企业债务风险有进一步发酵的可能

房地产市场的主要金融风险仍是房企债务违约，且因经营性现金流净额和融资性现金流净额的持续下降，房企债务违约仍有进一步发酵的

可能。根据国家金融与发展实验室研究数据，2023 年前三季度房企境内债出现实质违约、展期的有 136 只，违约规模（违约日债券余额）为 1793 亿元，涉及 32 家房企。境外债出现实质违约、展期的为 22 只，违约规模（违约日债券余额）为 90 亿美元，涉及 12 家发行主体。房地产企业偿还债务主要有两种方式：一是依赖销售回款；二是借新债还旧债。而 2023 年 1—10 月商品房销售额 97161 亿元，相比 2022 年同期下降了 34%。再融资更是遭受严重冲击，根据国家金融与发展实验室研究数据，当前要重点关注资产规模在 1000 亿～1 万亿元的中等房企的潜在违约风险。2019—2023 年，上市房企的筹资性现金流净额分别为 6197 亿元、3702 亿元、－3570 亿元、－6217 亿元、－3104 亿元（数据截至 2023 年 6 月），而规模在 1000 亿～1 万亿元的中等房企，其筹资性现金流净额由 2020 年的 5217 亿元转为 2021 年的－1122 亿元，2022 年又大幅下降至－4297 亿元，2023 年上半年为－1982 亿元，占所有房企筹资活动产生的现金流净额（－3104 亿元）的比重为 63.8%。相关部门已经开始落实中央金融工作会议部署要求，积极支持稳妥防范化解房企风险，支持房地产企业通过资本市场合理股权融资，加强融资监管，促进房地产行业平稳健康发展。

四、我国当前房地产市场需求潜力分析

虽然我国当前房地产市场供求关系发生重大变化，但是就我国当前城市化进程、新市民居住现状及居民改善性需求等看，我国住房还存在一定的需求潜力。

（一）从城市化进程看，住房刚性需求仍有一定空间

对于房地产市场而言，城镇化发展所带来的住房刚性需求是房地产行业发展的重要支柱。相关研究表明，城镇化率提升 1%，住房销售面积增长 5.7%。2022 年年底我国的城镇化率为 65.22%，仍处于城镇化

率的追赶上升期，对照欧美发达国家约80%的城镇化率，我国城镇化仍具有较大的增长空间，仍将是中国房地产市场持续发展的有力支撑。

（二）从人均居住面积看，一、二线城市改善性需求仍有一定潜力

根据第七次全国人口普查数据，我国城市的人均住房面积只有36.5平方米，相较欧美发达国家而言仍有较大发展空间。根据有关研究，越是一、二线城市人均住房面积越小，改善性需求潜力也越大。如果以人口排名前50位城市人均住房面积达到41平方米来测算，未来改善性需求的增量可以达到25亿平方米左右。

（三）从大城市年轻人居住情况看，新市民租赁住房需求较大

近年来，随着我国城镇化进程的推进，流动人口加速向重点城市群和核心城市聚集，而这些重点城市的高房价使得新市民、青年人只能通过租赁住房来解决居住需求。按照《关于加强新市民金融服务工作的通知》中的表述，这部分群体有3亿人左右，租赁住房需求潜力较大。根据相关机构对我国人口前50个城市的户籍数据进行估算（2022年公报披露数据），常住非户籍人口超过1.2亿，净流入人口相关住房需求可达36亿平方米；就住房来源情况估算，第七次全国人口普查数据显示，人口排名前50位城市租赁户约为4600万户，按户均80平方米计算，租赁户相关住房需求约为37亿平方米。

五、促进房地产市场平稳健康发展的政策建议

当前要适应我国房地产市场供求关系发生重大变化的新形势，适时调整优化房地产政策，把促进金融与房地产市场良性循环以及构建房地产发展新模式作为重点，健全房地产市场主体与资金监管，一视同仁满足不同所有制房地产企业合理融资需求，因城施策用好政策工具箱，更好满足居民刚性和改善性住房需求，加快保障性住房等“三大工程”

建设，构建房地产发展新模式，促进房地产市场平稳健康发展。

（一）继续优化房地产市场调控政策，激发合理住房需求释放

一是进一步优化调控政策，激发合理住房需求。各地要充分摸清区域房地产供需情况，根据各区域具体情况与时俱进地及时调整优化甚至废除前期过热时的限购限贷限售等政策。进一步精准化调控政策，实施因区施策。实施多孩家庭购房优惠政策。二是进一步降低住房需求成本，引导居民住房消费的恢复和扩大。全面梳理房地产税收体系，合理降低房地产交易环节征收的有关税费。适当降低具有合理住房需求的居民在住房交易环节中的增值税、契税、个人所得税、印花税等税率，支持个人购买唯一住房或第二套改善性住房。三是实施延期后的土地使用权出让金优惠政策。允许土地出让金分期缴纳，对购买首套房居民的土地使用权出让金进行减免，缓解居民当前购房资金需求压力。四是针对新市民、年轻人等特定住房困难人群，落实租购同权政策，规范租赁市场，满足租赁住房需求。

（二）进一步优化房地产金融政策，促进房地产业与金融业良性循环

一是继续落实好中央金融工作会议精神和“金融 16 条”政策。一视同仁满足不同所有制房地产企业合理融资需求。对正常经营的房地产企业不惜贷、不抽贷、不断贷。继续用好“第二支箭”支持民营房地产企业发债融资。支持房地产企业通过资本市场进行合理股权融资。二是避免房地产企业融资性现金流进一步恶化。摸清不同房地产企业风险状况，密切关注中等房企的潜在违约风险。为避免房企融资性现金流进一步恶化，应稳定房企的资金状况，通过政策引导金融机构满足不同所有制房地产企业合理融资需求，避免金融市场投资者对房企债务兑付的担忧进一步加剧。三是参照金融机构的监管标准加强对大型房企的监管力度。采取资本充足率管理，对房企投资开发项目进行合理的风险权重

划分，并在集团公司层面设定最低资本要求。对上市房企的隐性债务进行特别信息披露，对明股实债的融资方式和合作开发的模式，可要求上市房企的长期股权投资进行并表披露。四是完善住房金融宏观审慎管理体系。对房企购地资金进行穿透式监管，并将信贷资金、信托资金、信用债等各类资金统一纳入监管体系，灵活使用各类金融调节工具。

（三）加快“三大工程”建设，促进房地产市场新模式构建

一是抓好规划建设保障性住房工程。各地方政府要担负起保障房建设的主体责任，解决好群众尤其是新市民、青年人的住房问题。引导多主体投资、多渠道供给，吸引专业化、规模化住房租赁企业建设和运营管理保障性租赁住房。鼓励各类市场主体向国有建设用地使用权人协商购买其可销售部分的非居住存量房屋，改建为保障性租赁住房。统筹使用保障性安居工程资金，对符合规定的保障性租赁住房建设项目予以补助支持。各地方统一运用保障性租赁住房管理服务平台，加强对保障性住房的全流程封闭式管理。二是因地制宜推进城中村改造。坚持先谋后动，采取拆除新建、整治提升、拆整结合等不同方式，做到成熟一个推进一个、实施一项做成一项。城中村改造要进行认真调研和分析，解决好人和产业安置的问题。在资金筹措方面，各地应结合城市发展实际，积极寻求多样化融资渠道，更好挖掘土地价值，细化相关政策支持等。三是积极推进“平急两用”公共基础设施建设。将“平急两用”理念融入城市整体规划，处理好政府与市场的关系、成本与收益的关系、“平”时与“急”时的关系。注重盘活城市低效和闲置资源，同时依法依规、因地制宜、按需新建相关设施。充分发挥市场机制作用，加强标准指引和政策支持，充分调动民间投资积极性，鼓励和吸引更多民间资本参与“平急两用”设施的建设改造和运营维护，补齐基础设施供给短板，带动房地产市场的复苏。

（四）健全房地产基础性制度，完善房地产长效机制

一是建立“人、房、地、钱”要素联动的新机制，从要素资源科

学配置入手，以人定房、以房定地、以房定钱，防止市场大起大落。二是建立房屋从开发建设到维护使用的全生命周期管理机制，包括改革住房开发模式、融资方式、销售方式，建立房屋体检、房屋养老金、房屋保险等制度。三是完善住房用地供应体系。落实好“地随人走”的政策，进一步优化土地招拍挂制度，发挥好土地供应对住房和房地产市场的导向作用，提高保障性住房土地供应比例并优化区位条件，实现住房供需动态平衡。四是进一步完善住房税收体系。加大对租赁性、保障性住房建设运营的税收优惠；完善住房交易环节差别化税收政策；提高多套商品房持有环节税收；引导地方培育更多基于产业的税源，推动地方政府逐步摆脱对土地财政的依赖。

第九章　我国银行业经营形势与面临的主要风险

周景彤　梁　斯[①]

2023 年，全球政治经济格局动荡多变，世界经济增长持续分化，国际市场需求整体回落。随着疫情影响消退，中国经济逐步从疫情防控期间的非常态向常态化运行转变，消费和服务业成为拉动经济增长的重要因素，新动能领域继续加快成长，但国内需求不足的制约仍较突出，商业银行面临的经营环境仍然复杂。整体来看，2023 年我国银行业保持了稳健发展态势，支持实体经济质效明显提升，资产负债规模中高速增长，信贷投放结构持续优化，盈利状况和资产质量总体稳定。当前，我国银行业发生较大风险的概率较小，但也存在一些风险点值得关注。

一、2023 年我国银行业经营形势回顾

2023 年，国内外环境复杂严峻，我国银行业发展主要受后疫情经济表现、金融货币政策与监管体制改革、外部环境冲击三大因素影响。在政策大力支持下，我国银行业发展总体稳健，服务实体经济质效提升，资产负债规模稳定增长，盈利和资产质量保持稳定，资本递补能力显著提升。

一是资产负债维持中高速增长，信贷投放结构持续优化。2023 年，宏观调控政策持续发力稳经济，加之疫情影响消退，国民经济持续恢

① 周景彤，中国银行研究院副院长；梁斯，中国银行研究院研究员。

复，实体经济融资需求有所改善。在政策推动和市场驱动共同作用下，银行业资产规模保持较快增长。截至2023年10月，银行业金融机构总资产、总负债余额分别为401.46万亿元、368.05万亿元（按境内机构口径统计），同比增速分别为9.73%和9.98%（见图9－1）。商业银行坚决贯彻国家战略和监管政策指引，加大对基础设施投资、制造业投资以及绿色、高技术等领域的信贷投放力度，带动相关领域资产规模稳步增长。此外，在延续实施碳减排支持工具等三项货币政策工具带动下，重点领域信贷增速继续保持较快增长。2023年第三季度末，普惠小微、绿色、工业、涉农贷款余额增速分别为24.1%、36.8%、30.9%、15.1%，显著高于全部贷款增速（10.9%）；受房地产市场调整等因素影响，房地产贷款、个人购房贷款增速分别降至－0.2%和－1.2%，均为历史新低（见表9－1）。

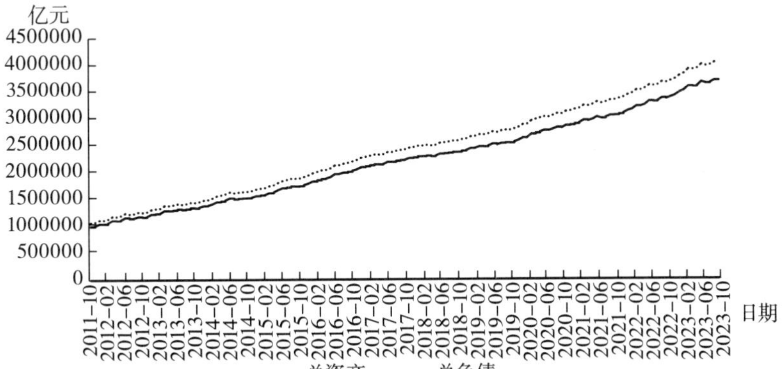

图9－1　商业银行总资产和总负债

资料来源：Wind数据库，中国银行研究院。

表9－1　商业银行部分领域信贷余额同比增速　　单位：%

日期	工业	普惠小微	绿色	涉农贷款	房地产贷款	个人购房贷款
2019－06	5.2	22.5	—	6.5	17.1	17.3
2019－09	5.4	23.3	—	7.0	15.6	16.8
2019－12	6.8	23.1	—	7.7	14.8	16.7
2020－03	8.3	23.6	—	9.0	13.9	15.9

续表

日期	工业	普惠小微	绿色	涉农贷款	房地产贷款	个人购房贷款
2020 - 06	12.8	26.5	—	10.5	13.1	15.7
2020 - 09	16.3	29.6	—	11.1	12.8	15.7
2020 - 12	20	30.3	—	10.7	11.7	14.6
2021 - 03	24.2	34.3	24.6	10.7	10.9	14.5
2021 - 06	25.8	31.0	26.5	10.1	9.5	13.0
2021 - 09	24.1	27.4	27.9	10.1	7.6	11.3
2021 - 12	22.6	27.3	33.0	10.9	7.9	11.3
2022 - 03	20.7	24.6	38.6	12.2	6.0	8.9
2022 - 06	21.2	23.8	40.4	13.1	4.2	6.2
2022 - 09	23.3	24.6	41.4	13.7	3.2	4.1
2022 - 12	26.5	23.8	38.5	14.0	1.5	1.2
2023 - 03	31.7	26.0	38.3	16.2	1.3	0.3
2023 - 06	32.4	26.1	38.4	16.0	0.5	-0.7
2023 - 09	30.9	24.1	36.8	15.1	-0.2	-1.2

资料来源：Wind 数据库，中国银行研究院。

二是积极拓展多元化盈利渠道，利润增速稳中向好。一方面，货币政策持续发力，为实体经济减负。人民银行连续两次调降逆回购、MLF 利率，引导 LPR 下调。银行业通过下调贷款利率、推动存量房贷利率转换等方式为实体经济减负，降低社会融资成本，银行利息收入有所下降。另一方面，银行业在持续拓展支付结算、咨询、资管理财等领域的业务机遇，建立更加多元化、可持续的利润来源渠道。截至 2023 年第三季度末，商业银行净利润总额为 1.86 万亿元，同比增长 8.96%，增速保持在较高水平（见图 9 - 2）。

三是持续加大对不良资产的处置力度，资产质量稳中向好。2023 年，宏观经济复苏提振了企业经营预期，为商业银行资产质量提供支撑。同时，商业银行不断强化对后疫情时代的信用风险防控工作，综合运用多种手段，处理历史包袱，防范和化解潜在不良风险。2023 年第三季度末，商业银行不良贷款率为 1.6%，为 2016 年以来新低，比上年年末下降 0.03 个百分点（见图 9－3）。

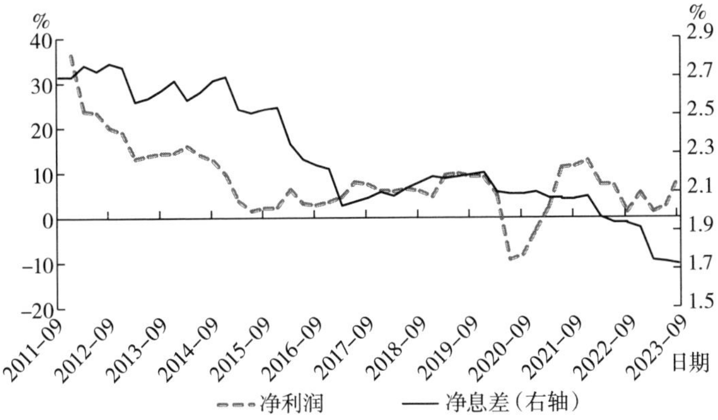

图 9－2　商业银行净利润增速及净息差变化

资料来源：Wind 数据库，中国银行研究院。

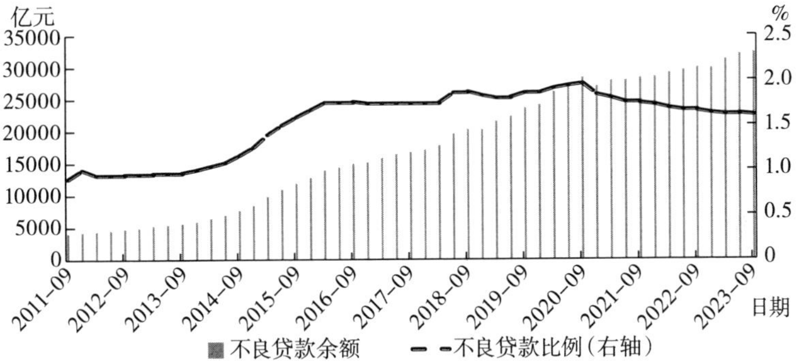

图 9－3　商业银行不良贷款余额及比例变化

资料来源：Wind 数据库，中国银行研究院。

四是资本充足率有所下降，风险抵补能力明显提升。2023 年第三季度末，商业银行核心一级资本充足率、一级资本充足率、资本充足率分别为 10.36%、11.9% 和 14.77%，分别比上年末下降了 0.37 个、0.4 个和 0.4 个百分点（见图 9－4）。2023 年，信贷投放保持较快增长，给银行资本补充带来了一定压力。加之部分银行利润承压，导致内源性资本补充压力同步上升。此外，疫情防控期间的各类支持措施陆续退出，为应对可能出现的信用风险，商业银行前瞻性地增大拨备力度进行应对。

截至2023年第三季度末，商业银行拨备覆盖率为207.88%，比上年年末上升2.04个百分点，在全球处于较高水平，且明显高于监管部门要求。

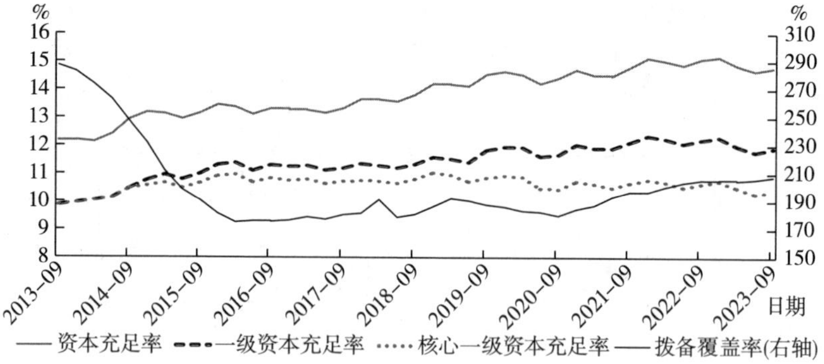

图9-4 商业银行资本充足率及拨备覆盖率变化

资料来源：Wind数据库，中国银行研究院。

二、我国银行业发展值得关注的主要风险

我国银行业发展值得关注的主要风险如下：

第一，市场环境复杂多变甚至形势严峻，银行业经营压力不减。从外部环境看，地缘政治格局依然复杂多变，乌克兰危机长期化，巴以冲突加剧地缘政治紧张局势。2024年，美国大选和中国台湾地区选举将成为两大新不确定性因素，紧缩性货币政策对需求端的滞后影响将逐渐显现，需求端下行压力大于供给端。根据中国银行研究院报告预测，预计2023年全球GDP增速为2.7%（市场汇率法），较2022年下降0.3个百分点，2024年全球经济增速进一步下行至2.5%左右，比2023年低0.2个百分点（见图9-5）。其中，2024年美国经济增速为1.7%，欧元区和英国经济增速将分别达0.9%和0.5%左右，日本经济增速为1.3%左右，大都出现不同程度的下降。随着通胀中枢整体的下移和经济下行压力的加大，货币政策天平由2023年的“遏通胀”向2024年的“稳增长”倾斜。大多发达经济体加息步伐已接近尾声。美联储议息会

议已三次暂停加息，欧元区于 2023 年 10 月宣布维持三大政策利率不变；英国央行 9 月以来已连续暂停两次加息，英国或将成为首个降息的发达经济体。日本货币政策转向不断升温，2024 年或将退出负利率政策。全球经济增速进一步放缓，主要经济体货币政策转向且分化，给我国外贸、投资和金融市场运行等带来更多不确定性，银行业面临的外部环境仍然复杂严峻。

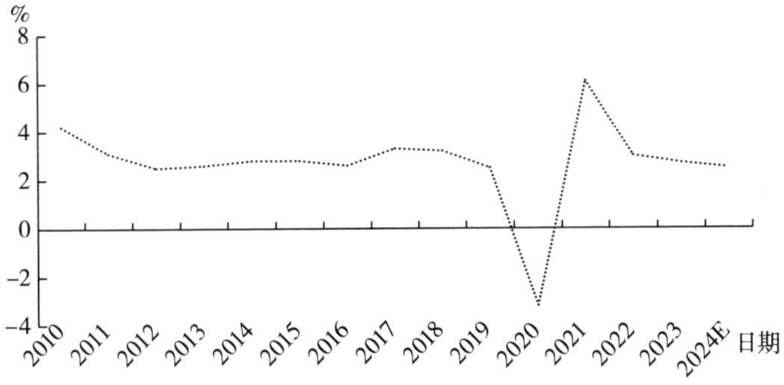

图 9－5 全球经济增速变化情况

资料来源：IMF（2022 年为预测增速）。

从国内发展看，2023 年服务业供需两旺的特征尤为突出，消费和服务业成为拉动经济增长的重要因素，新动能领域继续加快成长，新能源、信息技术等领域生产和投资较快增长，“新三样” 成为中国出口增长新动能。但与此同时，国内需求不足的制约较为突出，房地产市场持续调整，企业生产经营仍面临困难，部分领域风险隐患依然存在，经济恢复艰难曲折。但考虑到外部环境或有所改善，中国与多国恢复高级别对话，尤其是中美之间沟通交流增多，有助于缓解地缘政治紧张局势。加之国内消费有望进一步恢复，基建和制造业投资有望实现较快增长，房地产投资降幅或将小幅收窄。预计中国经济将向潜在增速水平回归，2024 年 GDP 增长 5% 左右（见表 9－2）。

表 9-2　2024 年中国经济金融主要指标及预测　　单位：%

指标	2020 年（R）	2021 年（R）	2022 年（R）	2023 年 Q1（R）	2023 年 Q2（R）	2023 年 Q3（R）	2023 年 Q4（E）	2023 年 全年（E）	2024 年（E）
GDP	2.2	8.4	3.0	4.5	6.3	4.9	5.6	5.3	5.0
规模以上工业增加值	2.8	9.6	3.6	3.0	4.5	4.2	5.5	4.5	4.8
服务业增加值	1.9	8.5	2.3	5.4	7.4	5.2	5.8	5.9	5.2
固定资产投资额（累计）	2.9	4.9	5.1	5.1	3.8	3.1	2.9	2.9	4.5
房地产开发投资额（累计）	7.0	4.4	-10.0	-5.8	-7.9	-9.1	-9.7	-9.7	-7.0
消费品零售总额	-3.9	12.5	-0.2	5.8	11.4	4.2	9.0	7.6	6.0
出口（美元计价）	3.6	29.6	5.9	-1.8	-4.2	-9.7	-0.5	-4.2	2.0
进口（美元计价）	-0.6	30.1	0.8	-7.0	-6.8	-8.6	5.0	-4.4	2.5
居民消费价格指数（GPI）	2.5	0.9	2.0	1.3	0.1	-0.1	0.1	0.3	1.1
工业品出厂价格指数（PPI）	-1.8	8.1	4.1	-1.6	-4.5	-3.3	-2.3	-2.9	0.4
广义货币（M2，期末）	10.1	9.0	11.8	12.6	11.3	10.3	10.5	10.5	10.0
社会融资规模（存量，期末）	13.3	10.3	9.6	10.0	9.0	9.0	9.4	9.4	9.0
1 年期 MLF（期末）	2.95	2.95	2.75	2.75	2.65	2.5	2.5	2.5	2.4
1 年期 LPR（期末）	3.85	3.80	3.65	3.65	3.55	3.45	3.45	3.45	3.35
人民币兑美元即期汇率（期末）	6.54	6.37	6.95	6.87	7.26	7.25	7.15	7.15	7.00

资料来源：中国银行研究院。

虽然我国经济长期向好的趋势不会改变，但短期内在企业投资动力不足、居民消费恢复偏慢等因素影响下，银行各大板块业务均会受到影响。加之社会收益率下行、优质资产欠缺、收益率下行将导致盈利能力承压，未来业务发展的可持续性面临挑战。

第二，地缘政治冲突持续演变，金融机构依然面临外部制裁的可能性。近年来，在地缘政治冲突持续演变背景下，各类贸易争端、金融制裁等层出不穷。特别是美国利用美元优势和金融霸主地位，不断加大对特定国家的金融制裁力度，如冻结被制裁国家的海外资产、将部分国家商业银行排除在 SWIFT 系统外、禁止与被制裁国家央行进行任何交易等，对相关国家金融体系稳定和金融机构运营造成严重负面影响，商业银行展业面临极大压力。近年来，美国联合其盟友，制裁了包括古巴、朝鲜、伊朗、委内瑞拉、俄罗斯等一系列国家，尤其是对俄罗斯采取了全方位、多渠道的制裁手段。除冲击被制裁国家的金融体系外，金融制裁的影响还延伸至他国金融机构与被制裁国家之间的跨境结算及相关业务开展方面，如违反制裁规定，其他国家金融机构也会面临制裁风险，这些国家金融体系将受到直接影响，金融机构经营风险随之上升。

第三，部分企业生产经营困难，相关领域银行业资产质量面临压力。当前及未来一段时间，我国经济运行仍面临较大压力，国内需求不足、外需减弱、房地产市场持续调整等因素叠加，部分行业企业生产经营面临诸多困难，现金流入放缓、收入下降、盈利能力走弱等问题突出。从数据看，2022 年下半年以来，我国工业企业利润累计增速持续维持负增长，2023 年同比降幅更是在两位数以上（见图 9 – 6）。另外，上市公司应收账款周转天数中位数由 2018 年末的 72 天延长至 2023 年第二季度的 83 天，企业回款周期继续拉长。在企业经营压力仍然较大的情况下，社会信用风险有所上升。

前两三年，为克服疫情影响，监管部门先后采取了多轮政策帮助企业渡过难关，相关领域信用风险延缓暴露。加之近年来监管部门积极引导商业银行加大对不良资产的处置力度，银行资产质量处于可控范围。2019 年以来，银行业金融机构处理的不良资产年均在 3 万亿元左右。从实际不良率看［按照（处置资产 + 不良贷款余额）/（处置资产 + 贷款余额）粗略估算］，近年来处于持续上升态势，由 2017 年的 2.46% 上升至 2020 年的 3.81%，2022 年回落至 3.22%。截至 2023 年 9 月，

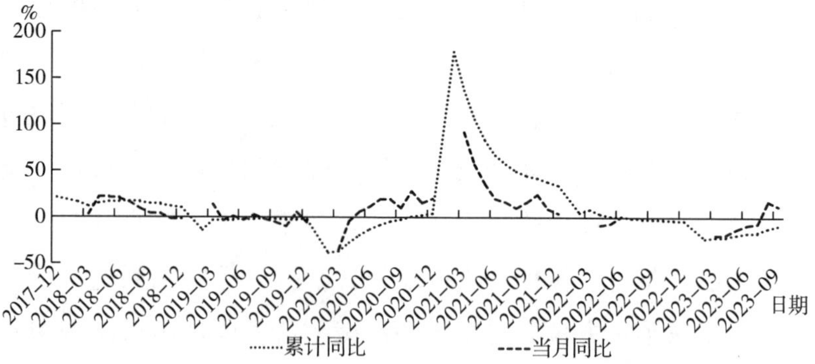

图 9-6 我国工业企业利润累计同比和当月同比

资料来源：Wind 数据库，中国银行研究院。

银行业不良贷款余额为 3.22 万亿元，比 2022 年末增加了 2400 亿元，商业银行仍面临较大的资产质量管理压力。

第四，贷款利率持续下行，银行净息差收窄和利息收入放缓导致利润增长承压。为克服疫情影响，人民银行已多次调降政策利率引导信贷利率下行，社会融资成本明显下降，有效缓解了企业经营负担。特别是 2023 年第二季度以来，由于经济恢复不及预期，人民银行加大了逆周期调控力度，连续两次调降逆回购、MLF 利率，LPR 也连续下调，信贷利率持续下行。2023 年 9 月末，金融机构贷款加权利率为 4.14%。其中，企业贷款利率为 3.82%，比上年末下降了 0.15 个百分点。在信贷利率持续下行带动下，商业银行净息差已降至 1.73%，为历史新低（见图 9-7）。银行利息净收入增速也出现同步下行，2023 年第二季度，上市银行利息净收入同比增速为 -1.33%①。

第五，全球主要经济体货币政策调整，加剧了新兴经济体金融市场的波动。为继续遏制高通胀，2023 年主要发达经济体货币政策延续收紧态势。美联储全年累计加息 4 次共 100 个基点，上调联邦基金利率目标区间至 5.25% ~5.5%，欧洲央行在前三个季度连续加息 6 次，累计

① 选取了披露利息净收入的 15 家上市银行。

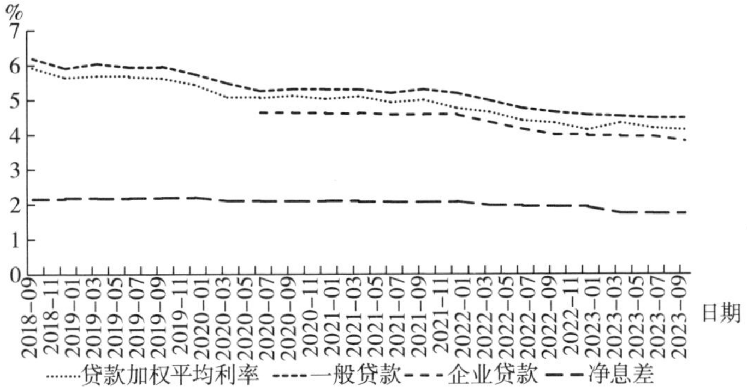

图9－7　我国贷款利率及银行净息差变化

资料来源：Wind数据库，中国银行研究院。

200个基点，英格兰银行年内连续加息5次，累计175个基点（见表9－3）。在主要经济体延续加息政策影响下，不少经济体货币出现大幅贬值，资本外流和金融市场动荡加剧。但随着欧美国家通胀有所缓解，加息进程已经放缓或者暂停。不少市场机构预测欧美央行可能会于2024年降息，主要经济体货币政策转向可能会引发全球资本的新一轮调整，新兴市场国家或将再次面临国际资本大规模流入，金融市场运行可能出现方向性变化，各类资产价格再次面临重估。商业银行持有的外币资产价值将受到汇率及资产价格波动的双重影响，这也会对银行利润带来直接扰动。

表9－3　2023年主要央行加息情况

美联储			欧洲央行			英格兰银行		
决议时间	变动基点	变动后利率（%）	决议时间	变动基点	变动后利率（%）	决议时间	变动基点	变动后利率（%）
2月1日	25	4.5～4.75	2月2日	50	3	2月2日	50	4
3月22日	25	4.75～5.0	3月16日	50	3.5	3月23日	25	4.25
5月4日	25	5.0～5.25	5月4日	25	3.75	5月11日	25	4.5
6月14日	0	5.0～5.25	6月15日	25	4	6月22日	50	5
7月26日	25	5.25～5.5	7月27日	25	4.25	8月3日	25	5.25
9月20日	0	5.25～5.5	9月14日	25	4.5	9月21日	0	5.25

续表

美联储			欧洲央行			英格兰银行		
决议时间	变动基点	变动后利率（%）	决议时间	变动基点	变动后利率（%）	决议时间	变动基点	变动后利率（%）
11 月 1 日	0	5.25 ~ 5.5	10 月 26 日	0	4.5	11 月 2 日	0	5.25

资料来源：中国银行研究院。

监管要求持续提升，商业银行面临较大监管压力。从全球看，各国延续强监管态势，陆续出台众多监管条例，对资本要求、风险处置、数字科技、数据披露、可持续发展等方面提出更高要求。鉴于全球银行业爆发流动性危机，欧美经济体快速出台相关条例，完善监管机构风险处置流程，改革存款保险方案，补充存款保险基金，提高危机风险处置能力；强化中小银行资本监管和流动性风险监管，确保银行能够承受高利率压力。高度关注金融科技发展，更新监管条例适应信息化时代新金融产品和服务形式；延续加密资产严监管政策基调，转换以疏代堵的监管思路，逐渐明确国际监管框架。维持对金融科技强监管态势，在银行参与加密货币的信息披露、数字钱包、央行数字货币等方面提出更高要求；英美加强气候金融风险管理，为金融机构应对气候风险、加快绿色转型提供指导框架（见表 9 -4）。未来，主要经济体将保持严监管趋势，尤其是银行及非银机构风险防范、金融科技创新等方面，将迎来更审慎全面的监管。

表 9 -4　2023 年以来部分金融监管政策及其影响

	范围	时间	金融监管政策	主要影响
资本要求	全球	2023 年 1 月	《巴塞尔协议Ⅲ》最终方案在全球正式实施。全面改革信用风险、市场风险、操作风险标准法和内部评级法，引入银行储备资本、逆周期资本、系统重要性银行附加资本要求，提出杠杆率、流动性覆盖率、净稳定资金比例、系统性风险等监管要求	全面加强对全球银行业的监管，形成了宏观审慎和微观审慎相结合的全新金融监管框架
	美国	2023 年 6 月	美联储计划提高大银行资本金要求，上调幅度最高达 20%，新要求适用资产超过 1000 亿美元的银行	新要求增强金融体系的抗风险能力，但也可能增加银行负担

续表

	范围	时间	金融监管政策	主要影响
风险处置	美国	2023年5月	美国存款保险公司（FDIC）发布《存款保险改革的可选方案》，包括限额保障、全额保障和有针对性的保障	提案维护金融稳定、保护存款人、降低银行处置的负面影响
		2023年8月	FDIC要求银行提交更详细的“生前遗嘱”，说明倒闭后如何由FDIC成立过桥银行接管业务运营	增强监管机构危机应对能力，确保破产银行迅速移交关键数据
	欧洲	2023年4月	欧盟委员会调整银行危机管理和存款保险框架：危机情况下使用存款担保计划，扩大储户保护范围；允许采取措施实现破产银行有序退出	该提案维护金融系统稳定、保护纳税人和储户资金安全、提升金融行业竞争力
		2023年7月	欧洲银行管理局发布《恢复计划复苏能力最终指南》，为金融机构建立可靠恢复框架提供指导；明确各国监管当局评估恢复计划关键要素	强化欧洲危机管理框架，加强金融机构的危机应对能力
	英国	2023年6月	英国央行提议改革存款保险，对补偿计划预筹资金，审查银行被出售或倒闭之前是否有足够偿付能力	危机发生时，该提案能够更好地保护中小银行储户
		2023年8月	英国央行公布参与首次大规模金融系统压力测试的50多家金融机构名单，包括大型银行集团、保险公司、清算所、资产管理公司、养老基金等	测试重点为金融机构对金融系统稳定性的影响及途径，为加强影子银行风险管理提供参考意见
数字科技	全球	2023年7月	金融稳定委员会发布加密资产国际监管框架最终报告，对加密资产活动和市场的监管、监督和监察提出高层次建议，修订关于“全球稳定币”监管、监督和监察高级建议	保护客户资产、解决利益冲突带来的风险以及改善跨境合作
		2023年9月	FSB和IMF发布《加密资产政策》报告，建议加密资产不应被授予官方货币或法定货币地位；加强跨境信息共享和金融监管合作，明确税收政策；建立收集、存储、及时准确报告数据的系统和流程等	加密资产应受到管控而不是禁止，报告给出管理加密资产政策建议，明确政策制定基本原则和方向，有利于加密资产稳健发展

续表

	范围	时间	金融监管政策	主要影响
数字科技	全球	2023 年 10 月	BIS 要求银行提供加密资产敞口、相应资本和流动性要求的定量数据、加密货币相关活动的定性数据	制定标准化的银行加密资产风险披露模板，减少银行和市场参与者之间的信息不对称
	美国	2023 年 2 月	美国证券交易委员会（SEC）提出全面修订资产托管规定，将覆盖范围扩大到加密货币等资产	新规定加强对加密货币的监管，给金融机构带来合规成本
		2023 年 3 月	SEC 提出证券市场网络安全风险新规，要求所有市场主体为降低网络安全风险制定相关政策和工作流程，并评估能否反映网络安全风险变化等	提高 SEC 获取重大网络安全事件信息的能力，提升美国证券市场在网络安全风险方面的透明度
	尼日利亚	2023 年 3 月	尼日利亚央行发布《开放银行运营指南》，促进数据在银行与第三方间的共享，构建以消费者为核心的服务和产品	扩大金融普惠性，提升金融服务效率和竞争力
	巴西	2023 年 7 月	巴西央行计划就加密货币监管进行公开咨询	防止投资者在无充分信息披露时接触加密资产
	印度尼西亚	2023 年 7 月	推出加密货币交易所和清算所，是该国唯一合法交易数字资产平台	加强对加密货币市场的监管，保护投资者权益
	澳大利亚	2023 年 10 月	澳大利亚政府宣布计划将数字钱包提供商纳入该国金融监管体系	Google Pay 和 Apple Pay 等主流数字钱包供应商将面临更严格的监管
央行数字货币	日本	2023 年 2 月	日本央行开始数字日元第三阶段的测试：接入商业银行外部系统，验证用数字日元存取款、汇款交易是否畅通	数字日元第三阶段稳步推进，为进入试点阶段打下基础
	巴西	2023 年 8 月	巴西央行宣布将于 2024 年正式推出央行数字货币 Drex，目前正着手准备开展第一阶段试点测试	巴西预计 2024 年年底全面启用数字货币
	韩国	2023 年 10 月	韩国央行计划与国际清算银行（BIS）合作测试批发型 CBDC，重点探索建立批发型 CBDC 的货币体系可行性	韩国探索的批发型 CBDC 为其他国家开发这一路线提供了参考

续表

	范围	时间	金融监管政策	主要影响
气候风险	美国	2023 年 10 月	美联储发布大型金融机构气候金融风险管理原则。该原则适用于总资产超过 1000 亿美元的大型金融机构	为大型金融机构有效管理与气候变化相关的风险提供框架
	英国	2023 年 11 月	英国发布转型计划披露指南，指导企业建立高质量、具有一致性和可比性的转型气候计划框架	金融市场将获得企业调整商业模式、运营、产品和服务的相关信息

资料来源：根据公开资料整理，中国银行研究院。

从国内看，一方面，随着信贷投放力度加大，快速增长的信贷规模推动风险加权资产（RWA）较快增长。由于 RWA 增速快于资本净额，使得商业银行资本静态缺口扩大。另一方面，监管标准依然较高，银行面临较大的资本补充压力。特别是 2023 年工、农、中、建、交五大行全部入选全球系统重要性银行，意味着将面临更高的附加资本和总损失吸收能力（TLAC）监管要求。入选 G－SIBs 的商业银行，将根据其组别的不同，满足更高的资本要求，且需要在确定时间内额外满足 TLAC 的要求。根据惠誉博华的测算，动态缺口方面，在基准情景下（RWA 增速 8%），至 2025 年年初第一阶段四大行整体 TLAC 缺口约为 2.6 万亿元，至 2028 年年初第二阶段 TLAC 缺口约为 7.9 万亿元。2023 年是金融改革大年，年初金融监管体制改革力度为近年最大，年底召开的中央金融工作会议为未来一段时间金融工作举旗定向，会议强调“要全面加强金融监管，有效防范化解金融风险”，“做好产融风险隔离，防止产业资本在金融领域无序扩张”。有关监管机构也表示，要紧紧围绕强监管严监管，坚决做到“长牙带刺”，金融监管要“横向到边，纵向到底”。

第六，非银业态展业迅速，商业银行面临市场竞争日益激烈。一方面，我国银行业金融机构数量已超过 4000 家，商业银行之间在客户拓展、业务创新等方面已经实现了充分竞争，行业集中度（六大行资产占总资产比重）已降至 40% 左右。另一方面，不少非银金融机构的业务领域更趋多元化，对银行业务发展形成挤压。例如，不少互联网公司、第三方支付平台也在经营贷款、支付结算等业务，银行在相关领域的市场份额受到明显冲击。特别是，非银机构机制灵活、创新动力强，更容易通过各类新型技术对金融业务进行嫁接，导致银行面临的客户分流压力持续增大。此外，基金、保险等各类业务加速发展对银行负债管理带来较大压力，抬升了银行负债成本。虽然监管部门通过规范负债创新、引导存款利率下行等多种方式降低银行负债压力，但在竞争激烈的市场环境下，银行负债成本依然保持在较高水平。

从存款成本看，监管部门采取了一系列措施引导商业银行降低存款成本，但存款成本依然表现出相对刚性，存款成本率"不降反升"，其主要原因是居民和企业将更多低息活期存款转为高息定期存款（存款定期化）和行政机构单位存款利率较高。截至 2023 年年中 42 家上市银行客户存款加权平均付息率为 1.94%，高于上年同期水平。从内部结构看，居民部门存款久期拉长导致定期存款成本率依然保持在较高水平。虽然定期存款成本率自 2020 年以来出现下降，但 2022 年末依然高达 3.14%，仍高于 2018 年，如图 9－8 所示。另外，按照银行理财、信托、证券资管、公募基金、私募基金、保险和第三方财富管理全口径计算，2018—2022 年我国资管行业整体规模已由 101.43 万亿元增长至 135.3 万亿元，增长了 33.4%，其中非银资管业务占比高达 80%。

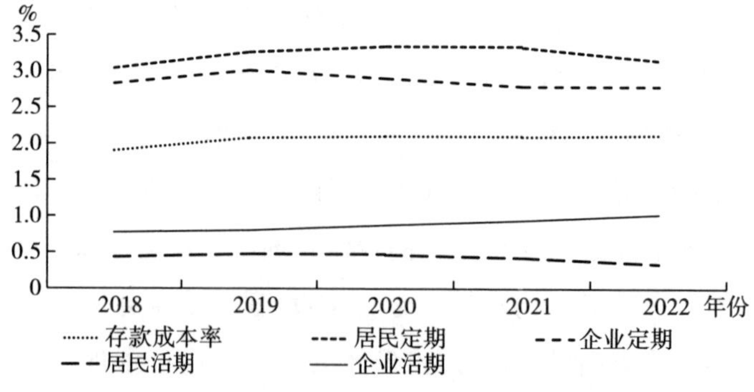

图 9－8　上市银行存款成本率及内部结构变化

资料来源：Wind 数据库，中国银行研究院。

第七，数据安全问题日益突出，已成为影响银行稳健经营的重要风险点。在信息化、数字化时代，数据安全对金融机构稳健经营至关重要。2020年以来，全球已发生多起针对金融业的重大网络攻击事件，严重威胁金融机构和金融系统安全（见表9－5）。根据网络安全公司阿卡迈（Akamai）发布的最新报告，2023年第二季度全球金融业遭受的网络攻击数量比2022年第二季度增长65%，在2023年第二季度之前的18个月内全球共发生90亿次针对金融业的网络攻击。其中，亚太地区及日本总数超过37亿次。在针对亚太地区及日本金融业的网络攻击中，92.3%的攻击行动以银行为目标。

表9－5　2020年以来遭遇攻击金融机构事件梳理

时间	遭遇攻击机构	影响
2020年9月	Banco Estado（智利的商业银行）	所有分行被迫关闭
2021年3月	CNA（美国的保险公司）	系统被迫中断
2023年1月	ION Trading UK（英国的数据公司）	衍生品系统被禁用，影响全球衍生品市场交易
2023年3月	Latitude（澳大利亚从事支付和消费金融的公司）	客户信息被窃取，公司业务中断
2023年11月	工银金融	系统中断，客户无法进行国债交易清算

资料来源：根据公开资料整理。

三、商业银行防范化解相关风险建议

金融与风险始终相伴，当前我国仍面临来自房地产市场、地方债、中小金融机构等方面的挑战，未来我国仍将面临内外部多种风险冲击。由此，2023年中央金融工作会议在阐明中国特色金融发展之路的“八个坚持”基本要义时，提出要坚持把防控风险作为金融工作的永恒主题。

第一，瞄准“五篇大文章”，有效满足服务高质量发展的资金需求。高质量发展是硬道理，金融强国建设当以服务经济高质量发展为其核心任务。从国外看，中美沟通增多有助于缓解地缘政治紧张局势，美国经济进入补库存周期有利于缓解全球需求走弱压力。从国内看，稳增长政策效果将继续显现，国内需求将持续改善，中国经济将向潜在增速水平回归。一方面，商业银行应确保合理的资金供给规模，为实体经济稳健发展提供充足的资金支持。准确分析和研判实体经济恢复期的新需求模式与特点，根据市场主体的资金需求节奏和期限要求匹配相应的资金供给，以更好适应实体经济需求。另一方面，中央金融工作会议指出，做好科技金融、绿色金融、普惠金融、养老金融、数字金融五篇大文章。商业银行应继续加大对科创、绿色、普惠、养老等关系国家重大战略发展的领域，以及对新能源、人工智能、生物制造等战略性新兴产业的资金支持；不断优化内部激励约束机制，提升相应人员积极性，确保资金更多流入重点发展领域。

第二，完善职能定位，打造更加合理的金融供给结构。中央金融工作会议首次提出建设“金融强国”，其中重要的工作之一是打造更加合理的金融供给结构。为此，会议提出“完善机构定位”“大型金融机构要做优做强，当好服务实体经济的主力军和维护金融稳定的压舱石”“严格中小金融机构准入标准和监管要求，立足当地开展特色化经营”等。未来，大型商业银行要发挥好金融支持实体经济“主力军”和金融风险防范“稳定器”作用，根据实体经济需求提高综合化经营程度，助力其提高对实体经济的支持能力，通过“做优”实现“做强”。中小银行要强化属地经营，立足区域资源、产业禀赋优势，突出扎根地方、服务当地的经营特色，用好用活当地市场资源，持续做精、做专，牢铸差异化竞争能力。政策性银行要聚焦服务国家战略，主要做商业性金融机构干不了、干不好的业务。

第三，多措并举防范信用风险，确保资产质量稳健提升。一是前瞻性分析不良资产的形成路径及节奏，积极与监管部门进行沟通协调，使用资产证券化、引入第三方主体等方式，分阶段、有序处置和核销不良资产，降低历史负担。二是根据不同类型行业发展现状及特点，针对性摸排相关行业主体的运营情况，分门别类采取相应措施。针对风险较大的企业，提前做好拨备计提及预备处置工作，对暂时遇到困难但仍有发展前景的企业，可考虑继续支持，帮助其渡过难关。三是要加大与保险公司、担保公司等的合作，分散信贷风险，降低可能出现的损失。

第四，合理优化外币资产负债头寸，有效应对主要经济体货币政策转向带来的“溢入”风险。在主要经济体货币政策即将转向的背景下，全球金融市场或将迎来新一轮调整。金融机构要前瞻性分析主要经济货币政策的调整方向、路径及节奏，根据自身经营及业务需求合理优化外币融资币种及期限结构，稳定外币负债敞口及成本。此外，在主要经济体2024年下半年大概率降息的背景下，新兴市场国家有望迎来新一轮资本流入，可合理优化外币资产仓位，适度增持新兴市场国家资产。要合理使用各类衍生工具对冲风险敞口，锁定利率或汇率风险。

第五，拓展多元化资本补充渠道，持续增强风险抵补能力。一是根据“五篇大文章”发展需要，监管部门可根据相关领域风险实质及需要设计差异化的资本计量规则，提升商业银行的资源投入意愿及能力，缓解银行面临的资本监管约束。二是地方政府可进一步通过优化认购可转换债券的方式，帮助中小银行补充资本金，拓展资本补充渠道。三是根据货币政策调控节奏，把握时机，发行次级债、永续债等方式募集资金，并使用老股东配新股等模式补充核心资本，持续夯实风险抵补能力。四是拓展非息业务收入，优化业务结构和收入结构，确保内源性资本的可持续增长。

第六，有效完善资产负债管理体系，更好应对市场竞争。一是及时清理不合规存款产品，避免再次出现激进式规模扩张来实现管理缺口的填补和管理视角的扩充，合理优化负债项目结构。二是制定合理的资金管理和考核机制，定期、及时对负债管理水平进行评价，实现资产负债管理体系的动态优化和运行，增强资金来源与资产项目的匹配度。三是参考其他资管产品，在监管允许范围内根据业务实践，适度、合理创新负债产品，实现良性竞争。同时，组合运用同业存单、发行债券等各种方式获取资金，不断调整资金配置，更好推动资产业务经营。

第七，提升数据管理能力，确保数据体系安全。一是持续完善针对数据安全的监测、控制和预警能力，实现事前预防、事中阻断及事后有效应对。二是针对各类数据结构及特征，采取分类管理的策略，确保数据资源全场景使用安全。三是持续优化及完善数据基础设施，确保数据基础性架构与自身业务发展、技术演变等相适应。四是加大对高素质数据专业人才的引入，打造一支“业务 + 技术”的复合型人才队伍，更好满足数据管理需求。五是加强员工数据安全培训，持续提升对数据安全的重视程度，不断增强所有员工数据安全意识。

第八，密切跟踪国际政经格局变化，合理优化全球资产业务布局。一是根据全球政经格局演变情况合理优化业务布局，适度增大对政局稳定、经营环境友好国家的资源投入。二是密切跟踪金融制裁的演变情况，特别是关注相应制裁手段、方式及主体变化情况，深入研究可能产生的影响，前瞻性分析并提出应对预案。三是增大对业务目的国法律专业人才的培养引进，确保业务经营合规，紧守法律底线。

第十章　2024 年城投行业信用风险展望

邢　军　彭　澎　于宝玉　闫思彤[①]

2023 年是我国疫情后社会秩序常态回归的首年，国际环境表现为地缘政治冲突加剧、美元持续加息、中美关系中长期博弈态势持续和全球产业链供应链格局调整。国内坚持长远的高质量发展，承受了一些阶段性的短期压力，但经济发展形势基本确定，稳增长动力继续得到提升，预计 2024 年我国 GDP 增速目标依然或在 5.0% 左右，货币政策和财政政策将趋向更加积极。当前中央制定并实施了“一揽子”化债方案，中央金融工作会议为金融行业发展指明了方向，中央经济工作会议强调稳中求进、以进促稳、先立后破，城投行业面临债务管控下再融资能力的结构性约束，未来城投公司发展趋势将继续分化，一些地区实际偿债压力仍然较重，特殊再融资债则有助于缓解特定区域城投债务风险。预计 2024 年城投公司，尤其在公开债方面出现实质性违约的可能性依然不大，债务化解与城投公司转型的协同效应会增强。

一、宏观环境

随着政策的调整，过去 3 年各种叠加的短期负面冲击在 2023 年已得到一定的缓解。消费对经济的贡献开始恢复，成为拉动经济增长的主

① 邢军，彭澎，远东资信评估有限公司；于宝玉，中央财经大学商学院研究生；闫思彤，北京师范大学经济与资源管理研究院研究生。

动力。从各方面的数据来看，2023 年疫情对经济运行的扰动已显著减弱，虽然还面临着一些新的困难与挑战，但整体经济已回升向好。

（一）宏观环境

1. 服务消费带动经济非典型复苏，稳增长动力继续得到提升

2023 年以来，世界经济发展不均衡，我国经济经历了非典型复苏过程，经济发展低于预期。随着疫情防控较快平稳转段，经济状况在 2023 年第一季度短暂反弹后，增长趋缓。2023 年 7 月中共中央政治局会议出台的一系列稳经济政策效果显现，疤痕效应进一步减弱，内需不断修复。如图 10－1 所示，2023 年第三季度中国 GDP 增长率为 4.9%，有利于实现全年发展目标。从 GDP 的主要组成部分看，消费对经济增长的贡献率持续上升，前三季度内需对经济增长的贡献率达 113%，前 10 个月服务零售额同比增长 19%，成为拉动经济增长的主要动力。复苏中经济分化明显，总需求不足突出，预计短期内推动恢复性增长转向扩张性增长依然面临挑战，经济发展还将处于寻找新平衡的过程中。

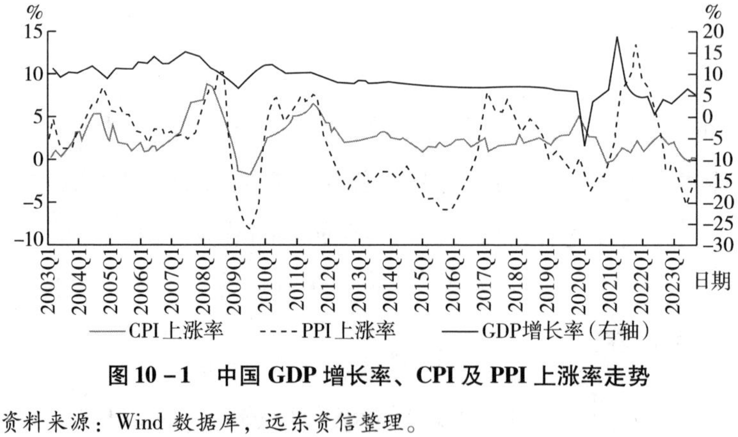

图 10－1　中国 GDP 增长率、CPI 及 PPI 上涨率走势

资料来源：Wind 数据库，远东资信整理。

物价方面，CPI 同比维持低位波动、PPI 同比降幅由扩大转为收窄。从消费端来看，食品价格抑制了 CPI 上涨幅度，2023 年前三季度 CPI 同比呈现先升后降的态势，受上年价格变动的翘尾因素影响，第一季度

CPI 同比上涨 1.3%，第二季度 CPI 同比仅增长 0.7%，前三季度，CPI 同比上涨 0.4%；从生产端来看，由于原油价格上涨和部分工业品需求回暖，受环比降幅收窄和翘尾因素作用，第三季度 PPI 同比降幅由扩大转为收窄，但 11 月大型企业 PMI 为 50.5%，连续 6 个月位于扩张区间。预计第四季度，食品价格对 CPI 的拉动作用将有所上升，PPI 同比降幅更多取决于基数效应、油价上涨和政策的影响。

2. 政府加大逆周期调控提效，财政赤字小幅提高

受复杂的国内外形势影响，财政政策积极加力提效，打破了赤字率 3% 的约束。财政收入方面，受低基数效应影响，2023 年前三季度全国一般公共预算收入 16.67 万亿元，同比增长 8.9%，总体上保持恢复性增长趋势（见图 10－2）。虽然增值税累计同比增速较高，但企业所得税、消费税、个人所得税均有所下滑，前 9 个月累计同比分别下降 7.4%、4.9%、0.4%；国有土地使用权出让收入则同比下降了 19.8%，土地财政依旧承压。

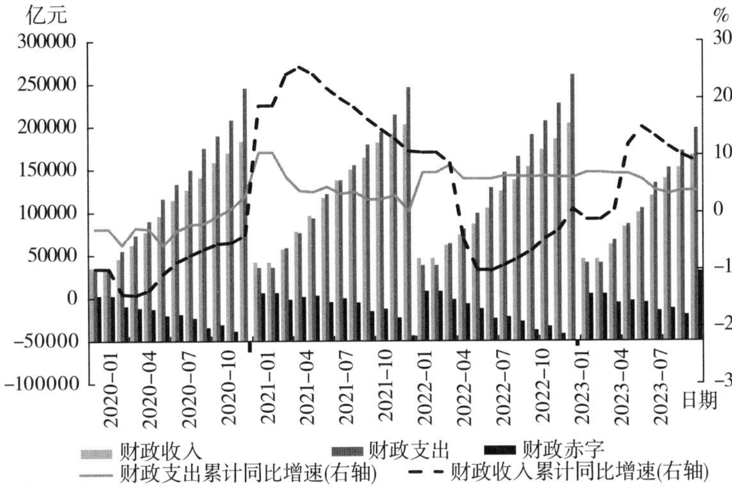

图 10－2　2020—2023 年中国财政收支情况

资料来源：Wind 数据库，远东资信整理。

财政支出方面，前三季度，全国一般公共预算支出 19.79 万亿元，

同比增长 3.9%，由于重点民生类的支出增速明显较高，影响需求端和供给端，持续发力稳经济。2003 年 7 月，中共中央政治局会议提出“要精准有力实施宏观调控，加强逆周期调节和政策储备”。为进一步巩固我国经济回升向好态势，中央财政将在 2023 年第四季度增发 2023 年国债 1 万亿元，预计财政赤字率将有所提高，但整体风险依然可控。

3. 固定资产投资增速“明弱实强”，基建投资仍为主要支撑

2023 年第三季度，固定资产投资完成额累计 37.5 万亿元，累计同比增长 3.1%，低于 2022 年同期 2.8 个百分点，放缓幅度有所收窄（见图 10－3）。依据国家统计局数据的扣除价格影响测算结果，1—9 月固定资产投资实际增速为 6.0%，高于上年同期水平。

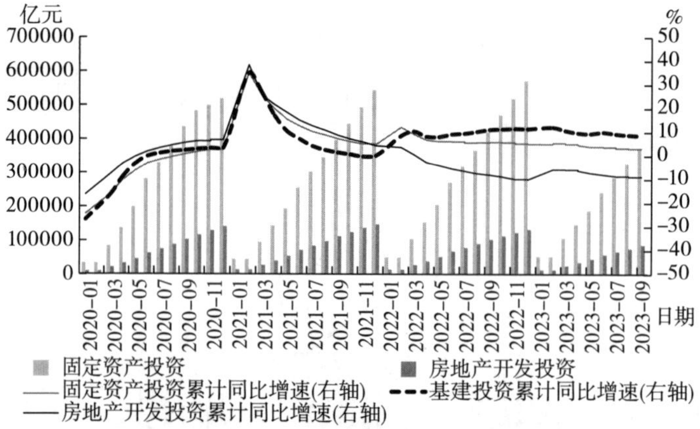

图 10—3　2020—2023 年中国固定资产投资情况

资料来源：Wind 数据库，远东资信整理。

从结构上看，基建投资仍为固定资产投资的主要支撑。2023 年年初政策提前发力，累计新增专项债发行规模持续扩大，随着年初经济较快修复，发力态势有所减弱。在此背景下，2023 年第一季度我国基建投资累计同比增长 10.8%，第三季度累计同比增长 8.6%，降幅较第一季度扩大 2.2 个百分点。稳投资政策在基建投资领域特别是重大项目上效果较为显著。

房地产开发投资方面，虽然调控政策延续宽松态势且各地市的宽松力度不断加大，累计新增专项债发行规模在疫情防控转段后积压需求较快释放。2023 年年初房地产投资跌幅较 2022 年有所收窄，但由于居民收入增长预期尚未完全修复，部分头部房企信用风险暴露，房地产开发投资降幅又有所扩大，2023 年第三季度，房地产开发投资完成额累计同比下降 9.1%，较上年同期降幅同比扩大 1.1 个百分点，投资低迷融资不振。

由于近期政策继续发力显效，预计第四季度名义固定资产投资增速将有所回升，其中基建投资仍将是重要支撑点。保障性住房、城中村改造和“平急两用”公共基础设施建设等三大工程有望对冲投资下行压力。

4. 经济结构改善与稳增长动力提升，预计 2024 年宏观经济继续向好

展望 2024 年，虽然仍将面临中美关系中长期博弈态势未改等复杂严峻的国内外环境，但随着我国产业结构进一步调整优化，稳增长政策包括货币政策、财政政策、产业政策、外贸政策等发力显效，规模经济优势得以更好发挥，稳中向好的基础不断巩固，将推动经济增长率继续向潜在增长水平回归，预计全年 GDP 增长 5.0% 左右。在转方式、调结构、提质量、增效益的要求下，传统产业改造升级和战略性新兴产业培育壮大均将表现为驱动趋势，高水平对外开放也将不断推进。需要关注地缘政治冲突仍存在不确定性，为主要的扰动项。

财政扩张下基建投资将继续发力，同时制造业的提升，尤其是高端制造业将保持高增长，均对 2024 年经济目标带来支撑。三大工程建设也会起到促进作用，房地产业将继续承压，但拖累影响会有所减弱。在地方政府财政收支和地方政府债务风险防范化解等限制下，将主要由中央政府加杠杆，赤字率可能达到 3.8%。预计国际环境变化对货币政策的制约进一步减弱，其操作空间会逐步加大。

CPI 和 PPI 通胀也可能逐季改善，但总体表现仍比较温和。而消费意愿的稳定抬升以及价格因素变化等将带动总体消费延续恢复态势，有利于形成消费和投资相互促进的良性循环，对经济回升动力影响较大。

（二）行业政策

监管政策依然维持较紧状态，“一揽子”化债方案逐步推进也会带来机遇。

2023 年城投监管政策更加系统化。年初政府工作报告强调，要“防范化解地方政府债务风险，优化债务期限结构，降低利息负担，遏制增量、化解存量”。2023 年 3 月《党和国家机构改革方案》发布，企业债券发行审核职责发生变化，国家发展改革委不再审核这个历史最久的城投债品种，证监会统一负责公司（企业）债券发行审核，4 月证监会和国家发展改革委联合发布《中国证监会国家发展改革委关于企业债券发行审核职责划转过渡期工作安排的公告》。10 月，证监会发布实施《公司债券发行与交易管理办法》和《公开发行证券的公司信息披露内容与格式准则第 24 号——公开发行公司债券申请文件》，进一步完善公司债券制度规则体系，强化募集资金监管。

2023 年 4 月，中共中央政治局会议提出要“加强地方政府债务管理，严控新增隐性债务”，7 月会议上再次强调要“有效防范化解地方债务风险，制定实施一揽子化债方案”，重申化债的重要性，为地方政府债务化解指明方向，9 月出台的《2023 年上半年中国财政政策执行情况报告》强调要强化地方政府债务管理，建立健全防范化解地方政府债务风险的制度体系。11 月 3 日，国家发展改革委、财政部发布《关于规范实施政府和社会资本合作新机制的指导意见》，提出规范实施政府和社会资本合作新机制，坚决遏制新增地方政府隐性债务。11 月6 日，《财政部关于地方政府隐性债务问责典型案例的通报》发布，通报多起地方融资平台违规新增隐性债务的典型案例，涉及城投公司代政府融资、政府为城投公司提供融资担保、城投公司抵押公益性资产融资等问题。当前地方政府扩大财政支出与较高的债务负担并存，作为隐性债务的主要载体，城投公司在扩张过程中，虽形成了大量公益性、基础性资产，但收益低、变现难，存在一定风险，应依法依规合理融资，配合好地方政府有效防范化解隐性债务风险。中央金融工作会议也提出“建立防范化解地方债务风险长效机制，建立同高质量发展相适应的政府债务管理机制”。

展望2024年，地方债仍是防风险的一个重要领域，预计中央政府将继续推动有效防范化解重点领域风险，地方债务仍将面临严监管方式。对于涉及隐性债务的城投公司，将会有进一步的政策对其新增融资加以约束，以规范其融资行为，阻断向地方政府传导风险的可能性，以切实推动化债进程。新一轮特殊再融资债重启后，各地政府也会继续出台相关措施，在加大对城投公司融资监管的同时也会带来一定的机遇。

表10－1为2023年以来与地方债务、城投行业相关的政策。

表10－1　2023年以来与地方债务、城投行业相关的政策

发布时间	相关会议与政策	主要内容及影响
2023年4月28日	中共中央政治局会议	会议分析研究当前经济形势和经济工作，提出要加强地方政府债务管理，严控新增隐性债务
2023年7月24日	中共中央政治局会议	会议强调要有效防范化解地方债务风险，制定实施“一揽子”化债方案
2023年8月30日	《2023年上半年中国财政政策执行情况报告》	强调要强化地方政府债务管理，持续较大规模安排新增地方政府债券，建立健全防范化解地方政府债务风险的制度体系，坚决查处各类违法违规举债行为
2023年10月20日	《公司债券发行与交易管理办法》	强调强化防假打假要求，压实发行人作为信息披露第一责任人的义务，完善证监会系统开展现场检查的机制；强化募集资金监管，进一步完善募集资金信息披露有关要求；强化对非市场化发行的监管，明确发行人的控股股东、实际控制人、董事、监事、高级管理人员等不得参与非市场化发行

续表

发布时间	相关会议与政策	主要内容及影响
2023 年 10 月 20 日	《公开发行证券的公司信息披露内容与格式准则第 24 号——公开发行公司债券申请文件》	对于债券募集资金投向固定资产投资项目的，要求提供募投项目土地、环评、规划等合规合法性文件，强化募投项目合规性；明确部分债券发行人提供会计师事务所出具的发行人最近一年资产清单及相关说明文件的要求，进一步压实中介机构“看门人”责任
2023 年 11 月 3 日	《关于规范实施政府和社会资本合作新机制的指导意见》	提出规范实施政府和社会资本合作新机制，坚决遏制新增地方政府隐性债务，提高基础设施和公用事业项目建设运营水平，确保规范发展、阳光运行
2023 年 11 月 6 日	《财政部关于地方政府隐性债务问责典型案例的通报》	披露了 2022 年以来查处的 8 起地方隐性债务问责典型案例，涉及湖北、广西、陕西、河南、四川、江西、安徽等地新增隐性债务、隐性债务化解不实等违法违规行为

二、地区发展

在全国宏观经济不断回升向好的大背景下，2023 年地区经济的增长韧性和发展活力得到展现，但发展不平衡不充分问题仍比较突出，产业结构及产业链对区域经济的影响作用是地区发展差异的重要原因。

（一）地区经济

地区经济呈现回暖态势，不同省份增长态势有所分化。

受内需逐步企稳的影响，特别是服务业、消费呈现出较好的增长态势，各省份经济呈现回暖，但不同省份分化表现依然明显。从各省经济总量来看，2023 年前三季度，广东、江苏、山东、浙江、河南、四川六省仍然保持前列，处于第一梯队。其中，广东继续以 96161.63 亿元保持第一，江苏作为制造业重镇，凭借着强大的产业基础和创新能力，以 93180.00 亿元位列第二，凸显了区域经济发展的集中效应。

增速方面，消费作为拉动经济增长的三驾马车之一，对推动区域经济回升向好作用巨大，西藏、海南旅游资源丰富，随着经济社会全面恢复常态化运行，西藏自治区 2023 年第三季度 GDP 同比增速为 11.5%，位列全国第一，海南以 10.4% 的增速位列全国第二，经济实力排名靠后的区域经济增长更快。同比增速高于 6% 的省份有湖北、四川、重庆、上海、甘肃、北京，分别为 7.9%、7.3%、6.8%、6.7%、6.3%、6.0%。从区域板块看，各地发展不均衡，西部地区经济增长较为强劲。从边际变化来看，西藏、广西、四川、江西、重庆、新疆 2023 年第三季度 GDP 增速较 2023 年第二季度增速均上升超过 1 个百分点，区域经济增长回升速度相对更快。2023 年各省份经济增速表现见图 10－4。

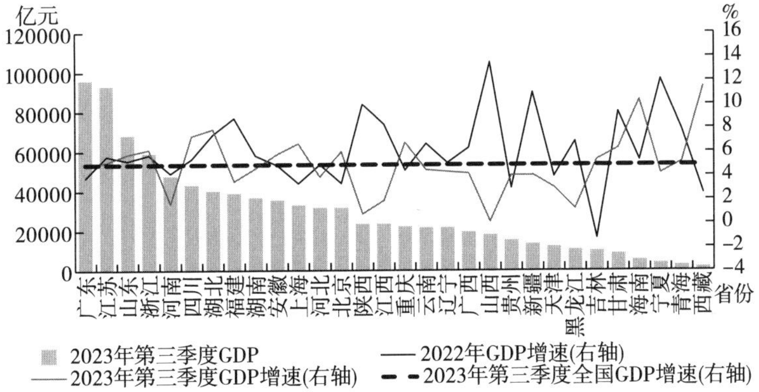

图 10－4　2023 年各省份经济增速表现

资料来源：Wind 数据库，远东资信整理。

（二）地方财政状况

地方公共预算收入增长态势良好，预算支出进度加快，财政赤字整体风险可控。

2023 年，随着地区经济发展和转型，积极的财政政策加力提效，推动区域财政收入保持增长。一般公共预算收入方面，从总量来看，1—8 月广东、江苏、浙江三省分别以 0.92 万亿元、0.72 万亿元、0.68 万亿元位列全国前三；凭借金融、服务业、科技创新等方面的优势，上海则超过山东，位列第四（见图 10－5）。从增速来看，已扭转了上年超一半省份预算收入负增长的局面，从 2023 年 8 月数据来看，大多数省份地方财政收入普遍保持正增长，由于低基数，不少地区增速超过 10%，其中，上年同期跌幅最大的吉林，财政收入增幅最高，达到 51.2%；同时江苏税收收入同比增长 12.9%，经济活力强劲。分区域来看，前三季度东北地区财政收入增长较快，达到 13.5%，然后依次是西部地区（增长 12.7%）、东部地区（增长 8.7%）、中部地区（增长 6%）。

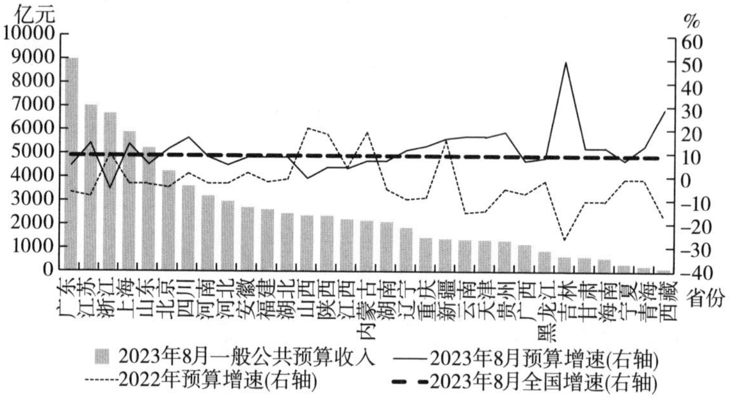

图 10－5　2023 年各省份财政收入增速表现

资料来源：Wind 数据库，远东资信整理。

2023 年，国家在财政支出上持续发力，大部分地区预算支出持续保持正向增长态势。一般公共预算支出方面，大多数省份增长态势明显。从总量来看，1—8 月，广东、江苏、四川、山东、浙江、河南位居全国前列（见图 10－6），除四川外，与各省经济总量保持一致，广东一般公共预算支出达到 1.20 万亿元，而广东预算收入同期为 0.92 万亿元，出现较大财政赤字；从增速来看，西藏、山西、天津三个省份的预算支出同比增速均超过 10%，分别以 17.2%、10.2%、10.0% 居全国前三。在置换化债、金融支持化债及特别国债的政策下，地方财政收支压力一定程度上得到缓解。展望 2024 年，各地区预算支出预计将保持一定增长，并进一步提高精准性和针对性；国家政策为各省份预算收入提供坚实保障，各省份财政赤字整体风险可控。

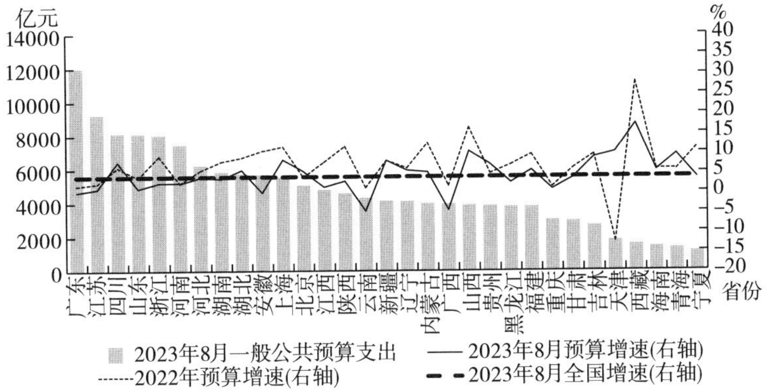

图 10－6　2023 年各省份财政支出增速表现

资料来源：Wind 数据库，远东资信整理。

（三）地方债务状况

地方政府债务规模持续增加，城投债占地方政府债务规模比例差异分化。

地方政府债务对中国经济高速增长与结构转型具有重要贡献。截至 2023 年第三季度，地方政府债存续余额 38.41 万亿元，城投债存续余额 12.10 万亿元，地方政府债务和城投债务存量总计达到 50.51 万亿元，较上年同期同比上升 5.51 万亿元。地方政府债务规模方面，如图 10－7 所示，广东、山东、江苏、浙江四省现存地方政府债券规模超过 2 万亿元，城投债务规模方面，江苏、浙江分别以 2.7 万亿元、1.8 万亿元位居前二。与上年相比，城投债占地方政府债比例有所下降，占比最高的江苏省由 2022 年的 133% 下降至 119%，浙江省、湖南省城投债占地方政府债比例超过 50%，分别以 83.2%、50.2% 的占比位居第二、第三位，2022 年占比超过 50% 的山东、四川、江西、重庆均下降至 50% 以下。总体来看，地方政府债务分布极不均衡，部分区域债务压力较大。

政府通过安排专项债等方式，带动经济增长，而城投债作为基建投资融资的主要渠道，发挥了重要作用，但形成的隐性债务则存在一定潜在风险，当前地方政府债务已成为国内系统性金融风险的重要来源。在经济总体回升向好阶段，通过积极的财政政策加力提效，在发挥财政资金杠杆作用的基础上，合理安排债务负担，化解隐性债务，促进政府举债的长期可持续发展，寻求合理缓解途径是亟须探索的方向。

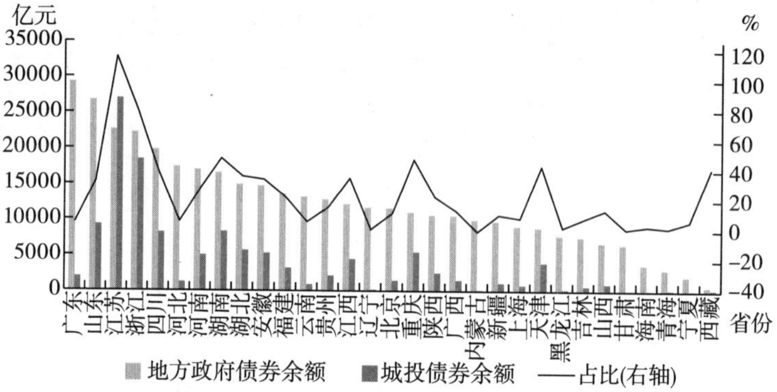

图 10－7　2023 年各省份地方政府债务和城投债务规模（截至 2023 年 9 月）

资料来源：Wind 数据库，远东资信整理。

三、城投债市场

地方政府举债形式多样，城投债务是其中的重要方面。2023 年 7 月，在国家“一揽子”化债方案后，特殊再融资债券密集落地，监管政策超出预期引发城投债发行、净融资较上年同期均有所回暖，发行成本持续走低。特殊再融资债的不断发行，增大了城投债的供给稀缺性，对城投债刚兑预期形成一定的支持。

（一）债券发行

1. 城投债发行规模增速阶段性有所反弹，平均融资规模仍然下滑

2020 年前，城投债在经济发展以及国内外各种宏微观环境因素的影响下发行规模逐年增长。2021 年，由于疫情和房地产政策等因素影

响，城投债成为逆周期调节的重要抓手和稳增长发力的重要主体，发行规模仍保持快速增长。而2022年年底，债市不仅剧烈调整，城投债规模也开始收缩。

2023年，在国际宏观环境动荡、国内经济复苏的背景下，前三个季度城投债发行体量巨大。截至2023年第三季度，城投债发行规模为52327亿元，高出2021年前三季度发行规模15.1%，增速有所反弹（见图10-8）。但从2023年11月数据来看，城投债新增融资监管仍在进一步收紧，供给呈现收缩。

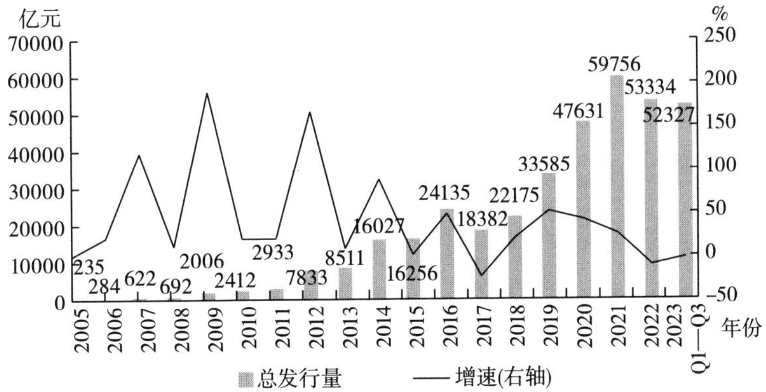

图10-8　城投债发行规模及增长率

资料来源：Wind数据库，远东资信整理。

2023年前三季度共发行城投债7495只（见表10-2）。相较于2022年前三季度的6417只增加了16.2%。与2022年同期一致，当前城投债平均发行规模仍呈现逐年递减的趋势（见图10-9）。

表10-2　城投债发行数量　　单位：只

年份	2015	2016	2017	2018	2019	2020	2021	2022	2023Q1—Q3
发行数量	2241	3042	2315	2631	4290	6288	8327	7452	7495

资料来源：Wind数据库，远东资信整理。

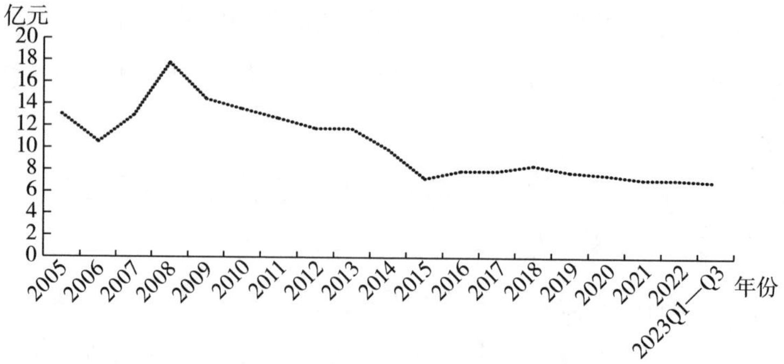

图 10－9　城投债平均发行规模

资料来源：Wind 数据库，远东资信整理。

2. 城投债结构与上年大致相同，新发行城投债品种短期化趋势更为明显

从城投债存量品种来看，截至 2023 年第三季度，仍然以公司债、中期票据与非公开定向债务融资工具（简称定向工具）三种为主，分别占比 45.01%、22.71% 与 14.61%，中期票据占比略有下降。公司债和企业债加总占比超过 50%（见图 10－10）。

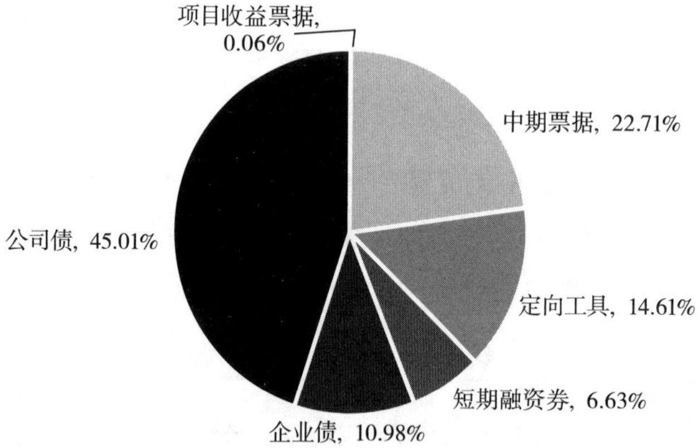

图 10－10　2023 年第三季度末城投债余额品种结构

资料来源：Wind 数据库，远东资信整理。

根据城投债新发行的品种可以得到与存量相同的结果，公司债、中期票据与定向工具分列前三位。其中，公司债发行规模和占比进一步扩大。

2021—2023年新发行城投债各品种分布结构基本没有变化（见图10－11）。

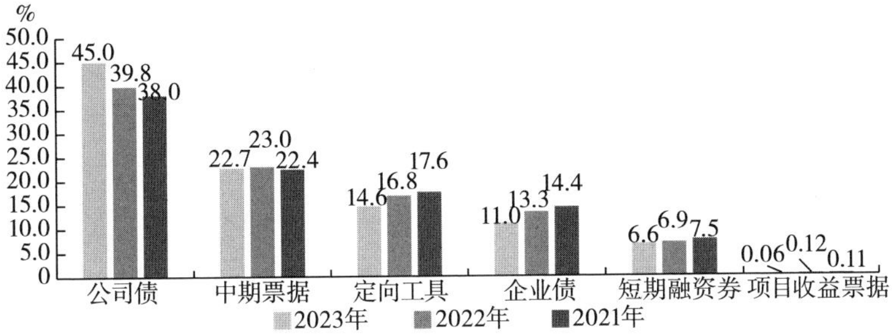

图10－11　2021—2023年前三季度新发行城投债品种结构

资料来源：Wind数据库，远东资信整理。

从城投债期限结构来看，城投债发行市场一直以中期为主。如表10－3所示，与2022年有所不同，2023年前三季度1～3年、4～5年、1年以内的期限发行规模位居前三，分别占51.6%、22.1%与19.3%。横向对比来看，新发行城投债品种呈现短期化趋势，3年以内期限的新发行城投债占比同比增幅较大，且占比已经超过发行总规模的70%，表明部分地区长期城投债券发行难度有所增加。

表10－3　2021—2023年新发行城投债期限结构

期限	2023年前三季度发行规模（亿元）	2023前三季度发行数量占比（%）	2022年全年发行数量占比（%）	2021年全年发行数量占比（%）
1年以内	7805.6	19.3	15.3	16.8
1～3年	20831.1	51.6	38.0	41.4
4～5年	8936.7	22.1	33.7	28.9
6～10年	2806.6	6.9	12.4	12.7
大于10年	5.4	0.0	0.6	0.2

资料来源：Wind数据库，远东资信整理。

（二）发行地理分布与净融资

城投债发行区域继续分化，2023年前三季度全国净融资规模有所增长。从2023年前三季度城投债发行规模来看，如图10－12所示，江苏、浙江、天津、山东、湖南、河南位居前六，均超过2000亿元。与

2022 年的排名情况相比，江苏省发行规模持续遥遥领先；而得益于产业创税、土地市场的良好表现以及区县级债务压力得到缓释，天津发行规模大幅度增加且进入前三。发行规模最低的四个省份为海南、黑龙江、甘肃和青海，均不足 40 亿元。

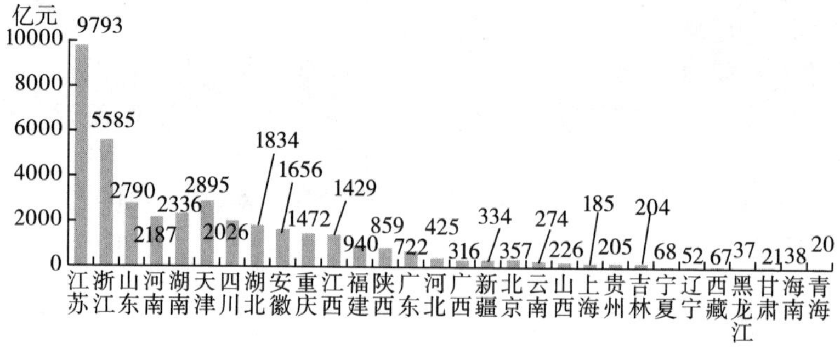

图 10－12　2023 年前三季度各省份城投债发行规模

资料来源：Wind 数据库，远东资信整理。

从图 10－13 中可以看出，城投债发行数量与规模的排名基本保持一致，发行数量最多的省份仍然是江苏，为 1778 只，同比有所下降。而发行数量最少的地区青海只发行了 3 只，同比增加了 2 只。发行数量较多的省份集中在东南沿海经济发达地区，而东北老工业基地与中西部地区城投债发行数量较少。

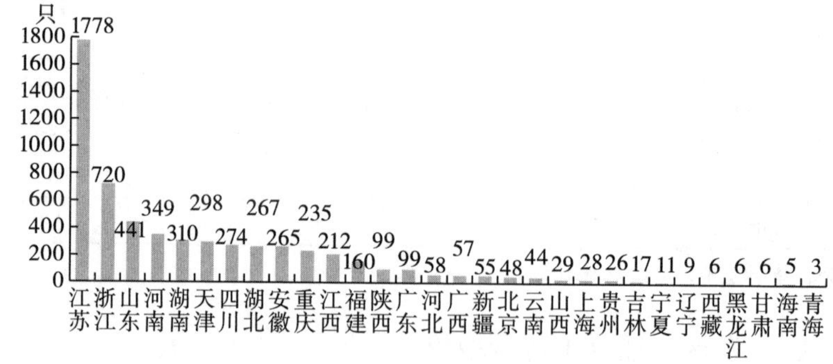

图 10－13　2023 年前三季度各省份城投债发行数量

资料来源：Wind 数据库，远东资信整理。

2023 年前三季度城投债净融资额相比 2022 年同期略有增加，且发行兑付数量稍微增加（见图 10－14）。由于本轮债务监管政策趋严，部分化债重点区域限制区域内项目投资。城投债募集资金仅用于借新还旧的比例高企，影响城投债发行量与净融资量。化债政策也会影响城投债提前兑付。

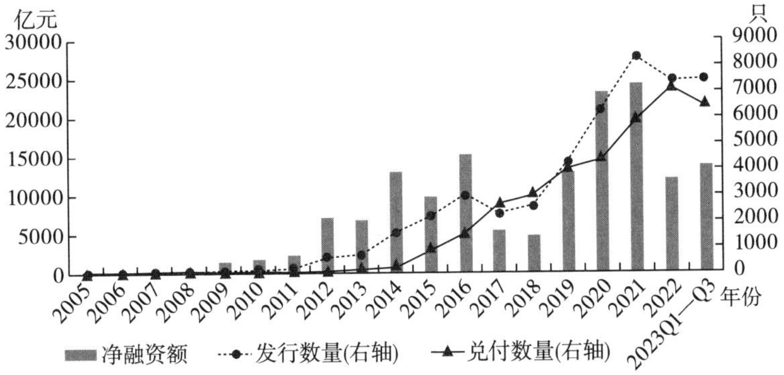

图 10－14 城投债净融资情况

资料来源：Wind 数据库，远东资信整理。

（三）发行主体与债项级别

城投债发行主体数量同比由负转正，主体评级总体仍然较高。

如图 10－15 所示，城投债发行主体的数量基本保持增长趋势，但增速逐渐放缓且于 2022 年由正转负。截至 2023 年第三季度，已经发行

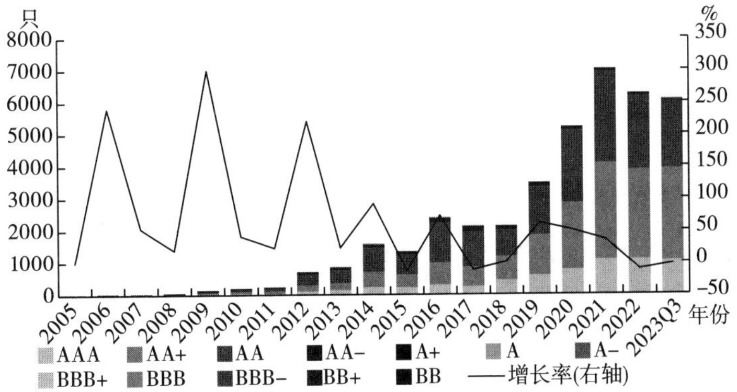

图 10－15 城投债主体数量及评级分布

资料来源：Wind 数据库，远东资信整理。

城投债主体的数量基本与上年同期持平。在地方政府严格限制新增隐性债务、城投平台加速转型的背景下，预计未来城投公司数量可能维持在目前水平，发行主体的评级将维持较高水平。

如表 10－4 所示，2023 年前三季度 AAA 级、AA＋级以及 AA 级债券在总体规模中占比较大，三者发行总规模接近 5 万亿元，同比下降幅度较大。从发行数量的占比来看，2023 年前三季度的数量占比分布与前几年相比有所下降，AAA 级、AA＋级以及 AA 级债券占总发行数量的比例由 2021 年的 52.2% 下降至 38.3%。

表 10－4　近三年新发行城投债债项评级结构

债项评级	2023 年前三季度发行规模（亿元）	2023 年前三季度发行数量占比（%）	2022 年全年发行数量占比（%）	2021 年全年发行数量占比（%）
AAA	21401.6	15.7	16.5	19.3
AA＋	20248.3	16.2	18.8	20.0
AA	5604.3	6.4	9.8	12.9
AA－	113.8	0.2	0.2	0.1
A－	390.7	0.3	0.3	1.7
其他	73167.4	61.1	54.4	46.0

资料来源：Wind 数据库，远东资信整理。

（四）发行利率

化债行情下城投债发行平均票面利率波动加大。

图 10－16 为 2005—2023 年城投债年度规模加权平均票面利率的走势，该指标描述了一年内发行的城投债平均每 1 元钱预计要支付的利息。在前几年不断宽松的货币政策的影响下，城投债的票面利率在过去几年稳步震荡下行，并于 2022 年在国际市场衰退预期加剧以及美联储不断降息的背景下到达低谷。

2023 年美联储不断加息，我国持续实行稳定的货币政策和积极的财政政策。这意味着在没有其他外力冲击的影响下，以及利率相对较低的情况下，城投债发行票面利率的下降趋势会减缓。此外，在“一揽子”化债政策、优先兑付债券的政府态度和偏紧的债券发行监管政策影响下，城投债的低风险属性将持续，城投债利率可能低位波动。

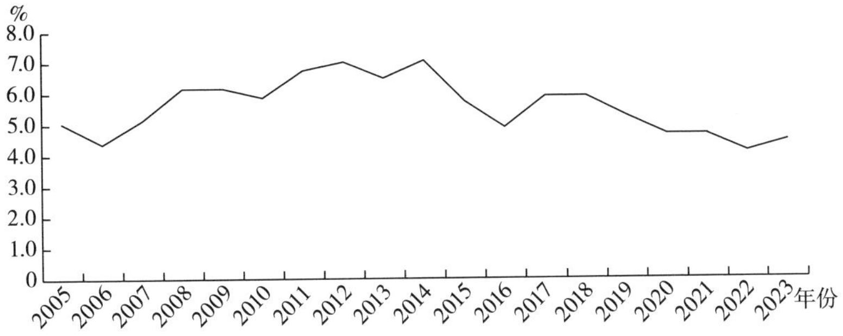

图 10－16　2005—2023 年城投债年度规模加权平均票面利率

资料来源：Wind 数据库，远东资信整理。

四、行业信用状况

2023 年前三季度，城投行业信用迎来一定的政策机遇，化债方案超出预期，推动城投公司信用质量发生变化。由于城投审批趋于严格，城投行业净融资受到一定影响，部分区域发生信用事件。

（一）盈利水平分析

城投公司总资产规模同比持续增长，盈利能力依然较弱。

2023 年前三季度，城投公司总资产继续保持上涨趋势，与上年同期相比增长率达到 10.6%，增速略有提高。至于结构分析则与上年相比变化不大。其中，总资产上升的城投公司占比 87.3%，总资产下降的城投公司占比 12.7%。总负债增速为 9.0%，略有下降，同时总负债增长的城投公司占比 83.2%，总负债下降的城投公司占比 16.8%。所有者权益增速达到 5.7%，82.5% 的城投公司所有者权益增加，17.5% 的城投公司所有者权益下降。长期借款同比增速为 12.0%，增加较多，负债权益合计同比增速为 7.7%，有所下降。

2023 年前三季度，城投公司营业总收入、营业总成本均有所增加，营业总收入同比增长 10.4%，营业总成本同比增长 10.5%，盈利能力未有明显提高。2023 年以来，土地市场景气度不佳，部分区域财政承压，城投转型效果待观察。

（二）现金流状况分析

经营活动现金流表现好转，投资活动现金流略有下降。

城投公司经营活动现金净流出降低，截至 2023 年第三季度，经营活动现金流同比净流出减少 45.8%。筹资活动现金净流入小幅下滑，同比净流入减少 0.3%。城投公司投资活动现金流进一步下降，2023 年前三季度投资活动现金流同比净流出增加 2.8%。总体来看，2023 年部分地区财政承压、土地市场景气度不佳等因素影响了城投公司回款。

（三）偿债能力分析

债务规模继续扩大，部分区域偿债压力有所加重。

截至 2023 年第三季度，城投债存量规模超 12.8 万亿元，同比有所下降，同时带息负债同比增速为 10.3%，应付债券同比减少 1.1%，应付票据同比减少 8.8%，货币资金/短期债务同比下降 19.5%，相比上年同期降幅延续，短期偿债能力有所下降。2022 年 EBITDA/带息债务为 0.029，相比前三年（2019 年为 0.044、2020 年为 0.041、2021 年为 0.039）继续下降。覆盖倍数指标持续偏低，表明偿债能力尚未改善。

总体来看，在地方政府对新增隐性债务进行严格管控、化债进程明显加快以及城投转型的大环境下，城投发行人的债务表现出短期化。

2023 年 9 月，国务院提出“指导金融机构积极稳妥支持地方债务风险化解，建立常态化的融资平台金融债务监测机制”，预计 2024 年重点省份城投债或将有所缩量，部分区域城投债偿付压力有所加大。

五、信用展望

展望2024年，作为疫情消退的第二年，宏观经济发展面临中长期和短期挑战的几重叠加以及经济稳增长与化债务的共同平衡要求，数据治理、数据市场正在加快建立和完善，开辟了新的产业发展方向，城投公司需要持续深化发展模式创新，促进转型与高质量发展。同时，随着化解地方债务的监管政策不断完善，城投公司募集限制和土地财政依旧低迷，城投行业面临债务管控下再融资能力的结构性约束，未来城投公司发展趋势将继续分化，一些地区实际偿债压力仍然较重，而特殊再融资债重点支持高息债务与有迫切偿还需求的债务偿付，有助于缓解特定区域城投债务风险。

2023年10月以来，监管部门对城投公司募集资金用途进行限制，城投债用于借新还旧的比例较大，整体进入存量时代，并且已有部分城投公司在发债时声明与承诺为“市场化经营主体”。预计2024年城投债新增规模将会受到一定限制，部分尾部地区存量市场也将逐渐缩小，而城投债利率将会保持在一定水平。对于存量债比较小的城投公司，如果本身偿债压力不大，依政策后期程度要求，有可能会转型为市场化国企。

2023年城投公司进行区域资产整合重组、转型升级的事件不断增加，同时伴有信用评级提升，尤其是信用级别提升到AAA级的城投公司不断涌现。2024年，新一轮国企改革启动，除了推动城市综合运营服务、引领“三大工程”建设之外，一些城投公司将会深化向市场化转型，构建高效资产运营机制，其产业功能的加快提升有助于优化区域产业结构，促进提高区域化债能力；也将有一些城投公司积极参与绿色低碳发展，在绿色金融发展持续加速背景下，增强债务化解与城投公司转型的协同效应，并延续分化趋势。

综合来看，随着地方政府举债机制的不断完善，2024年城投公司在公开债方面出现实质性违约的可能性依然不大。在“一揽子”化债方案逐步落地实施后，地方债务风险和城投债信用风险也将进一步降低，可关注一些局部地区信用事件造成的负面舆情市场扰动，如山东、云南、河南等区域仍可能发生城投票据的逾期事件。由于城投债需求保持较强状态，“资产荒”仍将延续。

第十一章　加快构建新质生产力导向的债券资源配置新机制，全面提高债券市场和经济金融体系的系统性风险抵御能力

盛军　盛洁①

从经济学角度，新质生产力代表一种生产力的跃迁。它是科技创新在其中起主导作用的生产力，高效能、高质量，区别于依靠大量资源投入、高度消耗资源能源的生产力发展方式，是摆脱了传统增长路径、符合高质量发展要求的生产力，是数字时代更具融合性、更体现新内涵的生产力。新质生产力，核心在创新。它以科技创新为引擎，以新产业为主导，以产业升级为方向，以提升核心竞争力为目标，融合人工智能、大数据等数字技术，更强调内在发展质量。在激发质量变革、效率变革、动力变革中，走出一条生产要素投入少、资源配置效率高、资源环境成本低、经济社会效益好的新增长路径。

从目前债券市场结构来看，支持实体经济特别是服务新质生产力的能力依然不高。房地产行业模式转换后，债券存量资源进一步向地方城投公司集中；同时债券体制机制已经跟不上新质生产力快速发展对金融资源供给的前瞻精准高效要求，亟待改变。中央金融工作会议明确指出，经济金融风险隐患仍然较多，金融服务实体经济的质效不高，指出要“促进债券市场高质量发展”，要“盘活被低效占用的金融资源，提

① 盛军，博士，高级经济师，招商银行资金营运中心风险管理部负责人，中国银行间交易商协会债券发行注册专家；盛洁，中银保险公司总部。

高资金使用效率"，"把更多金融资源用于促进科技创新、先进制造、绿色发展和中小微企业，大力支持实施创新驱动发展战略……"强调做好金融工作要"坚持把金融服务实体经济作为根本宗旨"，"坚持深化金融供给侧结构性改革"，等等。新质生产力对债券市场资源的加速优化与聚焦提出了更高要求，而债券市场等金融资源对新型发展路径的不适应，正成为中国经济金融最大的系统性风险隐患，亟须加快变革。

一、债券市场支持新质生产力发展现状与债券市场风险特征的转变

（一）科创类债券蓬勃发展，但发行量与余额均处于起步阶段

目前国内市场科创类债券包括科技创新公司债（简称科创债）、创新创业公司债（简称双创债）、科创票据三个品种，诞生时间均较短，2016年双创债率先发行，但呈式微之势，2021年、2022年交易所科创债和银行间科创票据相继推出，发展迅速。近年来科创类债券发行量跳跃式增长，但绝对值及市场占比依旧非常微小，科创债2023年1—10月的累计发行额虽大幅增长再创新高，但仅为4766.1亿元，在非金融企业信用债发行中的占比只有3.8%，如表11－1、图11－1所示。

表11－1　科创类债券发行量占比及趋势变化　　单位：亿元

项目	2019年及以前	2020年	2021年	2022年	2023年1—10月
双创债	22	73.6	275.9	178.7	83.3
科创债	—	—	143.69	912.4	2722.6
科创票据	—	—	—	543.2	1960.2
合计	22	73.6	419.5	1634.3	4766.1
全市场信用债（不含同业存单）	148525.7	190820.5	200542.1	180621.8	159754.1
科创类/信用债（%）	0	0	0.2	0.9	3.0

续表

项目	2019 年及以前	2020 年	2021 年	2022 年	2023 年 1－10 月
全市场非金融企业信用债（不含同业存单）	120746.4	152101.0	162069.0	144536.5	126461.3
科创类/非金融信用债（%）	0	0	0.3	1.1	3.8

资料来源：Wind 数据库。

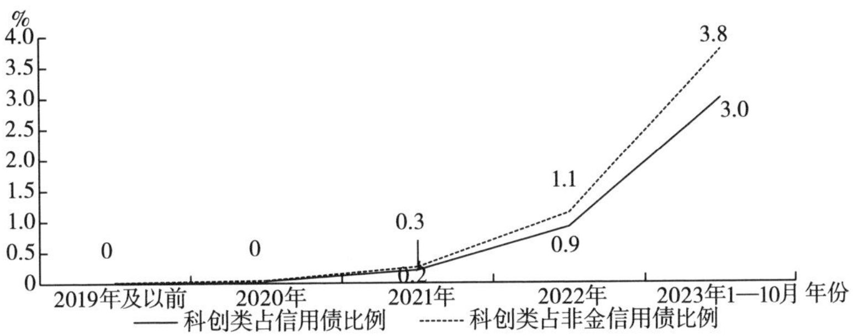

图 11－1　科创类债券发行量市场占比及趋势比较

资料来源：Wind 数据库。

从余额角度来看，2023 年前 10 个月较 2022 年全年增幅达 3 倍以上，但当前科创类债券在信用债总量中的占比依然非常低，截至 2023 年 10 月末，三个品种合计仅 6890.0 亿元，占信用债券总量的 1.16%（见图 11－2），其中交易所发行的科创债领先，科创票据次之，并行成为目前债券市场科技类债券的主流品种。

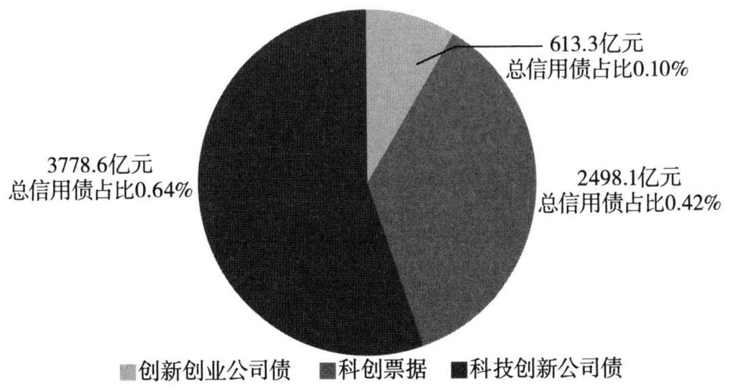

图 11－2　科创债余额及市场占比

资料来源：Wind 数据库。

（二）发行主体偏离科技主战场，民营科技企业保持被边缘化取向

从行业分布来看，三类债券的发行主体结构，自三种科创类债券启动发行至 2023 年 10 月末，科创票据和科创债的第一大发行行业均为建筑与工程，以央国企建筑集团及其下属子公司、工程局为主。从单一发行量较大的主体来看，诸如成都产投、合肥产投、上海联和、山东国资、武汉光谷、广东恒健等，多具地方产业类平台属性。电力行业是科创票据和科创债发行的第四大行业，总量规模较大，从主体来看主要是央企电力集团。煤炭行业是科创票据发行量排名第二位的行业，主要发行主体为山西等地方煤炭国企。钢铁行业在科创票据发行量中排名第五、在科创债发行量中排名第六，总体科创类债券发行量较大，发行主体基本为央国企，如鞍钢、河钢等。黄金是科创票据发行的第三大行业，但在另外两个品种发行规模较小。可以看出，科创类债券发行主体未能体现新质生产力核心行业的特征，战略性新兴产业和未来产业成色欠缺。科创债行业分布如表 11 –2 所示。

表 11 –2　科创债行业分布

单位：亿元

	Wind 四级行业	发行量		Wind 四级行业	发行量
双创债	综合类行业	157.1	科创债	建筑与工程	1146.5
	综合支持服务	125.8		综合类行业	604.3
	区域性银行	110.0		综合支持服务	397.8
	建筑与工程	91.4		电力	284.0
	多领域控股	66.0		建材	181.0
科创票据	建筑与工程	677.6		钢铁	111.0
	煤炭与消费用燃料	292.0		综合性石油天然气	110.0
	黄金	188.0		公路与铁路	92.0
	电力	133.1		多元资本市场	92.0
	钢铁	126.0		公路运输	90.0
	综合类行业	88.8		其他多元金融服务	66.7

续表

	Wind 四级行业	发行量		Wind 四级行业	发行量
科创票据	铜	71. 2	科创债	多领域控股	65. 5
	建筑机械与重型卡车	70. 5		煤炭与消费用燃料	65. 0
	金属、非金属	70. 4			
	汽车制造	65. 0			

资料来源：Wind 数据库。

从企业属性来看，债券市场科创类债券发行中，对民营企业和公众企业极其不友好。以科创债为例，科创债发行以来，发行主体以央国企为主，发行金额、笔数和主体数均快速增长，国企和央企的发行规模互相追赶，2023 年民营企业发行虽实现零的突破，但主要是浙江吉利控股集团有限公司 20 亿元和南山集团有限公司 10 亿元，可以忽略不计。对于极具创新活力的中小民营科技类企业支持为零，特别是专精特新“小巨人”企业和硬科技民营科技公司。科创债发行企业属性分布如图 11 –3 所示。

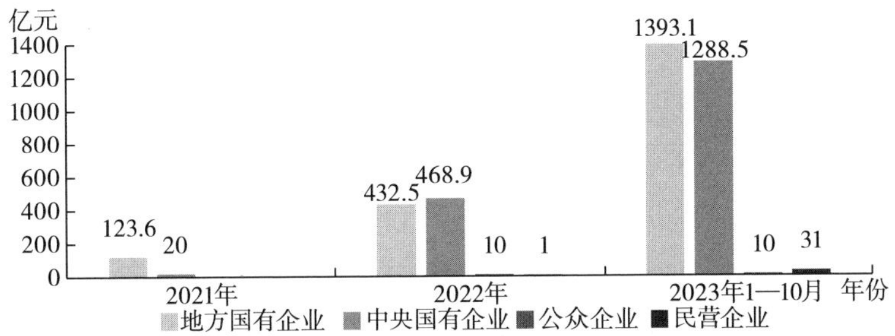

图 11 –3　科创债发行企业属性分布

资料来源：Wind 数据库。

（三）两个市场科技发债制度与主流的科创属性企业不匹配

科创票据方面，用途类科创票据 50% 以上募集资金需用于支持科技创新发展；通过股权投资、基金出资等方式用于科技创新领域，发行主体还需满足以下条件：资产负债率在主管部门企业绩效评价标准中处于行业较差值以上、总资产不低于 100 亿元。科创债方面，科创升级类、科创投资类和科创孵化类发行人募集资金投向科技创新领域比例不低于70%，其中用于产业园区或孵化基础设施相关用途比例不得超过30%，科创企业类无特别限制。

当前整体准入体系与主流科技企业特征不匹配，用途方面有待改善，两个市场制度规定不统一而导致负面影响大。当前债券市场发行体系以规模为导向的准入特征，使大批具有硬科技和核心技术的专精特新“小巨人”企业、技术领先甚至拥有颠覆性科技的初创企业无法获得准入开展债券融资；科技用途方面不聚焦、股权用途限制多等方面弊端较多，两市规定的不统一影响了融资效率，产生了寻租套利机会和监管的低效。外部评级呈现规模导向的“垒大户”特征，不能如实反映科技企业的新质生产力与核心竞争力，对优质的中小型科技企业特别是供应链产业链上的细分行业隐形冠军和专精特新“小巨人”企业发债规模为零。

（四）以房地产、城投信用风险为主要风险特征的债券市场风险及外溢风险正在被转型期债市资源配置失灵系统风险以及由此带来的金融经济系统性风险所替代

Wind数据显示，2020—2022年首次违约的发债企业家数和首次违约金额均持续下降，2023年1—10月同比进一步加速减少（见图11－4）。根据统计，2022年，房地产首次违约金额占比为74%，2023年1—10月为100%。随着房地产行业新模式的逐步建立和新房改的推进，原有模式的震荡带来的风险冲击正趋于式微。

城投企业违约风险虽然依旧严峻，但已经涉过激流险滩，风险呈尾部个体化特征，系统性风险大为降低。自2023年7月24日中共中央政治局会议指出“要有效防范化解地方债务风险，制定实施一揽子化债方案”以来，中央金融工作会议再次提出建立防范化解地方债务风险长效机制，建立同高质量发展相适应的政府债务管理机制，优化中央和地方政府债务结构。中国人民银行行长潘功胜也表示，稳妥化解地方政府存量债务风险，严格控制新增债务，健全债务风险防范长效机制，必

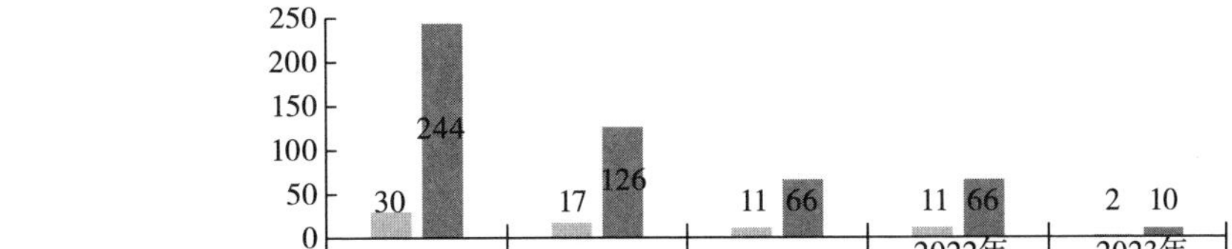

	2020年	2021年	2022年	2022年1—10月	2023年1—10月
企业数量（家）	30	17	11	11	2
首次违约金额（亿元）	244	126	66	66	10

图 11－4　境内债券市场首次违约企业数量及金额

资料来源：Wind 数据库。

要时对债务负担相对较重地区提供应急流动性支持。事实上，自 2023 年以来，全国各地城投平台的整合、转型、撤并已明显加快，同时各个地方政府及城投平台也在严控融资规模和融资成本，今后城投的融资势必大幅收缩。随着 1 万多亿元地方特殊再融资债券逐步落地，流动性风险在 12 个重点省份的火花已经熄灭，而实质性化债措施加快推出。根据在某重点省份的了解，打标化债企业并采取变卖资产、重组、注入资产等方式降债化债等实质性降低地方整体债务的措施已经推出；及时处置 2023 年和 2024 年两年到期的公司信用类债券等公开市场债务，不准出现违约风险，优先压降公开债务；有序按计划完成隐性债务化解任务，不准延长期限；大幅压降低层级融资平台数量；等等。中国人民银行还将设立应急流动性借款，以中央专项借款形式，在地方政府竭尽全力仍无法化解融资平台债务风险的情况下，支持缓解 12 个重点省份 2025 年年末前到期的公开市场债券和非标债务的流动性风险。长期来看，分税制改革后充当着地方政府融资和基建建设最重要辅助功能的城投平台将逐步退出市场。

正在替代房地产、城投等风险登台的新的系统性风险是债券市场等金融资源不能及时跟上高质量发展要求、配置资源失灵带来的债券市场等系统性风险以及金融配置失灵带来的中国科技驱动转型不及预期、经济失速、跌入中等收入陷阱从而错失战略机遇期带来的经济金融风险。

二、新质生产力在襁褓中嗷嗷待哺，债券市场资源供给跟不上新质生产力发展要求正成为债券市场自身以及中国经济转型能否成功的最大系统性风险，债券市场变革已刻不容缓

当前新质生产力仍处于虚弱的婴儿期，加速成长亟须债券等金融资源的营养哺育，债券市场等金融资源配置失灵正成为新质生产力加快形成的最大风险、创新驱动转型的最大障碍，如不加快变革债券市场等金融体系的体制机制，会使中国失去全球发展机遇和战略机遇期，掉入中等收入陷阱，沦为第二个阿根廷。党中央提出 2035 年人均 GDP 达到中等发达国家水平，加速新质生产力发展已经迫在眉睫，也是解决强信心稳预期当务之急的迫切需求。

（一）新质生产力核心产业领域在 GDP 中的占比还很微小，远远不能支撑转型重任，亟须债券等金融资源赋能其成长

《中华人民共和国国民经济和社会发展第十四个五年规划和 2035 年远景目标纲要》（以下简称《“十四五”规划纲要》）明确战略性新兴产业包括新一代信息技术、生物技术、新能源、新材料、高端装备、新能源汽车、绿色环保、航空航天及海洋装备等 9 大产业，囊括了先进制造业和现代服务业的绝大部分行业；同时首次提出“在类脑智能、量子信息、基因技术、未来网络、深海空天开发、氢能与储能等前沿科技和产业变革领域，组织实施未来产业孵化与加速计划，谋划布局一批未来产业”。加快推进战略性新兴产业、未来产业，在全球竞争格局中走出中国特色的未来产业发展之路，才能赢得更大的发展主动权。

但现实依旧骨感。以《“十四五”规划纲要》重点关注的战略性新兴产业为例，根据国家统计局数据，2022 年战略性新兴产业在 GDP 中的占比仍不足 14%（见表 11－3），远低于房地产等旧模式骨干行业对经济总量的影响，要撑起新型经济结构的一片天还任重道远，亟须债券

等重要金融资源的超常规支持和强力推动。时间窗口已经很有限，要跨越转型危险期，打破前堵后追的被动局面，通过新质生产力构建迅速实现产业转型升级目标，金融必须吹响冲锋号。

表 11－3　战略性新兴产业增加值及占比

项目	2019 年	2020 年	2021 年	2022 年
战略性新兴产业增加值占 GDP 比重（%）	11.50	11.70	13.40	超 13
GDP 总量（万亿元）	98.7	101.4	114.9	121.02
战略性新兴产业增加值（万亿元）	11.3	11.9	15.4	超 15.7

资料来源：根据国家统计局数据整理。

（二）我国在“0”到“1”等基础关键核心技术领域和卡脖子领域瓶颈依然十分明显，亟待债券市场等金融资源加速先行

近年来，我国在工业互联网、智能制造、5G 等方面虽已积累了一定优势，但是对标发达国家核心技术仍存在较大差距，关键核心技术已成为制约我国经济高质量发展的瓶颈，亟待突破。以半导体领域为例，生产半导体芯片需要 19 种必需的材料，缺一不可，且大多数材料具备极高的技术壁垒，因此半导体材料企业在半导体行业中占据着至关重要的地位，而日本企业在硅晶圆、合成半导体晶圆、光罩、光刻胶、药业、靶材料、保护涂膜、引线架、陶瓷板、塑料板、TAB、COF、焊线、封装材料等 14 种重要材料方面均占有全球 50% 及以上的份额，在全球范围内长期保持着绝对优势，比如信越化学，全球 70% 的半导体硅材料，都是由其提供；在半导体加工设备领域，我国仍然无法制造光刻机，高端光刻机全部由美国控制的 ASML 垄断。又如超高精度机床和材料学并为工业之母，几乎是日本、德国、瑞士的天下，其中日本更是领先世界一大截。全球超精密加工领域中精度最高的母机，来自日本捷太科特（JTEKT）的 AHN15－3D 自由曲面金刚石加工机，此设备主要用来对各种光学镜头和蓝光镜片模具进行超精密车削及研磨，这台机器的性能达到了 30nm 部件形成精度和 1nm 级 ra 表面粗糙度。工业机器人是

未来 50 年全球大力发展的产业。目前工业机器人的技术基本掌握在日本手中，日本发那科是全球工业机器人销售纪录保持者、利润保持者、技术领导者。顶尖精密仪器被美日德基本垄断，其中美国 10 家、日本 6 家、德国 4 家、英国 2 家。落后领域清单很长，中国科技追赶的路还很远，亟须债券等金融资源超常规加快发力。

（三）我国的科技研发投入总量和结构依然有巨大提升空间，需要债券市场建立有效支持机制

我国科研经费在 2022 年再创新高。2022 年我国研发经费投入达 30870 亿元，首次突破 3 万亿元大关，比上年增长 10.4%，自“十三五”以来已连续 7 年保持两位数增长。按不变价计算，R&D 经费增长 8.0%，高于“十四五”规划“全社会研发经费投入年均增长 7% 以上”的目标。但也要看到，我国距离加快建设科技强国、实现高水平科技自立自强的要求仍有不小的差距。从国际比较看，我国研发经费投入强度在世界主要国家中仅排名第 12 位，虽然超过法国（2.35%）、荷兰（2.32%）等创新型国家，但与第一名还有不小差距。世界知识产权组织 2022 年发布的全球创新指数显示，我国的科技创新表现为在 132 个经济体中仅位列第 11 位，虽然自 2013 年起我国的排名已提升了 24 个位次，但离顶峰仍有很长的路要走。在基础研究方面，2022 年我国基础研究经费支出为 1951 亿元，比上年增长 7.4%；占研发经费比重为 6.32%，比 2021 年下降 0.18 个百分点，相比先进国家无论从绝对金额还是占比仍然差距明显，基础研究的整体能力和水平还比较落后，基础研究和基础应用方面的科技投入还远逊于发达国家。

欧盟委员会发布的《2022 年欧盟工业研发投资记分牌》显示，2021 年度、2022 年度全球 2500 家公司工业研发投入总额超过万亿欧元大关（10939 亿欧元），同比增长 14.8%，对全球科研投入比重最大的国家/地区进行排列，美国以 822 家企业保持领先，研发投入总额占 2500 家企业总额的 40.2%；而中国内地共计 678 家企业上榜，研发投入总额占比 17.9%，不足美国的一半。

我国科技政策亟须进一步聚焦自立自强的导向，鼓励引导各方加大研发投入尤其是原始创新投入的力度，着力推动研发投入由“大”向“强”转变，为科技强国建设提供有力支撑。这方面债券市场应因时而变，加快体制机制创新步伐，大力提高对全社会研发投入的金融支持能力，做基础研究金融资源赋能的排头兵。

（四）绿色领域抢占世界新能源体系排头兵的紧迫性与中美气候合作迫切性进一步提升，债券市场资源赋能不能缺席

截至 2023 年 3 月底，我国发电装机容量达 26.2 亿千瓦，位居世界第一。其中，非化石能源发电装机容量 13.3 亿千瓦，同比增长 15.9%，占总装机容量比重首次超过 50%，达 50.5%，接近美国非化石能源发电装机容量的 3 倍。这些非化石能源中，并网太阳能发电 4.3 亿千瓦，并网风电 3.76 亿千瓦，水电等其他非化石能源 5.24 亿千瓦。风电、光伏、水电发电装机容量均居世界首位。中国电力企业联合会规划发展部主任张琳表示，目前我国具有完全自主知识产权的三代核电技术跻身世界前列，水力、风力、太阳能发电技术也处于国际先进水平，能够为能源清洁低碳转型提供持续动能。

绿色领域发展虽然较为迅速，规模在新质生产力中相对优势明显，但远远不能担起替代房地产模式加快新模式转型的重任。在能源转型领域，中美关于加强合作应对气候危机的阳光之乡联合声明提出的“两国支持二十国集团领导人宣言所述努力争取到 2030 年全球可再生能源装机增至三倍，并计划从现在到 2030 年在 2020 年水平上充分加快两国可再生能源部署，以加快煤油气发电替代，从而可预期电力行业排放在达峰后实现有意义的绝对减少”，正进一步倒逼中国加快绿色可持续发展，更快实现碳达峰碳中和。招商银行发布的《“双碳”背景下可持续金融报告》显示，在产能升级逻辑下，2020—2060 年整个“双碳”行动期间，我国或将出现约 160 万亿元的投资需求，成为有史以来规模最

大、持续时间最久的投资需求。为了中国实现从暂时的领先者真正成为世界新能源和绿色转型的执牛耳者、规则制定者、全人类气候变化目标的贡献者，债券市场必须加快改变，为这项事业贡献超前而充足的金融资源支持。

（五）长期固化的城投、房地产导向形成债市资源配置的路径依赖，对新质生产力形成挤出效应，加剧了近年实体企业信用债净融资规模断崖式下降，制度机制变革迫在眉睫

从债券市场自身看，剔除房地产的非金信用债市场净融资额由 2021 年的 30494.16 亿元迅速降至 2022 年的 4523.17 亿元（见表 11-4），在同期信用债市场净融资占比也由 33%跌至 12%，2023 年 1—10 月该占比又进一步降至 8%，仅实现净融资 2784.93 亿元，债券市场实体企业融资功能几近枯竭。而相较于股票市场，2021 年债券市场剔除房地产的非金信用债市场净融资还高于同期剔除房地产和金融的股票市场融资规模达 14505.20 亿元，而 2022 年债券市场同口径融资大跳水，股票市场同期同口径融资微降，仍达 14937.95 亿元，大幅反超同期同口径债券市场净融资额高达 10414.78 亿元。而且自 2020 年以来，剔除房地产和金融的股票市场融资规模占股票融资规模的比例始终超过 87%，2023 年 1—10 月更是高达 92%，股票市场支持实体经济的力度远高于债券市场。

表 11-4　债券市场与资本市场净融资比较

项目	2019 年	2020 年	2021 年	2022 年	2023 年 1—10 月[①]
债券市场[②]净融资（亿元）	114768.96	171831.39	163216.40	110764.62	111773.24
信用债[③]市场净融资（亿元）	66504.59	87786.92	91701.68	39169.40	34263.96
信用债/债券市场（%）	58	51	56	35	31
非金信用债[④]市场净融资（亿元）	32509.66	41752.57	29211.13	4876.14	3031.20
非金/信用债（%）	49	48	32	12	9

续表

项目	2019 年	2020 年	2021 年	2022 年	2023 年 1—10 月[①]
剔除房地产[⑤]的非金信用债市场净融资（亿元）	32381.58	40839.12	30494.16	4523.17	2784.93
剔房非金/信用债（%）	49	47	33	12	8
股票市场融资规模（亿元）	15413.54	16741.68	18177.41	16881.88	10235.89
非金融股权[⑥]融资规模（亿元）	10278.25	14493.91	15988.96	14937.95	9461.02
非金/股票融资（%）	67	87	88	88	92
剔除房地产[⑦]和金融的股票市场融资规模（亿元）	9890.25	14408.91	15988.96	14937.95	9168.02
剔房非金/股权（%）	64	86	88	88	90

资料来源：Wind 数据库。

注：①2023 年 1—10 月为各月净融资额相加所得。②含同业存单。③剔除国债、地方债、央票和国际机构债。④在信用债基础上剔除同业存单和金融债。⑤Wind 行业房地产Ⅱ。⑥剔除 Wind 行业银行和多元金融。⑦Wind 行业房地产。

三、债券市场良性发展、构建债券市场以及新质生产力发展系统性安全的建议

新质生产力是新产业孕育的新动能，是新时期推动经济发展的决定力量，是我国经济高质量发展的主攻方向。它不仅意味着以科技创新推动产业创新，更体现了以产业升级构筑新竞争优势，赢得发展主动权。近年来，我国经济发展面临复杂的内外部环境，无论是当前提振信心，推动经济回升向好，还是未来发展和国际竞争中赢得战略主动，根基在实体经济，关键在科技创新，方向是产业升级。如何加快形成新质生产力？

一是依托科技、依托创新。新一轮科技革命和产业变革与我国加快转变经济发展方式形成历史性交汇，面向前沿领域及早布局，提前谋划变革性技术，夯实未来发展的技术基础，是不容错过的战略性机遇，要抢占发展制高点，培育竞争新优势的先手棋。二是加快培育形成新产

业。战略性新兴产业和未来产业是形成新质生产力的主阵地，战略性新兴产业是以重大前沿技术突破和重大发展需求为基础，对经济社会全局和长远发展具有重大引领带动作用的产业。《“十四五”规划纲要》进一步提出，在类脑智能、量子信息、基因技术、未来网络、深海空天开发、氢能与储能等前沿科技和产业变革领域，组织实施未来产业孵化和加速计划，谋划布局一批未来产业。只有这些主阵地迅速成为支撑新型经济模式的参天大树，才有可能跳出包围圈迎来高质量发展的新天地。

随着习近平总书记明确提出加快发展新质生产力，以及中央金融委员会成立后的全新金融底层逻辑，债券市场必须以民族存亡的高度支持新质生产力，支持以创新为核心的战略性新兴产业和未来产业。没有金融资源的超常规跳跃式投入，加快新质生产力发展将是一句空话，粮草必须加速前行。准确把握经济金融发展新趋势，加快布局债券市场改革先手棋显得更加重要和紧迫，这是更好践行国之大者、获得未来市场生存权发展权所必需的。债券等关键金融资源配置必须超常规精准转向，将最优质金融资源全面用于促进科技创新、先进制造、绿色发展和中小微企业，大力支持实施创新驱动发展战略。这是决定我国未来命运的关键时刻，如金融转型错过转瞬即逝的时间窗口，转型的经济金融社会系统性风险将全面爆发，集结号必须立刻吹响！为此提出如下加快债券市场改革建议。

（一）在近几年推进两个债券市场基础设施互联互通、协同政策的基础上，加快研究统一市场，以实现统筹资源、提升效率和监管统一，有效防范系统性风险

中央金融委员会和金融工作委员会的成立，是一个里程碑事件，实现了党对金融的集中统一领导，金融管理的底层逻辑彻底改变，可以更好防范供给和需求严重失衡错位、循环不畅以致形成经济金融领域重大风险。对于债券市场来说，意味着可以从顶层统一规划治理结构、强化市场配置与经济发展的协同，更好配置金融资源全力保障新质生产力加

快发展。而两个市场的统一，作为重要的债券资源有效配置的基础保障，也成为可能，应及早提上议事日程，加快推进。

市场的统一，将有利于资源精准高效配置，矫正金融要素配置扭曲，全力保障新质生产力领域有效供给，促进经济和金融良性循环，健康发展；有利于价格的真实发现和提高交易效率，将有利于监管的有效和政策的统一，打破寻租和套利，防止出现过度监管和监管真空，防范系统性金融风险和由此带来的经济转型不力掉入中等收入陷阱的风险。

（二）改革注册制，特别是加快完善债券准入标准体系的结构和导向，全面打开新质生产力方向的准入大门，支持科技型民营企业发展，建立绿色通道机制，疏通资金进入实体经济渠道，将资源供给不足造成的战略机遇期错失风险消弭于无形

建议按照“十四五”规划要求，重新梳理债券准入标准，改革以资产规模为导向的准入评价体系，建立以科技导向为核心的准入新标准，真正使能够形成新质生产力的战略性新兴产业和未来产业成为债券市场融资的主阵地，优先准入、加快发展绿色产业（新能源、大消费、新能源汽车）与数字产业等市场空间大的新领域，优先支持科技驱动、创新驱动的产业，在“卡脖子”的地方下大功夫，聚焦硬科技“0”到“1”核心技术和短板领域；加快相应绿色通道机制的构建，实现快融资、多融资。

扩大民营企业债券融资规模。支持民营企业注册发行科创票据、科创债券、股债结合类产品、绿色债券、碳中和债券、转型债券等，进一步满足科技创新、绿色低碳等领域民营企业的资金需求。支持民营企业发行资产支持证券，推动盘活存量资产。进一步优化科技型民营企业债务融资工具注册机制，注册全流程采用“快速通道”，支持储架式注册发行，提高融资服务便利程度。

（三）改革“垒大户”的规模导向评级体制，优化评级指标，探讨建立中小科技企业特别是专精特新企业的评级支持路径和有效机制，解决科技源头发育不良带来的无源之水风险

要以科技底色为标准彻底改革外部评级体系，顺应新发展理念的要求。现行评价体系以规模为导向，合并报表好看、实际经营实力一般的大而不强的公司成为发债主流，而城投公司长期占据债券资源分配的第一方阵，真正的新质生产力核心领域企业经常是发债无门，外部评级体系起到了推波助澜的作用，必须彻底改革，打破旧秩序，建立新体系。

（四）充分发挥企业债券融资支持工具在新质生产力领域发债中的积极作用，为原创技术和“卡脖子”领域加持赋能

鼓励中债信用增进投资股份有限公司、中国证券金融股份有限公司以及市场机构按照市场化、法治化原则，通过担保增信、创设信用风险缓释工具、直接投资等方式，推动中小科技企业特别是专精特新小巨人企业债券融资支持工具扩容增量、稳定存量。

（五）探索发展新质生产力高收益债券市场，为科技初创企业难以解决的融资问题探索新道路、新途径，早日形成良性的硬科技快速成长机制

研究推进高收益债券市场建设，面向科技型中小企业融资需求，建设高收益债券专属平台，设计符合高收益特征的交易机制与系统，加强专业投资者培育，提高市场流动性。

（六）强化债券市场与资本市场特别是科创板、北交所创新层的联动和互动，共同服务于新质生产力的加速发展

金融要素的协同配合对于新质生产力的快速成长意义重大。建议进一步研究债券市场资金用于长期资金以及股权投资的体制机制，研究科技企业全生命周期各个市场发挥作用的机制，形成债券市场、股权市

场，特别是科创板和北交所等科技公司比例高的股权类市场的联动共振机制，共同加快对原创科技的培育、战略性新兴产业和未来产业的支持，真正实现所有金融资源对以科技创新为引擎、以新产业为主导、以产业升级为方向的新质生产力提升目标的全面支持和最大推动。

（七）建立战略性新兴产业和未来产业研究体系，高度重视和防范技术风险外溢

科技在新发展阶段处于核心地位，是第一生产力，相应地技术风险将带来超级杀伤力。对科技发展趋势的误判，将品尝技术风险带来的极端恶果，因此科技研究“护城河”的建立至关重要，关系到债券市场安全。科技研究能力的提升也确保把稀缺的债券资源精准投向最重要的科技领域和最正确的科技发展方向，聚焦新质生产力核心产业的本质要求。

加快培养和强化新质生产力领域研究能力，也是债券市场构筑核心竞争力的需要，握牢新饭碗，争取一招鲜，吃遍天，争取领先金融同业开辟未来蓝海。

第十二章　疫情后首年人民币汇率走势：回顾与展望

周景彤　吴　丹[①]

2023年，国际地缘政治风险再次上升，美联储维持紧缩性货币政策，全球经济下行，我国经济在疫情后逐步恢复，但房地产、地方政府债务、中小型金融机构等领域风险较为突出。全年人民币汇率整体呈贬值态势，经历了“升值—走贬—企稳回升”三个阶段。展望2024年，在中国经济向潜在水平回归的大环境下，人民币汇率有望稳中走升。随着金融高水平开放和人民币国际化的不断推进，人民币资产对国际资本的吸引力将进一步提升，外资流入增加，为人民币汇率回升提供了重要的支撑。外汇储备将继续保持合理规模，发挥着抵御外部冲击“压舱石”作用。2023年12月中央经济工作会议指出，要保持人民币在合理均衡水平上的基本稳定。应继续关注外部形势变化及影响，同时完善汇市风险与跨境资本流动的监管机制，维护外汇市场平稳运行。

一、2023年人民币兑美元汇率走势与影响因素

（一）人民币兑美元汇率先贬后升

回顾2023年，人民币兑美元汇率先后经历了“升值—走贬—企稳回升”三个阶段，整体呈现“N”形走势（见图12－1）。截至12月29

① 周景彤，中国银行研究院副院长；吴丹，中国银行研究院研究员。

日，人民币即期汇率报7.0920，较6月末的年中值走升2.3%左右，较1月初的年初值走贬2.8%左右。

图12-1　人民币即期汇率与美元指数

资料来源：Wind数据库，中国银行研究院。

第一阶段：2023年年初至2月中旬，人民币兑美元汇率呈快速升值态势。随着疫情防控政策的优化转段，市场对中国经济复苏的信心大幅提升，人民币兑美元汇率在市场乐观情绪推动下一度升至6.71。2月10日，人民币兑一篮子货币汇率指数（CFETS）升至年内最高位100.53点。

第二阶段：2月中旬至9月底，人民币兑美元汇率持续走贬。随着美联储启动年内加息，美元指数不断走高，导致包括人民币在内的国际多种货币兑美元汇率贬值。9月上旬，人民币兑美元即期汇率曾一度走贬至7.34左右，达到了近15年以来新低。但人民币兑一篮子货币汇率指数（CFETS）自7月下旬起保持升值走势，从95.96点一路升至9月底的99.55点。

第三阶段：10月初至2023年年底，人民币兑美元汇率企稳回升。随着美联储宣布暂停加息，市场判断美联储货币政策已开始转向，美元指数逐渐回落，中美利差也不断收窄，人民币兑美元汇率企稳回升。尤其是10月底至12月底，人民币即期汇率升值趋势明显，从7.32左右一路走升至7.09左右。

（二）影响2023年人民币汇率波动的主要因素

第一，美联储继续收紧货币政策，美元指数走高、中美利差扩大导致人民币兑美元汇率承压。2023年美联储延续了紧缩性货币政策，先后于2月2日、3月23日、5月4日、7月27日各加息25个基点，年内累计加息100个基点，美国联邦基金利率在2022年升至高位的基础上进一步抬升，达到5.25%～5.5%。美元指数于2月初至3月初、5月初至6月初、7月中旬至10月初出现三轮持续上升，并于10月初升至107.1，为近11个月以来新高。与此同时，10年期美债收益率不断飙升，一度接近5%水平，创下自2008年以来的新高。中美10年期国债收益率利差不断走阔，于10月初扩大至226个BPs（见图12－2），达到近20年的极值水平，吸引了大量国际资本流向美国。在此背景下，人民币等多种货币兑美元汇率出现了贬值。

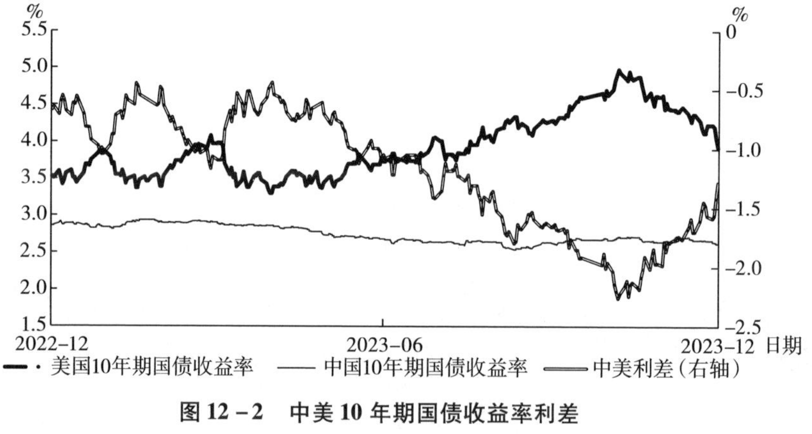

图12－2　中美10年期国债收益率利差

资料来源：Wind数据库，中国银行研究院。

但对2023年人民币汇率变化要全面、理性、客观看待。一是与全球主要经济体货币汇率相比，下半年人民币兑美元贬值幅度较小。例如，7—10月美元指数上涨了3.23%，欧元兑美元贬值3.22%、英镑兑美元贬值4.31%、日元兑美元贬值5.12%、加拿大元兑美元贬值4.72%、澳元兑美元贬值4.85%，但人民币兑美元仅贬值0.77%。二是下半年人民币兑一篮子货币汇率指数（CFETS）整体是走升的，反映了人民币较主要贸易货币基本稳定且有升值。截至12月8日，CFETS指数为98.81，较6月末上升了2%左右。人民币较许多非美元货币的汇率走势偏强。截至2023年9月末，中国外汇交易中心人民币汇率指数报99.55，较6月末上涨了2.9%。其中人民币兑英镑升值4.3%、兑欧元升值3.9%、兑日元升值3.5%。

第二，银行结售汇经常项目延续顺差，资本与金融项目呈现逆差。根据汇率决定理论（Exchange Rate Determination Theory）中的国际收支说，国际收支是否平衡会影响外汇供求和汇率变动。可通过观察银行代客结售汇差额的变化，判断国际收支与外汇市场供求关系的变化。整体来看，中国银行代客结售汇在2023年呈现月度顺差与逆差交替的格局（见图12-3）。具体来看，经常项目是结售汇顺差的主要贡献者，资本与金融项目结售汇在2月以后主要呈现逆差。一方面，1—11月，经常项目结售汇顺差570.1亿美元，较上年同期收窄52.27%。其中，货物贸易结售汇顺差2179.74亿美元，与上年同期水平基本持平。这反映了在2023年外需疲弱背景下，我国货物贸易进出口展现出较强韧性，与货物贸易相关的结售汇交易总体稳定。另一方面，1—11月，资本与金融项目结售汇逆差1115.25亿美元，较上年同期128.21亿美元的逆差有明显扩大。其中，直接投资项逆差265.8亿美元，而上年同期为顺差265.41亿美元；证券投资项逆差369.54亿美元，较上年同期91.86亿美元的逆差有所扩大。

进一步看资本与金融项目。一是直接投资结售汇出现逆差，主要与我国实际使用外商直接投资减少、对海外直接投资增加有关。2023年是“一带一路”倡议提出10周年，我国进一步加强与共建“一带一路”国家和地区合作，相关直接投资明显增加。1—10月，我国非金融类对外投资7362亿元，同比增长17.3%，增速较往年有所提高。其中，我国企业在“一带一路”共建国家（地区）非金融类直接投资累计

1816.9 亿元，同比增长 27%。二是证券投资结售汇逆差扩大，主要反映了外资来华证券投资减少，即证券市场上购买外汇需求增加，导致银行相关结汇交易小于售汇。其主要原因是股市外资流出增加，2—11 月北向合计（包含沪股通、深股通）成交净买入 -846.6 亿元，而上年同期为 496.82 亿元。值得注意的是，境外机构持有中国债券资产整体是增加的。据中国人民银行数据，2023 年 10 月，境外机构对人民币债券的买入规模超过 400 亿元，创下之前 4 个月以来新高。据中国债券信息网数据，2023 年 11 月，境外机构持有银行间市场债券达到 3.24 万亿元，创历史新高，占银行间债券市场总托管量的 2.4%。

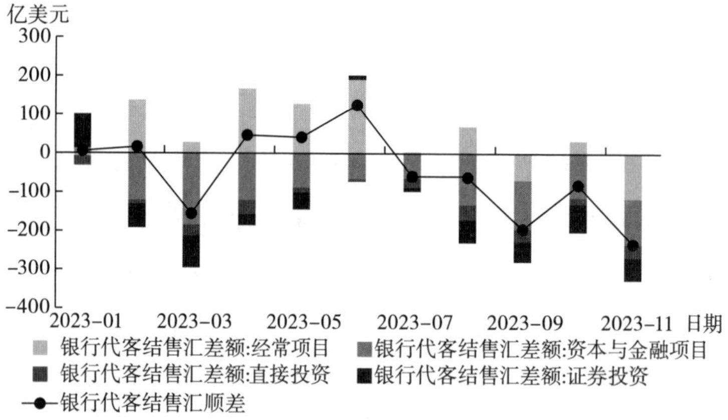

图 12-3 银行结售汇差额各明细项目变动情况

资料来源：Wind 数据库，中国银行研究院。

第三，国内宏观经济持续恢复，市场预期逐步改善。疫情放开后，2023 年第二季度我国经济复苏进程不及预期，对人民币汇率走势支撑不足。但随着下半年稳增长政策的出台和不断生效，我国经济修复明显，经济基本面对人民币汇率支撑力逐渐增强。前三季度，我国 GDP 累计增长 5.2%，增速较上年同期回升 2.2 个百分点。尤其 10 月以来，我国主要经济指标持续改善，工业生产、消费等多个宏观指标增速好于预期。11 月全国规模以上工业增加值同比增长 6.6%，环比加快 2.0 个百分点。其中，装备制造业增加值同比增长 9.8%，环比加快 3.6 个百分点；高技术制造业增加值同比增长 6.2%，环比加快 4.4 个百分点。10 月社会消费品零售总额 4.25 万亿元，同比增长 10.1%，环比加快 2.5 个百分点。

从政策方面来看，一系列宏观政策打出“组合拳”协同发力稳增长。逆周期调节力度显著加大，专项债发行进度加快，“一揽子”化债方案逐步落地，中央财政在 2023 年第四季度增发 1 万亿元国债，全年赤字率从 3% 提高至 3.8%，货币政策进一步降息降准，向市场释放了政府支持经济复苏、稳定市场预期的强信号。此外，2023 年 11 月，中美元首会晤，在政治外交、人文交流、全球治理、军事安全等领域达成了 20 多项共识，双边关系有所缓和甚至改善，这对稳定人民币汇率预期也产生了重要作用。

第四，外汇监管政策有力有效，护航人民币兑美元汇率总体稳定。从金融监管方面来看，自 2023 年年中起，我国启动逆周期调节因子以稳定人民币汇率，随后一系列稳汇率举措有序推出。7 月，人民银行与国家外汇管理局将全口径跨境融资宏观审慎调节参数从 1.25 上调至 1.50，拓展了境内企业和金融机构的跨境资金来源，同时释放了部分美元流动性，部分缓解了人民币汇率贬值压力。9 月，人民银行下调了金融机构外汇存款准备金率 2 个百分点，释放了外汇中长期流动性约 5500 亿元，对平滑外汇市场波动、增强人民币汇率弹性发挥了重要作用。10 月底，中央金融工作会议明确稳汇率，指出“要加强外汇市场管理，保持人民币汇率在合理均衡水平上的基本稳定”，向外汇市场释放了强有力的政策信号。

此外，2023 年，人民银行在香港地区积极发行人民币计价的央行票据，丰富了香港市场高信用等级人民币投资产品，满足了离岸市场投资者的投资需求。11 月，人民银行在香港地区发行央票共计 450 亿元，规模为近 3 年新高，回笼了离岸市场人民币流动性，对离岸人民币兑美元汇率稳定发挥了重要作用。

二、2024 年人民币兑美元汇率走势展望

2024 年，根据现有信息研判，影响人民币汇率稳定的因素将持续积累，不利因素将不断减少。在经济基本面持续改善、国际主要货币政策转向、中美利差大概率收窄等背景下，人民币汇率有望呈稳中有升态势。

（一）支持 2024 年人民币汇率稳定的因素

第一，我国经济向潜在增长水平回归，市场信心将随之增强。参考均衡汇率理论（Equilibrium Exchange Rate Theory），从经济要素角度出发，一国长期汇率取决于其经济基本面。2023 年 12 月召开的中央经济工作会议提出“必须把坚持高质量发展作为新时代的硬道理”，积极的财政政策要“适度加力、提质增效”，稳健的货币政策要“灵活适度、精准有力”。随着一系列稳增长政策的落地和显效，我国经济增长动能将不断被激活，市场预期将逐步改善，为人民币汇率保持稳定提供强大支撑。预计 2024 年我国内需将持续改善，消费有望进一步恢复，继续发挥经济增长“压舱石”的作用，基建和制造业投资有望较快增长，房地产投资降幅或将小幅收窄。多家机构对未来中国经济增长前景持乐观态度。据国际货币基金组织（IMF）预测，2024 年中国经济增速为 4.6%。据高盛预计，2024 年全球经济增速将放缓至 2.6%，中国经济增速或为 4.8%，美国 GDP 或将增长 2.1%。中国银行研究院最新预测，2024 年中国 GDP 增速将在 5% 左右，实际经济景气度将好于 2023 年。

第二，欧美央行货币政策转向甚至开启降息周期，影响人民币汇率的外部压力将有所缓解。2024 年全球经济或将进一步减速，市场预期欧美等央行将终止加息周期，并将适时启动降息政策，以支持经济复苏。美债市场长期处于高利率环境会抑制美国投资、生产和消费等经济

活动，并推升金融市场风险。2024 年是美国、英国、印度等经济体的大选年，各经济体在政策上将更倾向于宽松以支持经济增长。目前市场对美联储降息预期不断升温，美国 10 年期国债收益率已连续走低。据德意志银行预测，2024 年美联储将降息 175 个基点，联邦基金利率目标区间将回落至 3.5% ~3.75%。在此背景下，中美利差将明显收窄，跨境资本也将有序回流，人民币汇率贬值压力将明显减轻。当前欧、美等通胀率也已恢复至温和区间。据欧盟统计局数据，11 月欧元区通胀率已下降至 2.4%，降幅远超预期。据美国商务部数据，11 月美国核心 PCE 物价指数①同比上涨 3.2%，已降至近两年半以来新低，该指标被认为能更全面、更稳定地衡量美国通胀。

第三，人民币资产对海外资金的吸引力将不断增强。2023 年中央金融工作会议提出要“着力扩大高水平金融开放，提升跨境投融资便利化，吸引更多外资金融机构和长期资本来华展业兴业”。未来人民币资产的投资价值将再次凸显，外资持有境内金融资产也将增加。一是我国市场对外资的吸引力持续提升。例如，近年来中东资本持续加仓中国，阿布扎比投资局（ADIA）对中国内地的权益类投资头寸从 2019 年末的 3.9 亿美元增至 2023 年 5 月的 13.4 亿美元，在阿布扎比投资局中的头寸份额从 4.5% 大幅提升至 22.9%。二是 2023 年多家外资机构加大中国市场布局。例如，年初渣打银行获得在华设立外商独资证券公司的许可；9 月三井住友设立的私募证券投资基金获得批准；11 月万事网联获得人民银行核发的银行卡清算业务许可牌照，未来可在境内发行“万事达”银行卡。三是目前我国上市公司估值处于底部水平，后续有望迎来修复，对外资吸引力将不断增强。2023 年我国全面实行股票发行注册制，资本市场包容性和开放性提升，优秀企业将获得更多上市机会。11 月，科创板市值增长率整体呈上升态势，增长率为 4.19%。截

① 核心个人消费支出平减指数，剔除波动较大的食品和能源价格。

至 2023 年 10 月底，我国已有 800 余家 QFII/RQFII 机构，QFII/RQFII 投资者持有 A 股市值超万亿元。

第四，人民币国际化稳中有进，国际认可度稳步提升。随着人民币国际化程度稳步提高，人民币已成为全球交易和储备货币，越来越多的跨国企业选择使用人民币融资，人民币计价金融资产对国际资金的吸引力也持续提升。据 Wind 数据，2023 年 1—11 月境外主体在我国境内发行“熊猫债”1495.5 亿元，较 2022 年全年发行规模 850.7 亿元大幅增加。10 月，加拿大国民银行通过发行三年期“熊猫债”筹集 10 亿元人民币（约合 1.39 亿美元）。尽管 2023 年人民币兑美元汇率在波动中总体贬值，但还是有更多海外企业选择使用人民币开展跨境贸易结算，人民币在全球支付交易中的市场份额不断提升。据环球银行金融电信协会（SWIFT）数据，2023 年 9 月，人民币在全球贸易融资中占比为 5.8%，同比上升 1.6 个百分点，排名上升至第二位，首次超过欧元所占份额（5.43%）。截至 2023 年 12 月，人民币国际支付的全球市场份额上升至 4.14%，较上年同期的 2.15% 实现“翻倍”（见图 12－4）。

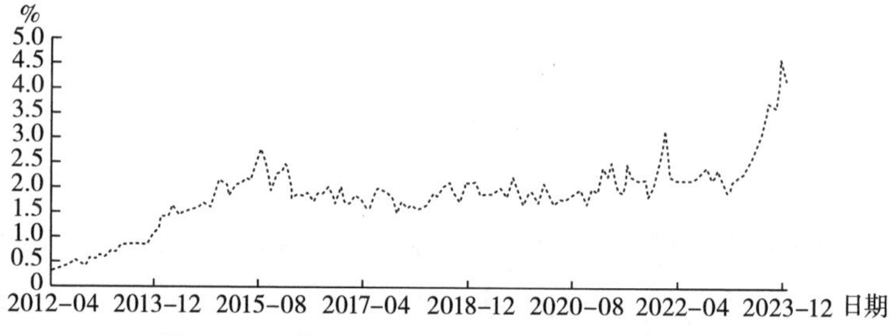

图 12－4 人民币国际支付在全球市场份额

资料来源：Wind 数据库，中国银行研究院。

第五，汇率调控工具箱充裕，外汇储备规模稳居全球第一，对人民币汇率稳定形成坚实支撑。实际上，2023 年我国并未使用太多工具干预人民币兑美元汇率的市场化波动，但我国有充足且丰富的外汇管理工具可用。例如，调整外汇衍生品交易成本、掉期点调控、远期售汇风险准备金率、跨境融资杠杆率、境内企业境外放款宏观审慎调节系数等。

我国政策层面对汇市“稳预期、防超调”的决心也很明确。在11月人民银行货币政策执行报告中，用“三个坚决”强调了未来汇率政策取向，即“坚决对市场顺周期行为进行纠偏，坚决对扰乱市场秩序行为进行处置，坚决防范汇率超调风险”，防止形成单边一致性预期并自我强化，保持人民币汇率在合理均衡水平上基本稳定。

此外，自2006年起，我国外汇储备规模已连续17年稳居全球首位，近些年始终稳定在3万亿美元以上，成为成功抵御全球疫情、美联储强势加息等多轮外部冲击的“稳定器”和经济金融安全的“压舱石”。截至2023年12月，中国官方外汇储备资产32502亿美元，金融机构外汇各项存款余额7978亿美元。

（二）影响2024年人民币汇率走势的不确定性因素

第一，2024年国际地缘政治局势依然复杂严峻，全球经济进一步减速概率增大。乌克兰局势仍在演变，巴以冲突升级推动中东乃至全球地缘政治风险不断上升。美国大选和中国台湾地区选举将成为影响2024年我国境外环境的两大关键因素。这或将对2024年国际金融市场稳定、投资者避险情绪等带来影响，进而影响黄金、原油等资产价格走势，增大了人民币汇率变动的不确定性。此外，2024年全球经济增长减速可能性较大，将对我国出口和资金流产生影响。据国际货币基金组织（IMF）预测，2024年全球经济增速为2.9%，比2023年低0.1个百分点。据中国银行研究院最新预测，2024年全球GDP或将增长2.5%左右，比2023年低0.2个百分点。

第二，美联储降息时点和美元指数走势仍存在不确定性。目前投资者对美联储降息时点的预期普遍在2024年下半年，摩根士丹利认为，美联储将于2024年6月开始降息。汇丰认为，美联储降息的时间节点将出现在2024年第三季度。美国联邦基金利率目标区间在一段时间内处于高位，且美国经济展现出较强韧性，市场对美元资产的配置需求仍较大，后续美元指数的走势仍存在变数，进而对新兴市场资金流向产生影响。因此，至少 2024 年上半年人民币兑美元汇率的外部压力依旧存在。

第三，我国经济持续复苏存在一些干扰因素。国内经济基本面仍将是人民币汇率预期和币值稳定的关键。阻碍 2024 年经济恢复的因素包括：一是外需疲弱、内需不足等问题依然存在，经济持续恢复向好需要政策持续发力；二是房地产市场、地方债务等领域风险仍然值得关注。

三、关于汇率波动与外汇储备安全的思考

（一）我国拥有规模庞大且稳定的外汇储备

2023 年发达经济体延续加息周期，美债收益率高企、美元指数频现上涨行情，导致全球资产价格与多国货币汇率波动加大。在汇率波动加大的背景下，外汇储备资产规模会受到汇率折算和资产价格变化等因素影响。但整体来看，我国外汇储备始终保持稳定，2023 年 1—12 月在 3.1 万亿 ~ 3.2 万亿美元，规模变动较 2022 年同期幅度减小（见图 12 -5）。目前中国依然是外汇储备第一大国，排在第二、第三、第四位的国家依次为日本、瑞士、印度，外汇储备持有量分别约为 1.3 万亿美元、1 万亿美元和 5699 亿美元。

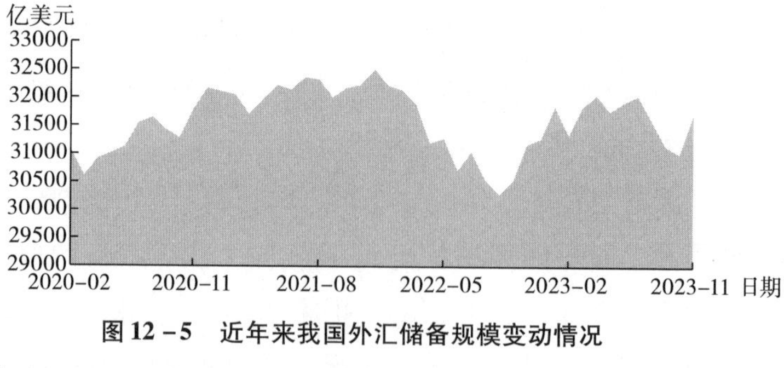

图 12 -5　近年来我国外汇储备规模变动情况

资料来源：Wind 数据库，中国银行研究院。

2023 年我国外汇储备规模变动的主要原因，在于国际金融市场波

动对外汇储备的资产估值产生了一定扰动。受发达经济体加息节奏和市场预期影响，美元指数上升，其他货币兑美元汇率贬值，带动全球金融资产价格总体下跌，中国外汇储备资产估值也相应减少。这主要是由于中国官方储备资产由外汇储备（证券、货币和存款）、基金组织储备头寸、特别提款权SDR、黄金储备、金融衍生品及其他储备资产构成，其中外汇证券资产占据了外汇储备资产的很大一部分（见图12－6）。截至2023年11月，中国外汇储备中的证券资产规模为3.16万亿美元。因此，储备资产规模会不可避免地受到金融资产价格波动和汇率折算的影响。例如，2023年11月，美元指数从106.7回落至103.5，导致全球央行外汇储备的非美元金融资产在折算成美元计价后，均有较大幅度的回升。截至2023年11月，我国外汇储备规模为3.18万亿美元，环比上升706亿美元，升幅为2.28%。

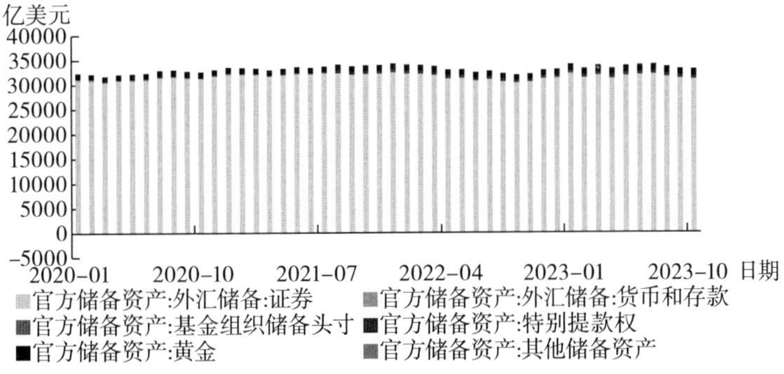

图12－6　近年来我国官方储备资产的构成与变化

资料来源：Wind数据库，中国银行研究院。

2023年我国储备资产维持总体稳定的原因：一是国际收支格局基本稳定，对外汇储备影响较小。综合看国际收支，经常项目与资本金融项目基本保持了“一顺一逆”的平衡格局。例如，从银行代客涉外收付差额来看，2023年1—11月，我国货物贸易项下涉外收付顺差为3696.2亿美元；直接投资和证券投资项下涉外收付逆差合计1425.1亿美元。二是央行连续增持黄金储备，提升了外汇储备资产的安全性。据国家外汇管理局数据，截至 2023 年 11 月末，中国黄金储备报 7158 万盎司（约 2226.39 吨），环比增加 38 万盎司（约 11.82 吨），这是中国连续 13 个月增加黄金储备，较上年 10 月已累计增持 894 万盎司（约 253.45 吨）（见图 12－7）。

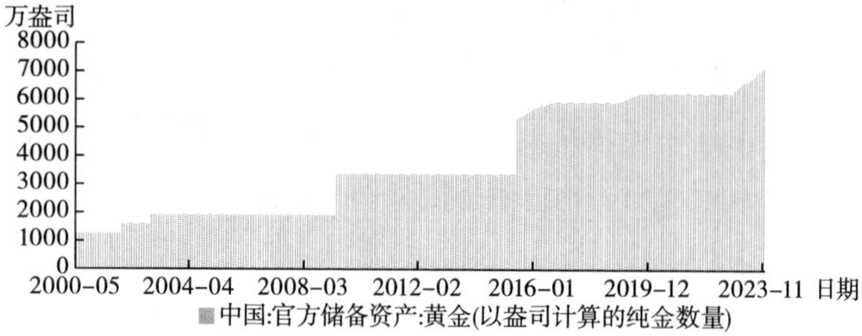

图 12－7　近年来中国官方储备资产：黄金

资料来源：Wind 数据库，中国银行研究院。

（二）增持黄金对稳汇率和外汇储备安全具有重要意义

作为传统避险资产，黄金具有较强的资产保值、安全性、抗通胀、高流动性、高回报率等属性。据世界黄金协会数据，过去 50 年间，投资黄金的年化平均收益率已超过 7%，且目前黄金是仅次于标普 500 指数的全球第二大高流动性资产。对中国来说，增持黄金可优化储备资产结构，多元化国际储备资产配置，抵御外部风险冲击，从而保护外汇储备资产总体安全、维护经济金融稳定。不仅如此，随着我国与越来越多的国家推进双边货币互换协议和跨境贸易本币结算，增持黄金储备也有助于增强人民币汇率的稳定性。此外，相比发达国家，我国的黄金储备占官方储备资产的比重较低，结构性提升黄金储备占比也有其必要性。2022 年 10 月至 2023 年 12 月，我国已累计购买黄金 923 万盎司。但黄金在我国官方储备资产中的占比为 4.31%，仍远低于全球 15% 左右的平均水平，美国、德国、意大利、法国等国外汇储备中黄金占比均高达 60% ~70% 。

实际上，我国增持黄金储备、减持美债的行为，与全球大多数央行增加黄金购买、多元化配置外汇储备资产的步伐一致，美元占各国外汇储备比重持续降低。例如，2023 年第三季度，欧洲的捷克与波兰都增持了黄金储备，且各经济体增持黄金的总量还在增加。世界黄金协会发布的《全球黄金需求趋势报告》显示，2023 年前三季度，全球各经济体央行持续增加黄金储备量，累计购买黄金约 800 吨，较上年同期增加 14%，创下有统计以来的最高纪录。其中，仅第三季度的全球央行净购黄金量为 337 吨，为有史以来第三高的季度净购金量。此外，全球央行有继续囤金的计划。世界黄金协会央行黄金储备（CBGR）调查数据显示，24% 的央行计划继续增加黄金储备，这预示着未来全球央行的购金需求将保持坚挺。

2023 年全球央行持续囤金并计划继续囤金的行为，带动了黄金需求的显著增长。在美联储降息预期、地缘局势紧张加剧、市场担忧情绪升温等多重因素交织影响下，国际金价呈现大幅上涨态势。2023 年 12 月 4 日，COMEX（纽约商业期货交易所）黄金期货价格最高升至 2150 美元/盎司，黄金现货价格一度涨至 2146. 87 美元/盎司，创下了历史新高（见图 12 - 8）。展望 2024 年，在全球经济增长依旧乏力、发达经济体货币政策转向和全球“去美元化”大趋势下，各经济体增持黄金储备的需求将持续增长。

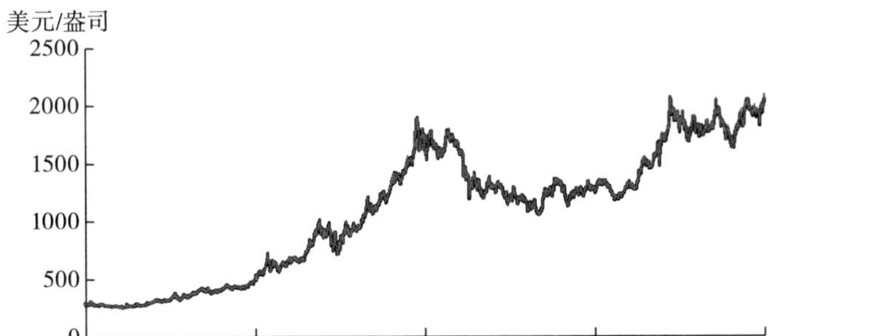

图 12 - 8　国际黄金期货价格与黄金现货价格走势

资料来源：Wind 数据库，中国银行研究院。

（三）全球各经济体“去美元化”步伐加快

自 1971 年布雷顿森林体系解体，维持了 27 年的美元与黄金挂钩局面结束。但时至今日，美元仍处于国际货币体系的主导地位，对全球贸易、国际投资和各经济体外汇储备等影响深远，也为美国限制其他国家提供了契机。当前，越来越多的国家意识到过度依赖美元作为储备资产的风险很大，纷纷更加关注自身外汇储备资产的安全性。尤其近年来，美元成为美国对他国实施经济制裁的“霸权工具”，美国货币政策的调整变化也已成为影响全球各经济体金融稳定的重要因素。2023 年，全球“去美元化”进程有加速倾向，各经济体纷纷推进货币双边互换和贸易本币结算，同时加快了多元化配置储备资产的步伐，包括抛售美债、增持黄金储备或置换非美元储备等，旨在削弱美元“武器化”对本国经济带来的负面影响。

具体来看：一是各经济体央行对美元的未来角色看法较以前更为悲观，但对持有黄金的态度更加乐观。据世界黄金协会调查，有 62% 的受访央行热衷于未来继续提升黄金在总储备中的占比，而上年仅有 42% 的受访央行持此态度。二是各国央行增持黄金储备的同时，纷纷减持了美债。据美国财政部公布的国际资本流动报告（TIC），2023 年 9 月，美国的前三大海外美元债持有人——日本、中国和英国均选择减持美国国债。其中，日本减持美债 285 亿美元，持有规模降至 1.09 万亿美元；英国减持美债 292 亿美元，持有规模降至 6689 亿美元；中国减持美国国债，持有规模降至 7781 亿美元，连续 6 个月下降，为 2009 年 5 月以来的最低值。

对中国来说，适度增持黄金储备、多元化配置官方储备资产等有重要意义。通过增加和持有更多黄金储备，不仅能够增强我国在国际金融市场中的议价能力，还能够在全球经济治理体系中发挥更为积极的作用。在全球经济格局持续调整的背景下，我国将继续加强国际金融合作，不断提升官方储备资产的配置水平。实际上，拥有庞大规模的外汇储备资产是一国经济实力尤其是信用力和支付能力的体现。这些储备资产可用于满足国际贸易支付、对外债务清算和进行国际投资等多方面需求，发挥着维护国际收支和确保国家经济金融稳定等多方面的重要作用。但值得注意的是，管理巨额的外汇储备资产属于国际性难题，缺乏成熟的经验可供借鉴。因此，需要持续完善具有我国特色的外汇储备经营管理制度和管理路径，全面考虑外汇储备资产的安全性、盈利性与稳定性。

四、相关政策建议

综上所述，提出如下政策建议：

第一，持续推动宏观经济回稳向好，为人民币汇率稳定提供有力支撑。经济基本面修复程度是影响汇率稳定的关键。要巩固国内经济稳中向好的态势，持续恢复和增强经济内生增长动力，持续改善市场主体信心和预期，对人民币汇率走势形成基础支撑。一是强化宏观政策指引，打好加强宏观政策组合拳。落实中央经济工作会议精神，坚持稳中求进、以进促稳、先立后破，强化宏观政策逆周期和跨周期调节，继续实施积极的财政政策和稳健的货币政策，持续加大对重大战略、重点领域和薄弱环节的支持力度，有效提振经济复苏动能。二是加强内需改善，打通经济循环堵点，夯实国内经济基本盘。保持外贸进出口合理增长，维持经常账户顺差在合理规模，更好支持汇率稳定和维护国际收支平衡。

第二，加强汇市预期引导，维护外汇市场稳健运行“不松懈”。强化提振信心的正向引导作用，综合施策稳定汇市预期，防止汇市单边预期的自我实现。发挥以汇市供求为基础、参考一篮子货币进行调节、有管理的浮动汇率制度优势，保持人民币汇率在合理均衡水平上基本稳定。加强外汇市场监测分析，强化外汇领域监管“全覆盖”。完善“宏观审慎 + 微观监管”两位一体的金融监管框架，在有序推进外汇领域改革开放的同时，有效管理汇率市场风险。规范外汇交易行为，严惩外汇违法违规活动，遏制汇率市场的投机炒作，对汇市的顺周期行为及时进行纠偏，有效维护汇市健康秩序和国家经济金融安全。

第三，防范外部风险传染，提高跨境资本流动管理能力。考虑到全球政经格局依旧动荡，发达经济体货币政策或将转向，需继续密切关注外部不确定性风险。建立健全跨境资本流动监测、预警和响应机制，提高跨境资金流动的管理能力，强化对外部冲击的风险应对能力。不断丰富跨境资本流动管理工具，完善外汇风险管理工具，做好情景分析、压力测试和预案准备，准确识别跨境资金异常波动风险，降低外部风险对境内外汇市场的影响。根据外部形势及时采取措施，防范外部风险跨区域、跨市场、跨境传递共振，为建设金融强国筑牢安全底线。

第四，深化外汇领域改革开放，扎实稳慎推进人民币国际化进程。加强和完善外汇领域的政策供给，围绕经常项目和资本项目便利化深化汇市改革，优化跨境贸易外汇收支管理，提升跨境投融资便利化水平，促进稳外贸稳外资。着重支持外汇服务的优化，特别是在科技创新、中小微企业领域，以更好地服务实体经济的高质量发展。夯实跨境人民币业务制度基础，加强跨境人民币业务监管，发挥好货币互换和本币结算合作的支持作用，便利经营主体在贸易投资中更广泛地使用人民币。此外，应积极支持离岸人民币市场的健康发展。持续完善离岸人民币流动性供给机制，创新发展离岸人民币市场产品和服务，丰富离岸人民币产品体系和风险管理工具。

第五，外汇储备管理“稳字当头”，确保外汇储备资产安全性、流动性和保值增值。在外部形势依然严峻的背景下，提升外汇储备安全性非常重要，应采取积极措施、做好充足准备，兼顾外汇储备资产的盈利性与安全性。一方面，提升外汇储备的经营管理能力。提升外汇储备全领域投资专业化水平，提高外汇储备的收益率，创造最优的外汇储备经济效益。另一方面，注重外汇储备的风险管理。优化外汇储备资产结构，多元化分散外汇储备资产组合，继续增持黄金等非美元储备占比。持续增强我国的核心竞争力，为外汇储备资产安全、国际收支平衡和汇率稳定提供强大的基础力量。

第十三章　2023 年 A 股行情总结及 2024 年宏观经济展望

杨为敩[①]

一、2023 年 A 股行情回顾总结

总体来讲，2023 年 A 股先涨后跌，波动仍然显著。股票指数的拐点在 5 月，5 月之前，疫情政策的放松带动经济和市场出现同步改善，而后，在复苏充分的状态下，经济又回到了偏低的增长水平，现实的由强转弱导致股指出现连续性的下探，其间高层出台了一系列政策试图稳住市场的跌势，但目前来看，这些政策的效果尚不明显。上证综指走势如图 13 – 1 所示。

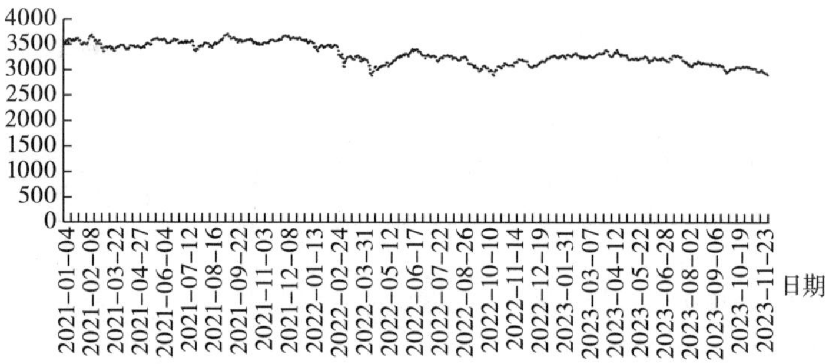

图 13 – 1　上证综指走势

资料来源：Wind 数据库。

从整体风格来看，A 股全年偏向小盘（见图 13 – 2）。上半年 AI、

① 杨为敩，国元证券研究所所长助理，总量研究负责人。

ChatGPT 等概念迅猛崛起，TMT 行业走出一波迅猛行情，封装、算力等方向的股价水涨船高。此外，以中特估为代表的一系列低估值股票也在上半年受到追捧。进入下半年后，随着市场的调整，行情风格变得更加模糊，目前来看，下半年的主要行情只集中在微型股和华为、减肥药等零散事件驱动的赛道上。

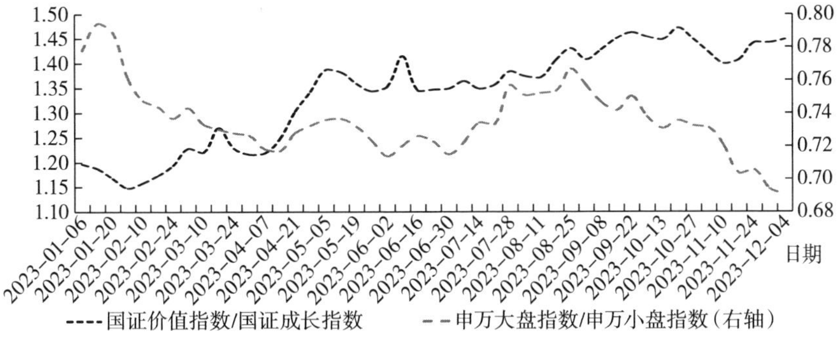

图 13－2　A 股风格指数走势

资料来源：Wind 数据库。

二、2024 年经济可能变平

（一）商品：一个关键的线索

1. 美元和商品的内循环

全球商品周期的转向应该是 2024 年的主线。商品周期企稳的初始条件并非源自需求，而是金融属性的重塑。实际上，自 2023 年 5 月起，大多商品就开始出现了高低不等的涨价现象，不少人从需求的角度无法解释这一轮商品的启动。实际上，这轮商品的启动和实体需求关系不大，其背后的主要原因是全球已经走过了“去信用”这个阶段。

根源上，美元指数的下降起到了至关重要的作用。全球 M2 的增长速度虽然已经见底回升一年左右（见图 13－3），但没有一个重要的经济体出现相应的信用扩张，自 2023 年以来，美国、欧元区、中国及日

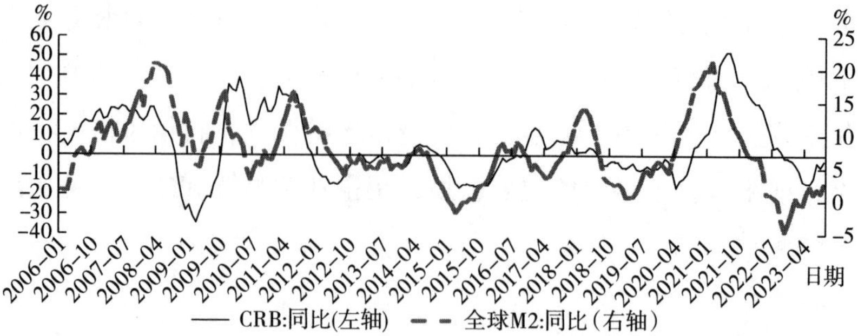

图 13－3　CRB 与全球 M2 走势

资料来源：Wind 数据库。

本的自身 M2 增长都是放缓的（见图 13－4）。全球 M2 扩张的秘密应该是汇率重估和美元贬值，实际上从 2022 年 10 月起，美元指数出现了比较明显的放缓（见图 13－5）。

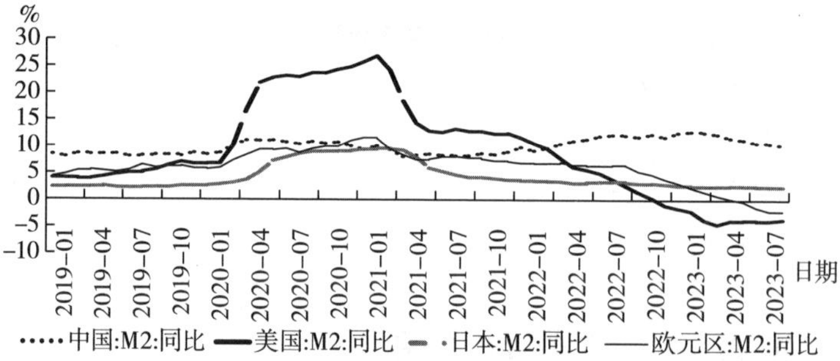

图 13－4　中国、美国、日本及欧元区 M2 走势

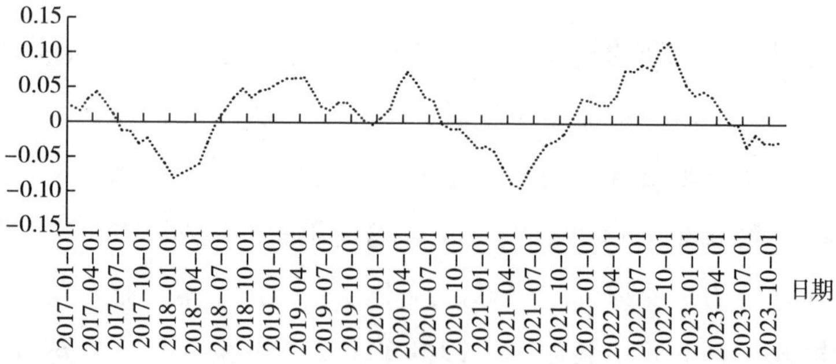

图 13－5　美元指数同比增速走势

资料来源：Wind 数据库。

后续美元继续贬值的空间仍然存在。在需求变化不大的假设下，美元贬值存在自加速机制。美元的定价依据主要是相对增长理论，即美国经济相对于全球的增长情况。商品价格的上涨本就会导致美国相对增长的下降，且进一步导致美元的贬值，再反过来又会推动商品进一步上涨。目前来看，这个循环已经形成，而且我们看不到有其他因素能打破这个循环。美国与全球经济名义增速之差与指数走势及 PPI 走势如图 13－6、图 13－7 所示。

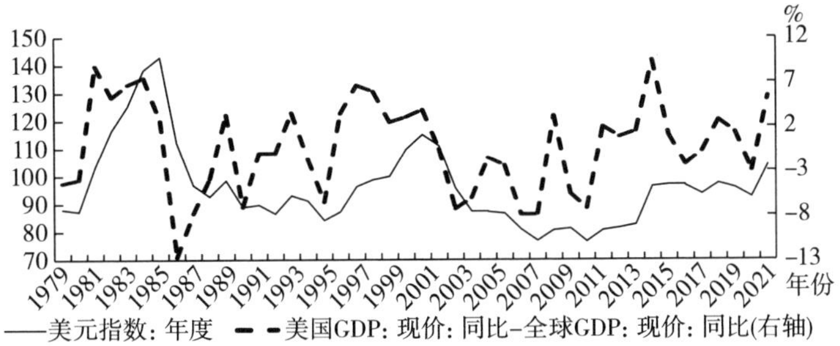

图 13－6　美国与全球经济名义增速之差与美元指数走势

资料来源：Wind 数据库。

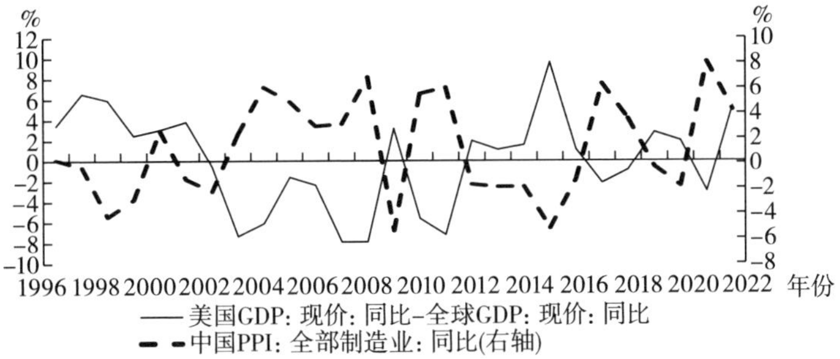

图 13－7　美国与全球经济名义增速之差与 PPI 走势

资料来源：Wind 数据库。

从长远看，美元指数的位置是不均衡的。到了 2022 年后，因美国 GDP 平减指数的快速升高，美元指数一跃向上，甚至到达 114 的高位，而在美国平减指数创了第二次原油危机以来新高的同时，全球 GDP 平减指数并没有随之上升，这意味着美国平减指数已经处于一个不稳定的高位，这个指数的修复过程，会伴随美元的贬值。虽然商品一旦上涨，会使得这个修复不会顺畅展开，但这个裂口相当于排除了美元在短期的上涨可能。美国与全球 GDP 平减指数走势如图 13－8 所示。

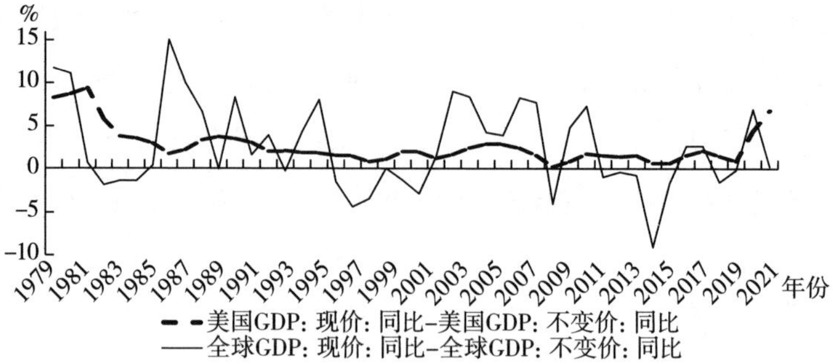

图 13－8　美国与全球 GDP 平减指数走势

资料来源：Wind 数据库。

2024 年，我们应做好商品周期变平的准备。

商品虽已转势，但其向上的弹性有限，以汇率变化而推动的商品趋势一定是弱逻辑。全球信用投放一定是以流动性变化为先决条件的，靠美元纠偏这个力量对商品的影响，一定没有全球影响大。但目前来看，如果能以价格撑住美国通胀，美国这一轮达到 2% 的通胀目标位则需要较长的时间，美联储重新降息甚至放水的可能性并不大，新一轮商品的强周期不会出现在 2024 年。美国 CPI 与 CRB 走势如图 13－9 所示。

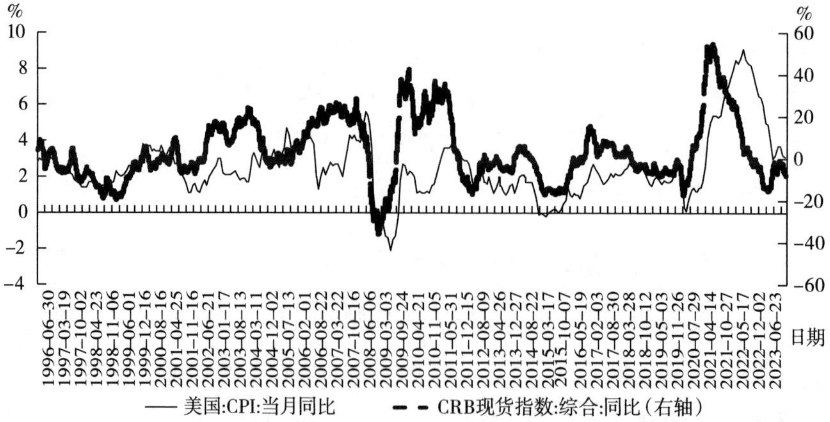

图 13－9　美国 CPI 与 CRB 走势

资料来源：Wind 数据库。

从供需的角度来看，经济也许又进入了过剩状态。以中国为例，产能利用率在近三年一路下滑，回到了与2014年相仿的中枢之上，这意味着，我们在一轮大幅资本开支后，可能又走入了十年前那个过剩的状态（见图13－10）。也意味着，即使出现了一些值得乐观的迹象，商品向上的弹性也是打了折扣的。2024年中国PPI预测如图13－11所示。

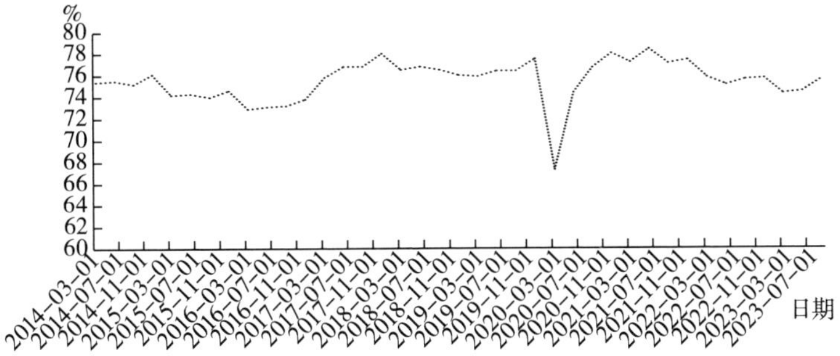

图13－10　中国工业产能利用率走势

资料来源：Wind数据库。

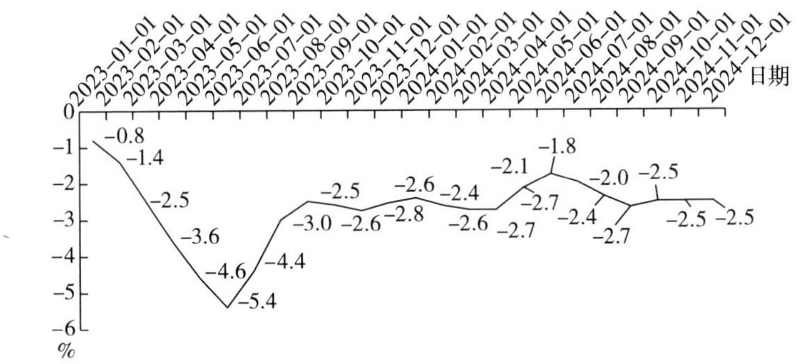

图13－11　2024年中国PPI预测

资料来源：Wind数据库。

2. 库存周期已到拐点

商品的转势会带动中国的库存周期出现一些积极的变化，这是2024年周期改善的第一要素。库存周期是宏观经济中隐形却十分重要的力量，而库存周期的形态却和价格周期之间的相关性甚大，这意味着，库存及价格并不是一个纯粹的因变量，一旦后续PPI企稳之后，会反作用于我们对经济的认知及经济的真实表现，经济也会因此变得更为乐观。图 13－12 为中国企业实际库存周期与工业品价格周期走势。

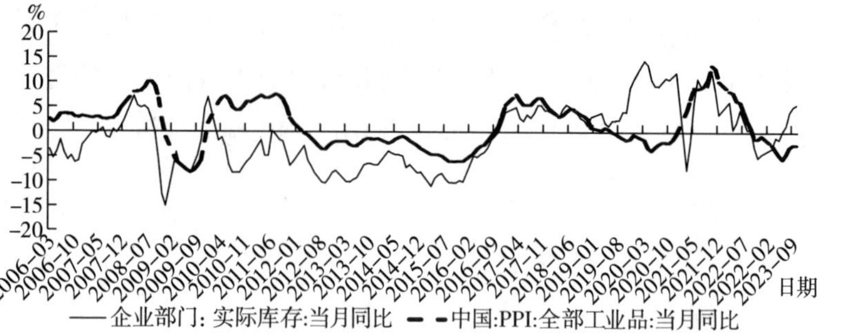

图 13－12　中国企业实际库存周期与工业品价格周期走势

资料来源：Wind 数据库。

（二）地产：周期比感觉要更稳

1. 理解周期的天性

关于地产，我们完全可以理解得简单一点。

一个行业在逻辑被破坏后，总有一个向合理中枢调整的过程，目前来看，这个调整的过程尚未结束，这也是我们对地产的体感较差的主要原因。就 2023 年来看，前 10 个月地产销售面积也只是调整到 2014—2015 年的水平，按照这个节奏推算，2023 年全年地产销售还能在 12 亿平方米左右，纵向来看，这个数据还是偏高的。地产销售面积走势如图 13－13 所示。

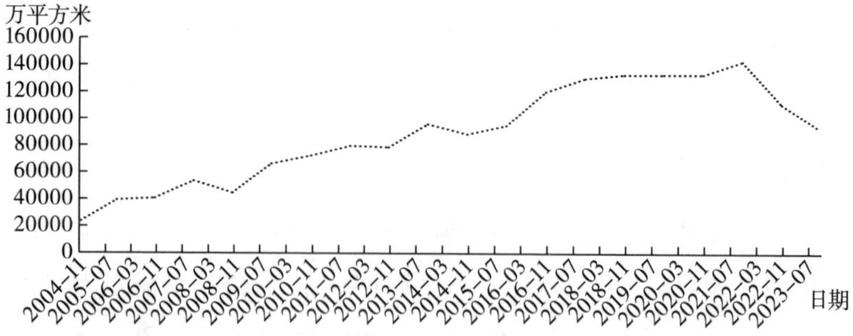

图 13－13　地产销售面积走势

资料来源：Wind 数据库。

基本面的调整更加靠前。其一，2014—2015 年正值适婚人口数的小高峰，而目前的适婚人口数已经降到 2004—2005 年水平（见图 13－14），且在适婚人口中，2023 年的成婚率也显著低于 2014—2015 年（见图 13－15）；其二，2014—2015 年正好处于二手房挂牌量向上的脉冲之中，这显示当时的地产预期和地产投资的热度高于当前（见图 13－16）。

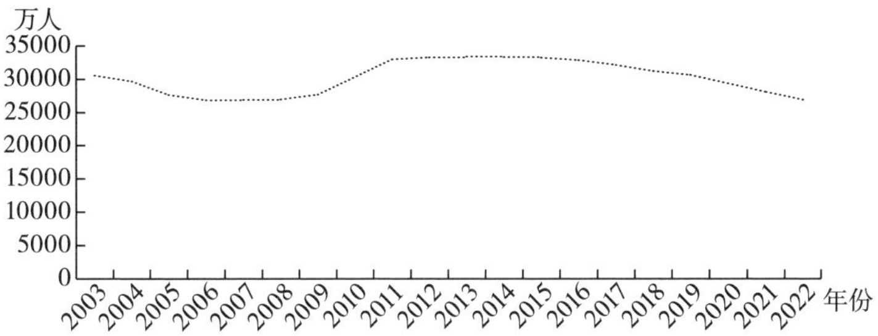

图 13－14　我国适婚人口数（20～30 岁）

资料来源：Wind 数据库。

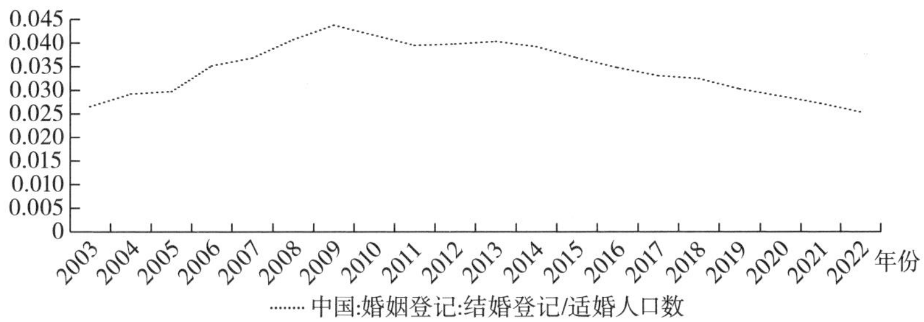

图 13－15　适婚人口中结婚人口的占比走势

资料来源：Wind 数据库。

但速度是另外一回事。周期的天性是：行业逻辑被破坏后，重建时随着其中枢逐步靠近合理中枢，其下降的速度是不断收敛的。从目前来看，这个过程虽然缓慢，但可能已经开始。2022 年第二季度后，商品房的销售速度就处于稳中微升的轨道之中，照此推算，2024 年地产销售可能会有约 20% 的去化速度（见图 13－17）。

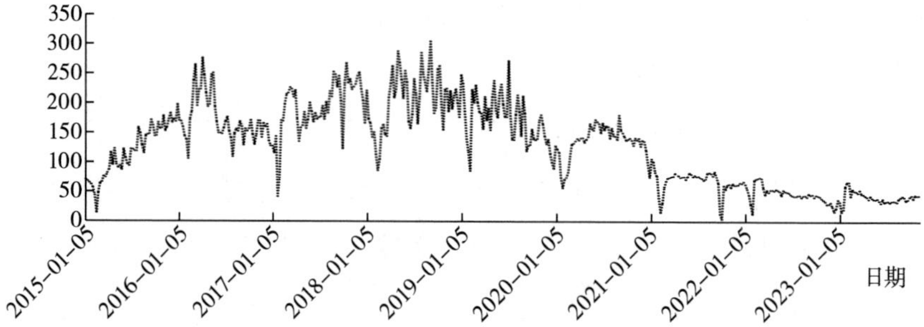

图 13－16　中国二手房出售挂牌量指数走势

资料来源：Wind 数据库。

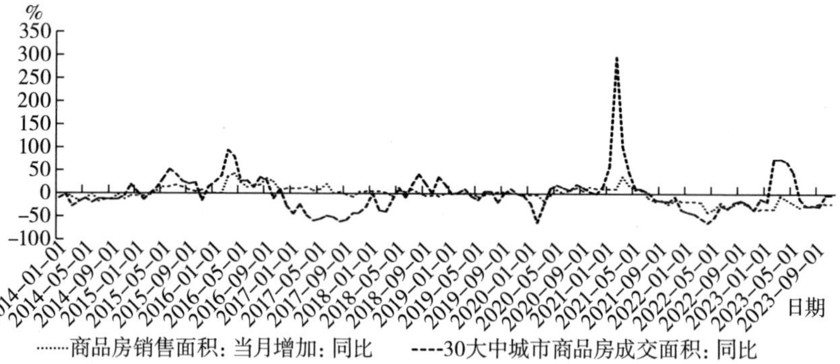

图 13－17　商品房销售面积情况

资料来源：Wind 数据库。

2. 地产投资的平坦化

地产投资不再是空间问题，而是信心及循环扭转问题。经过一段时间的努力，地产全行业的资产负债率已经降至 2016 年前后的水平。且在近年，一系列地产政策的宽松使得地产不再被坚决去杠杆，这些都是地产行业的资产负债表可以重新扩张的理由，至于地产为何不主动拉杠杆，究其原因应该是地产仍然没有从“销售回款下降—融资能力下降”的负向循环中走出来。地产行业资产负债率情况如图 13－18 所示。

这个负向循环更核心的原因应该是销售问题。虽然从目前来看，地产新开工的去化进度要领先于地产销售，但很明显，地产投资离彻底出清也有一段距离，因此，一则 2024 年的地产新开工极大可能仍然负增

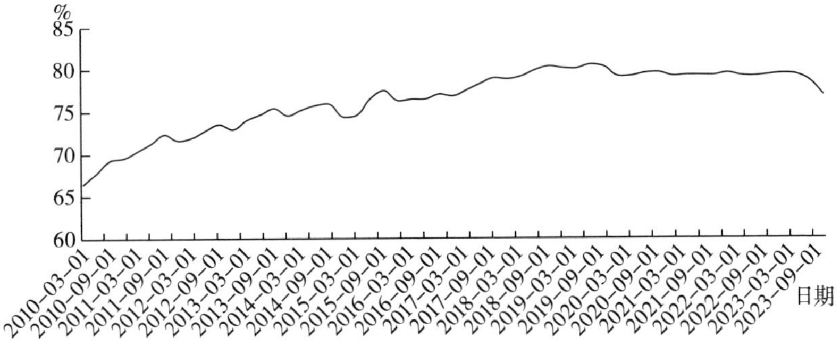

图 13－18　地产行业资产负债率情况

资料来源：Wind 数据库。

长，二则按照地产新开工的节奏与地产销售的节奏大体对应来看，2024 年地产新开工的负增长速度也在 20% 左右，如图 13－19、图 13－20 所示。

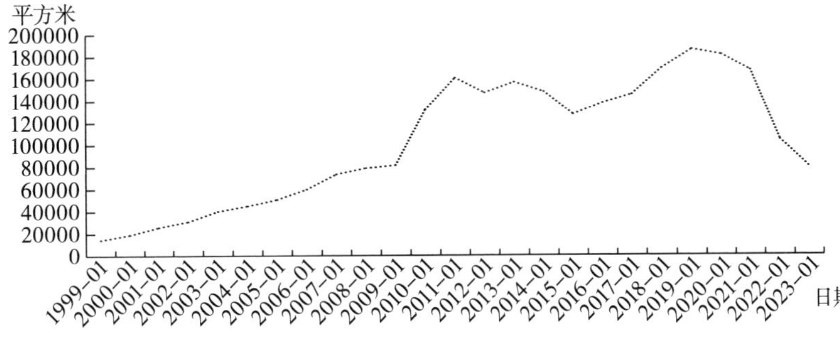

图 13－19　房屋新开工面积走势

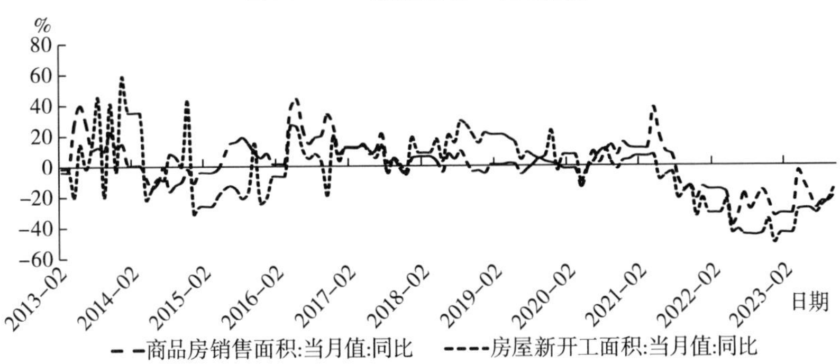

图 13－20　地产新开工面积与销售面积走势

资料来源：Wind 数据库。

地产投资在2024年虽不能完全变稳，但会明显变平。地产投资最核心的变量就是施工面积，从目前来看，新开工已经走过了2022年快速负增长的状态，这使得施工面积去化最快的时间也同步过去，无论是新开工还是施工面积，其在月度频率下的数据表现出偏积极的状态，这是地产投资变平的重要逻辑，如图13－21所示。

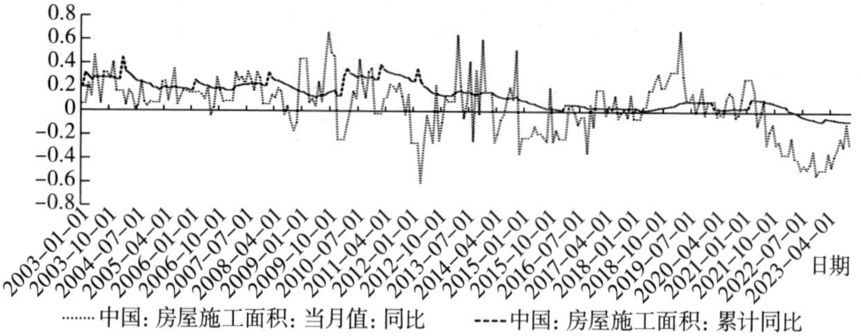

图13－21　房屋施工面积同比增速情况

资料来源：Wind数据库。

（三）金融周期日趋平缓

1. 经济压力不断减小，政策理应不再进击

如果2024年的经济基本面保持在当前位置，也是可以接受的。

目前的就业市场是饱和的。当前失业率已经降至2019年水平（见图13－22），就业人员平均工作时间也比2019年相应提升了5%（见图13－23）。虽然我们的经济增长速度不如2019年，但经济的增长快于劳动力的增长，说明当前的劳动力市场甚至紧于2019年，如果横向比较的话，美国的潜在失业率约为5%，其潜在增长率只有2.5%左右（见图13－24）。

通常认为潜在增长率并不是通过常规化政策就能解决的问题。很多人可能会说，考虑现在的通胀情况，目前的经济增长可能会略微低于潜在增长率，这个判断虽然准确，但我们也要清醒地认识到，当前国内经济仍然是工业导向型经济体，其产能有很强的刚性，当前我们的产能利用率的确回到了低位，但若想使产能利用率快速回升，除了强力去产能以外，办法并不多。因此，当前若尝试通过常规化政策让中国的经济增长完全回到潜在增长率的位置，可能是弊大于利的。

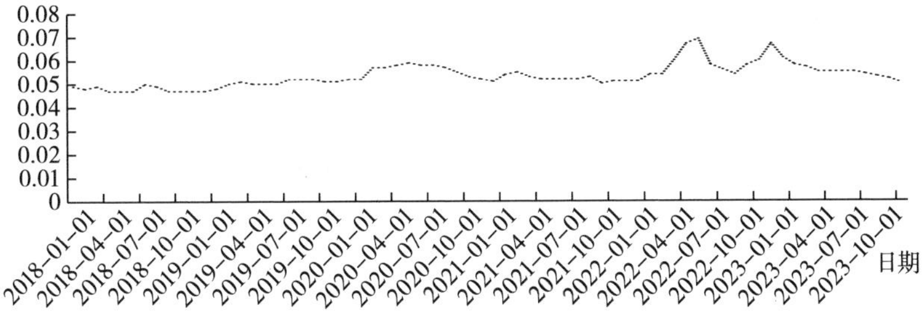

图 13－22　中国 31 个大城市城镇调查失业率情况

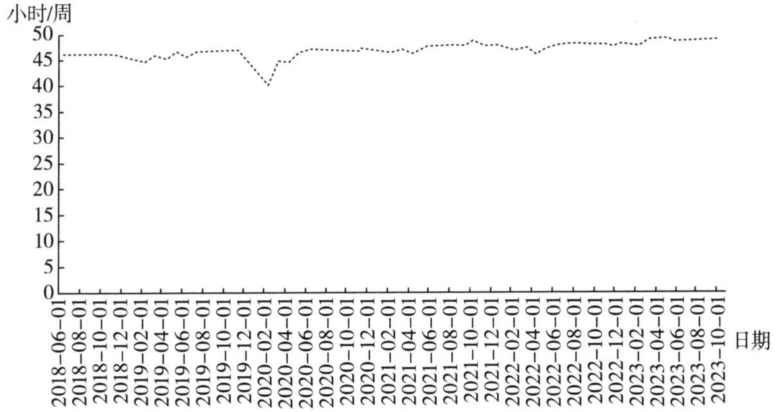

图 13－23　中国就业人员平均每周工作时长走势

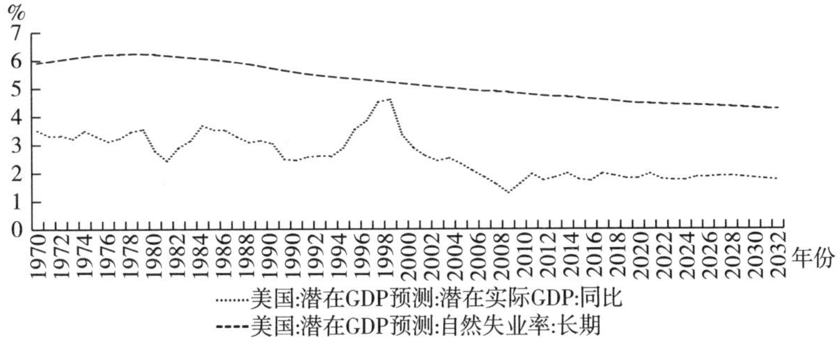

图 13－24　美国潜在失业率与潜在经济增长率走势

资料来源：Wind 数据库。

2. 经济目标偏高的情况下

度量 2024 年政策基调最重要的变数落到了经济增长目标问题上。2023 年我国完成经济增长目标的一个重要条件是 2022 年的经济基数问题，如果排除这个因素，2023 年完成的实际增长可能只有 4.2% 左右，这意味着，如果景气度持续平稳，2024 年我国的经济增长可能只有 4.2%。

2024 年的经济目标是否下调，成为一个非常关键的问题。按照经验规律，如果调整经济目标，一般调整的幅度是 0.5 个百分点，那么，如果可以把 2024 年的经济目标从 5% 调到 4.5%，其实政策压力不大，无论货币政策还是财政政策，都可以适当收紧。但如果 2024 年的目标仍然保持 5%，则政策的压力可能会偏大。中国政府目标 GDP 增速与实际 GDP 增速走势如图 13－25 所示。

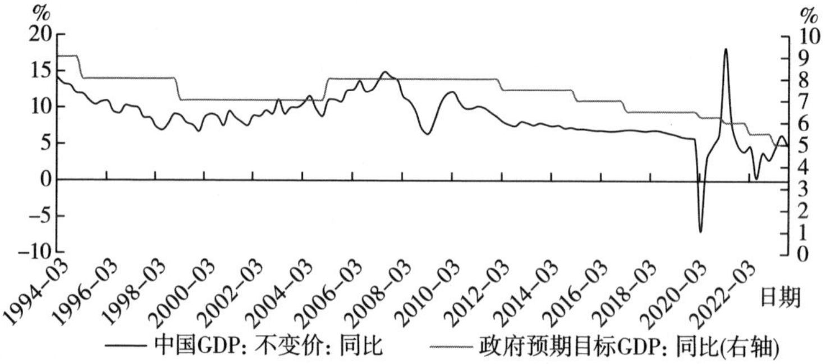

图 13－25　中国政府目标 GDP 增速与实际 GDP 增速走势

资料来源：Wind 数据库。

3. 重点关注基本面分析

政策的分界点在于经济周期，而不在于年底或年初的目标调整。如果当前和 2024 年在同一个经济周期阶段，那么大概能预测 2024 年政策的总基调。当前的货币政策及财政政策都不算宽松：一则货币政策并不宽松，2023 年资金利率的总体水平没有下降；二则财政政策也不宽松，虽然公共支出在加快，但基金性支出依然不在发力状态，导致基建的增长速度比年初收缩了近 4 个百分点。具体如图 13 - 26 至图 13 - 28 所示。

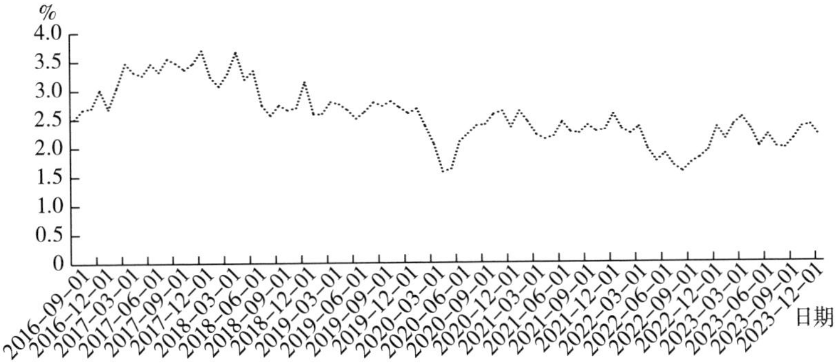

图 13 - 26　7 天期银行间质押式回购加权利率走势

资料来源：Wind 数据库。

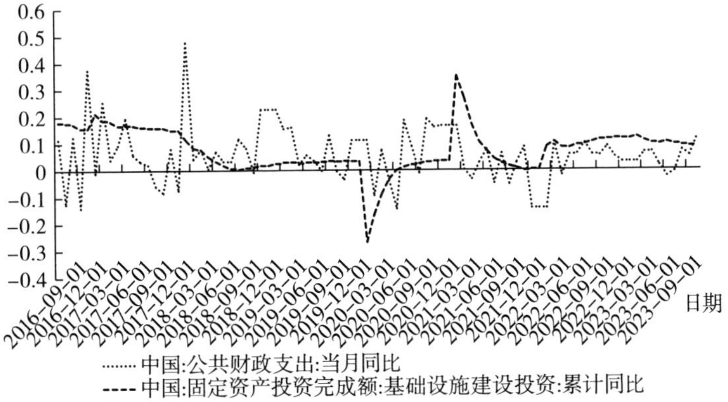

图 13 - 27　中国公共财政支出与基建投资情况

资料来源：Wind 数据库。

货币政策的目标可能会转向“控风险”。在 2023 年央行所释放的数次信号中，对“控风险”的强调要明显胜于“稳增长”。一个清晰的市场信号是：2023 年 8 月后，资金面受固有季节性影响，所呈现的颠簸比以往更高，这背后应是政策刻意在放大资金面的波动，以挤出套息盘。如果进行技术分析，我们会看到近些年一旦资金面加大波动（波动标准差升到 20% 以上），会伴随着经济相对乐观安全的情绪，由此可见，资金面波动率的变化背后映射着一些政策目标的调整，如图 13 - 29 所示。

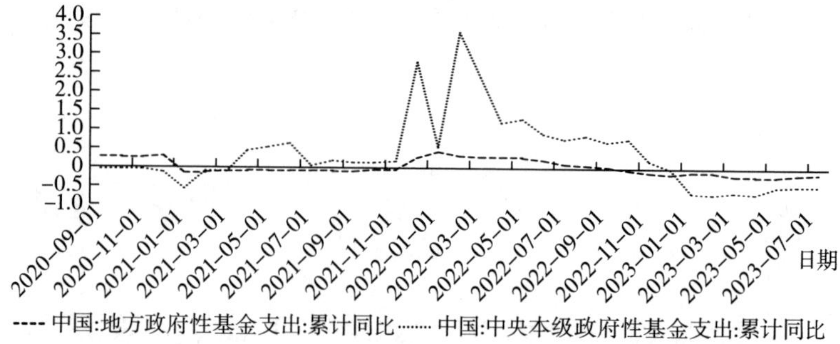

图 13－28　中国政府性基金支出情况

资料来源：Wind 数据库。

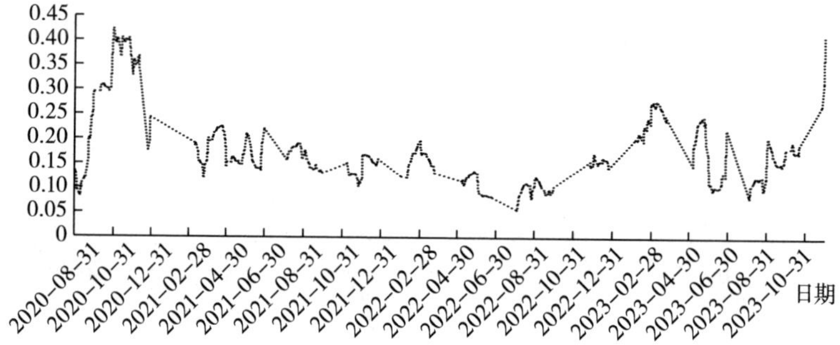

图 13－29　7 天期银行间质押式回购加权利率的波动标准差走势

资料来源：Wind 数据库。

但我们也不否认政策继续降准的可能性。从过往来看，一大部分“降准”政策的实施并非基于货币政策主动宽松的目的，而是基于 OMO 工具置换的目的。事实上，当 OMO 月到期量达到 4 万亿元以上时，继续往前滚动 OMO 工具就变得非常困难。而 2023 年进入下半年后，OMO 月到期规模甚嚣尘上，这也部分导致资金利率波动增加，也可能会导致接下来进入一段更加密集的降准期，虽然这可能不会对利率下降产生太大效用，如图 13－30 所示。

财政层面依然不可期待过多。即使在偏弱的基本面下，2023 年依然增加了化债的额度，从这一点看，守住财政及国家信用的底线应该还是一个极为重要的任务。此外，我们看到，在过往经典的经济复苏情境中，基建

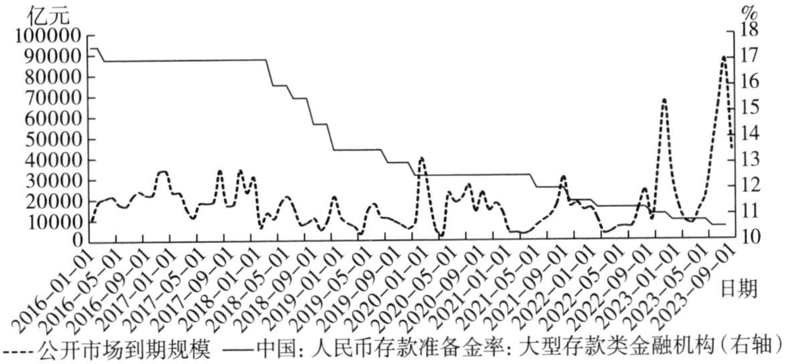

图 13－30　中国公开市场到期规模与存款准备金率走势

资料来源：Wind 数据库。

的作用充其量是托底，从未起到过决定性作用。从财政的惜力和克制来看，我们不必对 2024 年财政的角色期待过多。具体如图 13－31、图 13－32 所示。

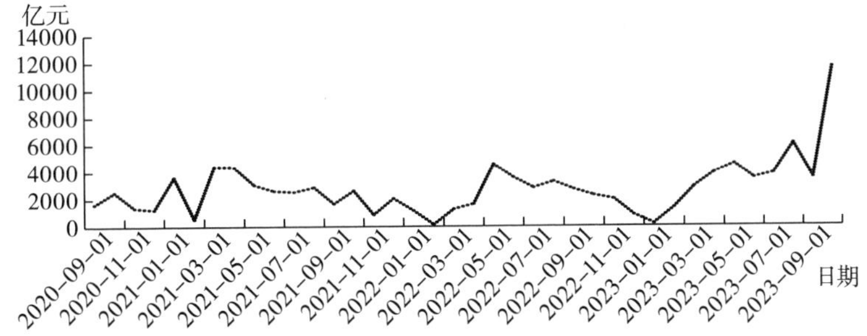

图 13－31　中国地方政府再融资债券发行情况

资料来源：Wind 数据库。

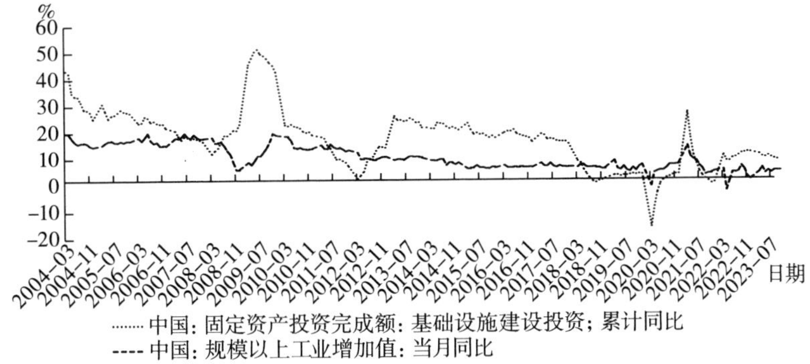

图 13－32　中国基建投资与经济增长走势

资料来源：Wind 数据库。

三、2024 年 A 股展望

（一）β 层面：预计上证指数以窄幅震荡为主

严格按周期来说，2024 年应该在一个风险偏好提升的阶段。但基础是宏观周期的斜率足够平，类似于 2012—2013 年上半年度，因此，低风险资产所面临的风险和高风险资产所面临的机遇都十分有限。

但我们必须认识到，2024 年的经济增长速度可能会比 2023 年有所回落，这种回落是技术性的，2022 年经济基数偏低，2023 年大约 1.1% 的经济增长是由低基数所导致，如果按照景气度变平进行预测，2024 年经济增长速度可能在 4.2% 左右，再叠加前文对 PPI 的预测，2024 年年末，对应的中国经济名义增长率可能在 1.7% 左右，如果对应在公司业绩上，上市公司总利润增长速度可能会在 2% ~3%（见图 13 -33）。

此外，如果货币政策保持平稳，金融周期可能不会出现太大变化，因此，狭义社会融资总量的增长速度在 2024 年预计会保持在8% ~9%。一方面，如果整个经济基本面的压力下降，会导致 2024 年的货币政策不一定大幅宽松，金融周期向上的空间极为有限；另一方面，若经济平稳，企业部门的融资需求不会出现大幅回落，这也限制了金融周期向下的空间。如果偏稳的金融周期落实在市场估值上，2024 年 A 股市场整体估值也不会出现大幅变化，预计上证 A 股的整体市盈率为 11 ~11.6 倍（见图 13 -34）。

如果按照这个预测去估计，权益市场在 2024 年不会发生太大程度的指数变化，全年可能会以震荡为主，上证指数的震荡区间应在 2950 ~3150 点。当然，在目前这个位置，从赔率的角度来讲，上证指数上行空间比下行风险更大，毕竟从目前看，宏观发生尾部风险的概率有限，但若地产的去化速度出现意外收窄，可能会推动企业业绩增长速度出现一些向上的空间。因此，在这个概率下，虽然指数没有可观的行情，但我们可以适度调升 A 股的仓位。

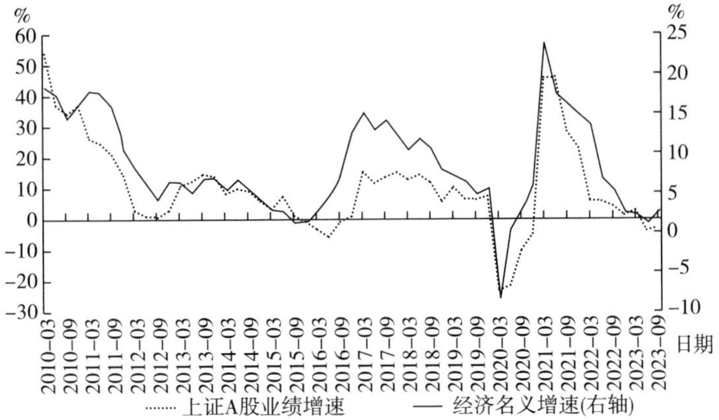

图 13－33　中国上市公司业绩与经济名义增长走势

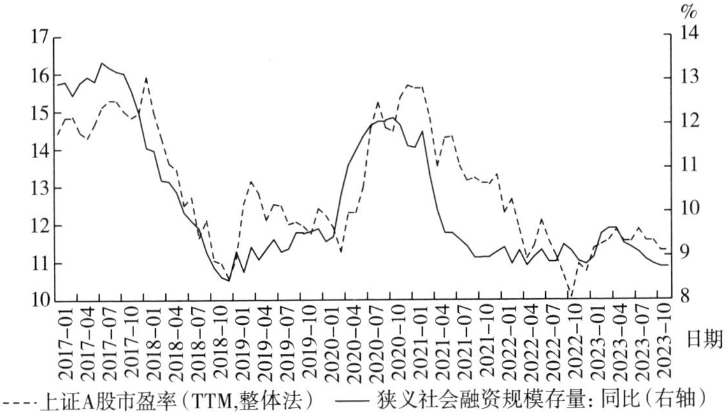

图 13－34　A 股估值水平与流动性水平走势

资料来源：Wind 数据库。

事实上，除了流动性水平，风险偏好同样会影响股市的估值水平，但是风险偏好难以预测，而且波动较大，虽然它也会影响股市的走势，但这种影响更多是短期的，并不会改变市场原本的运行轨迹。因此，我们暂时不考虑其影响。但是如果市场因为短时风险偏好的改变而偏离正常区间，会带来比较好的交易性机会，比如印花税调整、地产限购放松等政策出台带来的市场调整。

（二）α 层面：推荐微盘指数，以及半导体、新能源汽车行业

2024 年 A 股即使窄幅震荡，也仍存在所谓的结构性机会。

第一，微盘股仍然可以适度关注，这与 2012—2013 年上半年非常相似。回溯历史可以发现，当宏观基本面的弹性偏弱，场内资金偏向于存量博弈时，微盘股一般都会有超额收益。毕竟对于微盘股来说，其行情高度和流动性相关而不是与自身业绩相关。在流动性多于具体机会的情况下，流动性一般会寻找短时难以证伪或股价有弹性的赛道去抱团，而微盘股正好符合这两个特征。具体如图 13－35 所示。

第二，我们可以考虑一些具体且可验证的机会。

我们从两个角度进行推荐：一是考虑价格便宜且基本面尚可的行业，如半导体、新能源汽车；二是考虑政策支持的行业，主要是科技类，如 AI、云计算等。

其中，半导体作为一个高度全球化的产业，其业绩表现与全球经济景气度密切相关：如果全球经济周期向上，对半导体的需求就会增加，半导体行业的业绩就会出现上行；反之则反是。当前全球景气度已经由跌转平，这将会推动半导体行业业绩出现一些带有弹性的修复，这可能是来年股票市场中夏普比率十分合适的机会。而且，AI、云计算等新兴技术的迅猛发展对半导体产业也有推动作用。具体如图 13－36 所示。

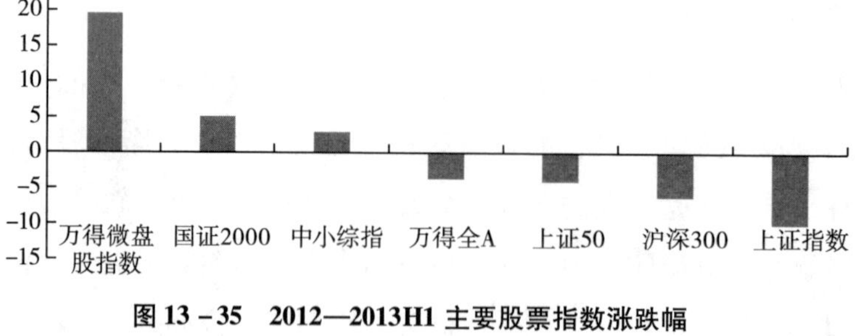

图 13－35　2012—2013H1 主要股票指数涨跌幅

资料来源：Wind 数据库。

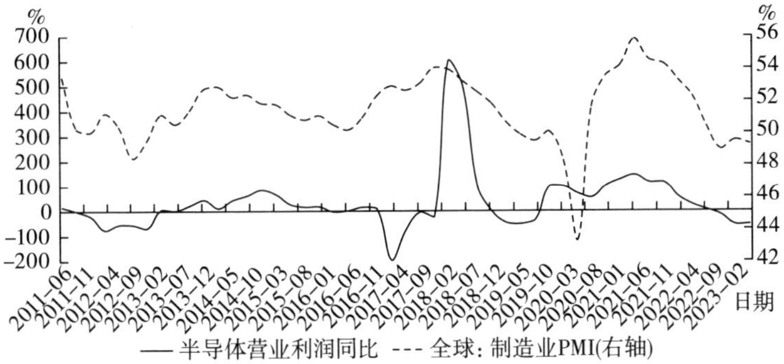

图 13－36　半导体行业业绩与全球制造业 PMI 走势

新能源汽车行业，无论是业绩还是估值，都和产（销）量密切相关。业绩和产量的相关性很好解释，毕竟产量的高低直接决定了企业的收入情况；而行业估值和产量也密切相关，说明产量会对投资者的预期产生显著影响。具体如图 13－37、图 13－38 所示。

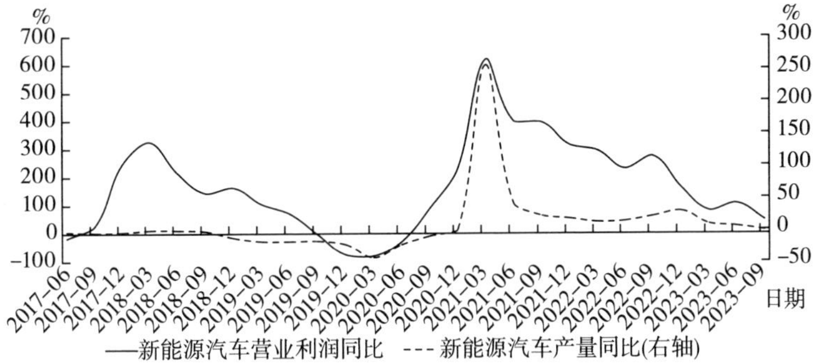

图 13－37　新能源汽车行业业绩与产量走势

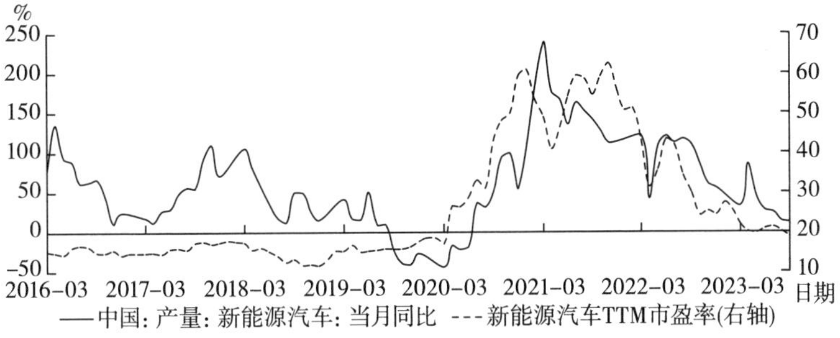

图 13－38　新能源汽车行业的估值水平和产量走势

如何预判新能源汽车的产量？我们发现原油价格的涨跌对新能源汽车产量的影响在历史上表现得非常清晰：原油价格的同比增速与新能源汽车产量的同比增速密切相关，当油价同比增速上行时，新能源汽车产量增速一般会出现一波向上的脉冲；反之则反是。如图 13 – 39 所示。

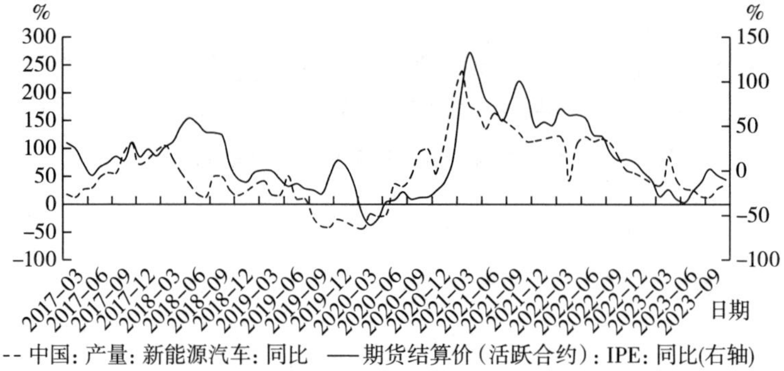

图 13 – 39　新能源汽车产量与油价走势

其中可能的解释是：原油这类传统能源的价格代表了新能源的替代成本。当原油价格上升时，驾驶传统燃油车的成本增加，人们会更加倾向于购买新能源汽车；反之，当油价下降时，传统车的使用成本降低，人们对购买新能源车的倾向也会下降。而油价本身存在周期性，在此带动之下，新能源汽车也具有了周期性。

按照当前的原油供需平衡差异推算，在 2024 年年中之前，原油价格的同比增速可能会先横盘震荡，后有所上升，这意味着传统燃油车使用成本的增加，从而会利好新能源汽车的销售。而销量的提高无论是对新能源车板块的业绩还是估值，都会产生正面影响，后续新能源车板块的景气度会出现上行，相关指数的价格表现向好。如图 13 – 40 所示。

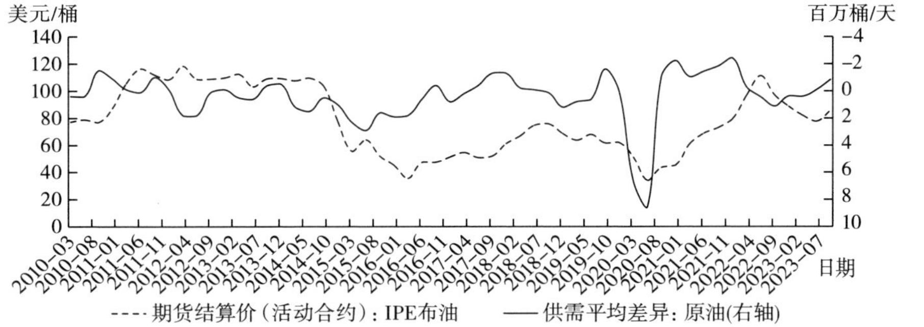

图 13-40　油价与原油供需缺口走势

第十四章　2024 年我国电力供需形势展望

吴姗姗　曲天词　汲国强　冀星沛[①]

一、2023 年我国经济和电力供需现状

（一）经济运行

2023 年以来，随着疫情防控较快平稳转段，我国经济总体处于疫后修复期，但外部不稳定不确定因素依然较多，国内需求仍显不足，经济运行依然面临困难和挑战。第三季度以来，随着宏观调控政策持续发力显效，国民经济持续恢复向好，生产供给稳步增加，市场需求持续改善，积极因素累积增多，高质量发展稳步提升。

国民经济总体恢复向好。前三季度，我国国内生产总值 913027 亿元，按不变价格计算，同比增长 5.2%，两年平均增长 4.1%，较上半年和第一季度分别增长 0.1 个、－0.6 个百分点。分季度看，第一、第二、第三季度同比分别增长 4.5%、6.3%、4.9%，第三季度较第二季度同比增速回落，主要源于上年基数抬升；两年平均分别增长 4.6%、3.3%、4.4%。分产业看，前三季度，三次产业增加值分别为 56374 亿元、353659 亿元、502993 亿元，同比分别增长 4.0%、4.4%、6.0%，近两年平均增速均为 4.1%，较上半年分别增长－0.2 个、0.4 个、0.1

① 吴姗姗，国网能源研究院有限公司，宏观经济研究室主任；曲天词，国网能源研究院有限公司中级研究员；汲国强、冀星沛，国网能源研究院有限公司专家。

个百分点，较第一季度分别增长 -0.7 个、-0.4 个、-0.6 个百分点。

装备制造业拉动工业生产加快恢复。2023 年 1—10 月，全国规模以上工业增加值同比增长 4.1%，较上半年和第一季度分别加快 0.3 个、1.1 个百分点。分三大门类看，采矿业增加值同比增长 1.8%，制造业增加值同比增长 4.5%，电力、热力、燃气及水生产和供应业增加值同比增长 3.3%。10 月，装备制造业增加值同比增长 6.2%，连续 3 个月回升，有力支撑了工业生产的增长。

固定资产投资规模继续扩大、结构持续优化。2023 年 1—10 月，全国固定资产投资（不含农户）419409 亿元，同比增长 2.9%。分领域看，受政策提振影响，基础设施投资、制造业投资分别增长 5.9%、6.2%；房地产开发投资下降 9.3%。高技术产业投资增长 11.1%，明显快于固定资产投资总体增速。

市场销售增长加快，餐饮消费恢复性增长特征明显。2023 年 1—10 月，社会消费品零售总额 385440 亿元，同比增长 6.9%。按消费类型划分，商品零售 343535 亿元，同比增长 5.6%；餐饮收入 41905 亿元，同比增长 18.5%。按商品类别划分，服装、金银珠宝、体育娱乐用品等升级类商品消费快速增长，增速分别达到 12.3%、12.0% 和 9.9%。全国网上零售额 122915 亿元，同比增长 11.2%。其中，实物商品网上零售额 103010 亿元，增长 8.4%，占社会消费品零售总额的比重为 26.7%。

出口增速年内承压下行。2023 年 1—10 月，我国出口金额为 19.55 万亿元（以人民币计，下同），同比增长 0.4%，较上半年、第一季度分别下降 3.3 个、5.7 个百分点。分国别来看，1—10 月，我国对美国、欧盟、日本出口同比分别下降 9.9%、5.0%、2.9%，对东盟出口同比增长 0.6%，增速较上半年分别变化 2.1 个、-5.0 个、-5.0 个、-8.0 个百分点，较第一季度分别变化 0.5 个、-5.3 个、-8.2 个、-27.4 个百分点，东盟仍为我国第一大贸易伙伴。对共建“一带一路”

国家出口同比增长 7.7%，高出整体增速 7.3 个百分点。

（二）电力消费

全社会用电量总体平稳增长。2023 年 1—10 月，全社会用电量 76059 亿千瓦时，同比增长 5.8%，两年平均增长 4.8%，较上半年和第一季度分别上升 0.9 个和 0.5 个百分点。从同比增速的年内走势看，第一季度全社会用电量同比增长 3.6%，增速环比上年第四季度上升 1.1 个百分点，疫情防控平稳转段后用电增速稳步恢复；第二季度全社会用电量同比增长 6.4%，受上年同期疫情导致的低基数效应影响，用电增速明显回升；7—8 月全社会用电量同比增长 5.2%，经济稳步恢复支撑全社会用电量实现平稳增长；在稳增长政策显效发力叠加上年低基数拉动下，9 月全社会用电量增速回升至 9.9%，增速创年内新高。

第二产业用电量仍是拉动用电增长的主要动力。2023 年 1—10 月，三次产业和居民生活用电量分别为 1077 亿千瓦时、49912 亿千瓦时、13800 亿千瓦时、11271 亿千瓦时，增速分别为 11.4%、5.8%、10.4%、0.4%，两年平均分别增长 10.6%、3.7%、7.3%、6.3%，较上半年分别变化 -0.6 个、0.9 个、0.8 个、1.0 个百分点，较第一季度分别变化 -0.5 个、0.2 个、2.1 个、0.5 个百分点。对全社会用电量增长的贡献率分别为 1.4%、65.6%、18.1%、14.8%。

工业用电量受基数影响保持较快增长态势。2023 年 1—10 月，全国工业用电量 49124 亿千瓦时，同比增长 6.0%，两年平均增长 3.9%，较上半年和第一季度分别上升 0.9 个和 0.1 个百分点。其中，采矿业用电量同比增长 3.2%，两年平均增长 2.6%，较上半年和第一季度分别上升 0.3 个和 0.8 个百分点；制造业用电量同比增长 6.5%，两年平均增长 3.7%，较上半年和第一季度分别上升 1.2 个和 0.8 个百分点。

工业用电结构持续优化。2023 年 1—10 月，高技术及装备制造业[①]用电量 8351 亿千瓦时，同比增长 10.3%，增速高于工业平均增速 4.3 个百分点，两年平均增长6.5%，较上半年和第一季度分别上升1.6 个、2.0 个百分点。其中，电气机械和器材制造业，汽车制造业，医药制造业，计算机、通信和其他电子设备制造业用电量均实现 10% 以上的增长，增速分别为28.1%、15.4%、10.8%、10.0%。仅仪器仪表制造业用电量负增长，增速为 -10.2%。

西北电网区域用电增速最高，华中电网区域用电增速最低。2023 年 1—10 月，各区域用电量增速从高到低依次为西北、华北（含蒙西）、南方、西南、华东、东北、华中电网区域，增速分别为 7.3%、7.0%、6.9%、6.0%、5.6%、4.9%、1.8%，两年平均分别增长 4.8%、5.2%、4.2%、6.2%、5.2%、3.2%、4.5%，较上半年分别增长 0.5 个、1.1 个、1.7 个、-0.1 个、0.9 个、-0.2 个、0.9 个百分点，较第一季度分别增长 -0.3个、1.0 个、1.1 个、0.4 个、0.8 个、-0.8 个、-0.1 个百分点。分省份来看，2023 年 1—10 月，15 个省份全社会用电量增速超过全国平均水平。排名前五的省份依次为：海南（16.7%）、西藏（12.4%）、内蒙古（12.0%）、宁夏（10.5%）、青海（10.2%）。

（三）电力供应

新增装机容量同比大幅增加，新能源占比超七成。2023 年 1—10 月，全国新增发电装机容量 25013 万千瓦，同比增加 12217 万千瓦。其中，水电新增 844 万千瓦，同比减少 930 万千瓦；火电新增 4372 万千瓦，同比增加 1638 万千瓦；核电新增 119 万千瓦，同比减少 109 万千瓦；风电新增 3731 万千瓦，同比增加 1617 万千瓦；太阳能发电新增 14256 万千瓦，同比增加 8432 万千瓦。

---

① 高技术及装备制造业包括：医药制造业，金属制品业，通用设备制造业，专用设备制造业，汽车制造业，铁路、船舶、航空航天和其他运输设备制造业，电气机械和器材制造业，计算机、通信和其他电子设备制造业，仪器仪表制造业 9 个行业。

受新能源快速发展提振，装机容量增速高于全社会用电量增速。截至 10 月底，全国 6000 千瓦及以上发电设备容量为 25.4 亿千瓦，同比增长 10.2%，增速高于全社会用电量增速 4.4 个百分点。其中，水电 3.8 亿千瓦，同比增长 3.9%；火电 13.7 亿千瓦，同比增长 4.3%；核电 5676 万千瓦，同比增长 2.2%；风电 4.0 亿千瓦，同比增长 15.6%；太阳能发电 3.1 亿千瓦，同比增长 39.3%。

发电量增速同比上升，火电发电量占比接近七成。2023 年 1—10 月，全国发电量 73330 亿千瓦时，同比增长 4.4%，增速同比上升 2.2 个百分点。其中，火电 51077 亿千瓦时，同比增长 5.7%，占全部发电量的 69.7%；水电 9805 亿千瓦时，同比下降 7.1%，占比 13.4%；核电 3587 亿千瓦时，同比增长 5.3%，占比 4.9%；风电 7050 亿千瓦时，同比增长 14.5%，占比 9.6%。从结构变化看，火电、风电、其他发电量比重同比分别上升 0.4 个、0.8 个、0.6 个百分点，火电发电量比重同比下降 1.7 个百分点，核电发电量比重同比基本持平。

（四）电力供需形势

2023 年迎峰度夏期间，除个别地区用电高峰时段电力供需偏紧外，全国大部分地区电力供需平衡，主要有以下两方面原因：

第一，各地区超前谋划、多措并举，提高了度夏期间电力供应能力，为迎峰度夏电力保供提供了有力支撑。各地通过加强机组运维管理、降低机组受阻率、挖掘各类电源顶峰能力、临时增购外来电等措施，有效保障了度夏期间电力供应，缓解了供需紧张态势。

第二，度夏期间多数省份最大负荷未达预期，为电力保供提供了较为宽松的外部环境。一方面，2023 年度夏期间尽管我国气候总体雨少温高，但空间分布差异大，主要经济人口大省受台风、强对流天气等影响，未出现上年同期连续极端高温天气；另一方面，受上半年国内市场恢复不及预期影响，部分地区重点行业用电增长动能乏力，一定程度上拖累了度夏最大负荷的增长。

二、2024 年影响我国电力供需的主要因素

（一）国际经济形势

全球经济增长整体放缓，各经济体间经济增速仍将持续分化。2023 年以来，全球通胀压力仍较大，美欧央行持续加息，全球经贸增长承压，但同时后疫情时期服务业恢复性增长对经济恢复起到一定支撑作用。美国受服务消费有力支撑，经济超预期增长；欧元区通胀水平仍较高，经济增长较为低迷；日本经济受内需和外需交替拉动，经济持续温和恢复；多数新兴市场经济体增长普遍放缓，个别国家陷入经济危机。随着通胀保持韧性，主要发达经济体货币政策风险仍然在堆积，而俄乌冲突仍然构成全球经济恢复的潜在风险。随着价格水平趋于回落、利率水平走高，美欧等发达经济体或将放缓乃至终结加息进程，但高利率仍将持续较长时间，或将触发金融和债务风险。多数新兴经济体内外部发展环境仍然严峻，经济增长乏力，更多国家或将陷入经济危机。预计全球经济增长在 2023 年内继续承压，2024 年将延续放缓态势，不排除经济衰退的可能性。国际货币基金组织（IMF）预计 2023 年全球经济将增长 3.0%，2024 年将增长 2.9%，增速均低于 3.8% 的历史（2000—2019 年）平均水平。

（二）国内经济形势

疫情防控平稳转段后，经济恢复呈现波浪式发展、曲折式前进的特征。具体来看，第一季度宏观政策前置发力，经济呈现回升向好态势。第二季度广义财政政策有所收敛，基建投资推进放缓，房地产市场恢复不及预期，经济复苏内生动力不足。2023 年 8 月以来，随着各项政策落地显效，宏观经济加快恢复。综合考虑当前我国积极的财政政策、兼顾发展和安全的产业政策、精准有力的货币政策等因素，预计 2024 年我国经济有望持续回升向好态势。

1. 投资

固定资产投资将保持平稳增长，有效益的投资持续扩大。政府投资的带动放大效应将进一步显现，大规模设备更新和节能减排降碳等发展新动能将促进制造业投资较快稳定增长；投融资机制创新有望支撑基建投资稳中有进；保障性住房和城中村改造工程持续推进，房地产风险有望通过融资环境改善得到稳妥化解。综合来看，预计 2024 年全年固定资产投资比上年增长 4.8%。

2. 消费

消费将从疫后恢复转向持续扩大，拉动经济增长的基础性作用继续增强。随着促进城乡居民收入增加和消费环境优化等政策的实施，数字消费、绿色消费等新型消费将不断壮大，新能源汽车、电子产品等传统消费也将协同发展，以质效标准提升为指引的消费品以旧换新有望成为新的增长点。综合来看，预计 2024 年全年消费比上年增长 5.0% 左右。

3. 外贸

我国出口将延续低速增长态势。我国将持续扩大高水平对外开放，服务、数字贸易等新动能有望进一步提升，但全球经济复苏缓慢，外需持续疲弱，我国出口将延续低速增长，预计 2024 年我国出口增长 3% 左右。

根据 2024 年国际环境变化趋势和逆周期调控政策力度及效果，设计高、中、低三种方案（情景）来分析 2024 年经济运行情况，如表 14－1 所示。

表 14－1　2024 年我国经济增速预测结果　　单位：%

预测结果	2024 年		
	高方案	中方案	低方案
GDP	5.5	5.0	4.5
第一产业	4.5	4.0	3.5
第二产业	5.0	4.5	4.0
第三产业	6.0	5.5	5.0

2024 年是“十四五”规划承上启下的关键一年，随着稳预期、稳增长、稳就业的政策落地见效，预计我国经济回升向好态势将得到巩固和增强，发展质量持续提高。综合考虑各方面因素，预计 2024 年我国 GDP 增速在 5.0% 左右的概率较大。

（三）重点行业

行业自律下黑色金属行业量降质升。2023 年下半年以来，随着稳增长政策效应逐步显现，预计制造业平稳发展，基础设施建设继续发力，房地产行业逐步趋稳。综合考虑房地产行业逐步趋稳，基建、制造业用钢需求持续增长，“双碳”目标约束下钢铁行业加快绿色发展等因素，预计 2024 年粗钢产量下降 2.0% 左右，黑色金属行业用电量增速约为 1.0%。

多重利好因素支撑有色金属行业平稳增长。2023 年国内电解铝运行产能接近 4554 万吨产能“天花板”，新增空间受限、新增产量主要依赖复产产能。展望 2024 年，消费侧传统产业利好政策持续加码，建筑领域用铝需求有望迎来改善；新能源绿色低碳转型持续推进，新能源产业快速发展有望拉动铝需求增长。预计全年电解铝产量将基本保持稳定增长，增幅收窄。预计 2024 年电解铝产量增长 2.8% 左右。根据电解铝在有色行业的占比情况，预计 2024 年有色金属行业用电量增速约为 2.7%。

建材行业多元化趋势明显，新动能有效支撑行业较快发展。2023 年下半年，随着基建投资继续加码，叠加“金九银十”开工旺季，水泥价格触底回升，行业生产边际改善。展望长期来看，水泥下游需求收缩，行业产能过剩，错峰生产成为常态，行业供给量将持续收缩。综合各方面因素，预计 2024 年水泥产量增长 1.0% 左右。考虑玻璃、碳化硅等新能源相关产业快速发展部分弥补了水泥的下行态势，预计 2024 年建材行业用电量增速约为 6.0%。

行业投资持续加大支撑化工行业良好增势。2024 年，国内经济持续恢复向好，下游房地产、汽车、家电、纺织等市场需求将修复回温，加之行业主动去库存趋近尾声，行业市场需求也将随之恢复向好。《石化化工行业稳增长工作方案》将为行业稳增长目标提供指导和支撑；但国际原油价格的波动及不确定性，或将直接从供给侧和间接从需求侧冲击我国化工行业。综合判断，预计 2024 年烧碱、化肥产量分别增长 1.5%、1.0%左右，预计 2024 年化工行业用电量增速约为 1.6%。

（四）气候气温

2024 年初阶段性强冷空气过程影响可能较大。据国家气候中心预测，厄尔尼诺现象预计将持续至 2024 年春季，后冬（2024 年 2 月）我国大部分地区气温接近常年，但冷暖起伏明显，冷空气活动趋于活跃，仍然可能再次出现阶段性降温雨雪天气，对年初的采暖负荷增长形成有力支撑。

预计 2024 年夏季我国大部分地区气温较常年同期偏高，其中江南、江淮、江汉地区高温可能较为显著。近年来北方夏季高温出现时间早、范围大、持续时间长的特点可能仍将持续。此外，厄尔尼诺现象对全球气温的影响通常在它发展后的一年显现出来，在全球变暖趋势叠加厄尔尼诺现象影响下，2024 年极端天气发生的频次将更多、范围更广、强度更大，从而有力拉动降温负荷增长。

（五）业扩报装

业扩报装新装增容容量较快增长。2023 年前三季度，国家电网经营区累计申请新装、增容容量同比上升 20.0%；完成新装、增容容量同比上升 29.0%；业扩报装减容、销户容量同比略有下降。业扩报装净增容量增速前三季度呈“倒 V”形趋势。前三季度，业扩报装净增容量同比增长 35.3%，第一、第二、第三季度增速分别为 16.3%、52.8%、40.3%，业扩较快增长将成为 2024 年用电需求增长的重要支撑。

（六）电煤供应

2024 年煤炭供应仍处于高位，煤价总体保持稳定。受煤炭库存处于高位、煤矿安全监管可能保持高压态势等因素影响，煤炭进一步增产空间有限，预计 2024 年煤炭产量较 2023 年持平或小幅波动。随着清洁能源发电占比进一步上升，预计煤炭消费量比上年增长 1% 左右。国家煤炭增产保供措施力度不减，预计 2024 年煤价继续运行在合理区间内，将对煤电保障供应形成有力支撑。

三、2024 年我国电力供需预测

（一）电力需求预测

2024 年，根据经济增长的三个方案，综合考虑宏观经济、重点行业、气候气温、业扩报装、电煤供需等各方面影响因素，设置三个用电增长方案，预计全国全社会用电量为 9.7 万亿 ~9.9 万亿千瓦时，比上年增长 5% ~7.5%。2024 年全社会用电量增速预测如表 14 – 2 所示。

表 14 – 2　2024 年全社会用电量增速预测　　单位:%

预测结果	2024 年		
	低方案	中方案	高方案
全社会	5.0	6.0	7.5
第一产业	9.1	10.1	11.6
第二产业	4.0	5.0	6.3
第三产业	8.4	9.4	11.3
居民生活	5.7	6.7	8.7

综合考虑边界条件出现的可能性，推荐方案为中方案。在该方案下，预计全社会用电量为 9.8 万亿千瓦时，增长 6%。

分部门看，第一产业用电量受农业现代化、电气化拉动影响，延续近年来较快增长态势，预计比上年增长 10.1% 左右；全球经济复苏和内需恢复拉动下工业延续稳定恢复态势，第二产业用电量预计比上年增长5.0%左右；疫情“疤痕效应”消退，居民消费能力和消费意愿提高，消费增速进一步回升，拉动第三产业用电量保持快速增长，增速约为9.4%；家庭电气化水平持续提升，支撑居民生活用电较快增长，预计居民生活用电量增速约为6.7%。三次产业及居民生活用电的贡献率分别为2.3%、53.9%、27.8%和16.0%，第二、第三产业和居民生活对用电增长的贡献率较上年更趋均衡。

分区域看，2024年，华北（含蒙西）电网区域在“双碳”目标推动下产业结构持续转型升级，同时高耗能行业仍然发挥用电增长托底作用，预计华北电网区域全社会用电量比上年增长4.7%～7.2%，增速呈稳中趋缓态势。华东电网区域外向型经济占比较高，外需疲弱、产业链转移等因素虽对地区经济增长产生一定不利影响，但随着全球经济缓慢复苏和内需温和恢复，地区经济整体仍保持平稳向好态势，支撑全社会用电量保持平稳增长，预计华东电网区域全社会用电量比上年增长4.3%～6.8%。华中电网区域经济仍延续疫情后逐步恢复态势，在各项稳经济政策发力作用下，工业生产较上年有所恢复，消费能力和消费信心回升，支撑用电量在上年低基数下增速进一步回升，预计华中电网区域全社会用电量比上年增长4.7%～7.2%。东北电网区域在新时代东北全面振兴背景下产业结构持续转型升级，经济呈恢复性向好态势，支撑用电量保持平稳增长，预计东北电网区域用电量增速为4.6%～7.1%。西北电网区域继续发挥资源禀赋和地理区位优势，承接中东部地区产业转移，重点行业受市场需求恢复拉动有望进一步回暖，经济增长潜力继续释放，预计西北电网区域用电量增速为5.7%～8.2%。西南电网区域经济延续近年来较快增长态势，在成渝城市群崛起带动下用电保持较快增长，预计全社会用电量比上年增长6.2%～8.7%，增速在各区域处于领跑地位。南方电网区域区位、产业链、技术等优势突出，经济保持平稳向好态势，支撑用电量较快增长，预计南网全社会用电量比上年增长 5.6% ~8.1%。

（二）电力供应预测

预计 2024 年全国新投产发电装机容量比上年增长 17.6%，创历史新高。分类型看，水电、火电、核电、风电、太阳能和新型储能新投产装机容量分别比上年增长 26.9%、3.3%、92.3%、46.9%、-0.1%、12.8%。分区域看，西北、华北、南方电网区域新增装机规模较大，占全国新增装机总容量的比重分别为24.0%、20.7%、18.6%；其次是华东、华中、东北电网区域，新增装机比重分别为 12.1%、10.5%、8.7%；西南电网区域新增装机规模较小，占全国的比重为5.3%。

预计 2024 年年底全国发电装机容量比上年增长 14.7%，增速较上年上升0.8 个百分点。其中，水电、火电、核电、风电、太阳能和新型储能发电装机容量分别比上年增长 2.6%、4.7%、8.0%、26.0%、35.8%、85.3%，其中火电占比约为43.0%。分区域看，华北电网区域装机规模依然最大，占全国装机总容量的比重为22.7%；其次是南方、华东、西北、华中电网区域，占全国的比重分别为 17.3%、17.1%、17.1%、12.6%；东北、西南地区规模较小，占全国的比重分别为7.7%、5.7%。

（三）电力供需形势预测

预计 2024 年迎峰度夏、度冬期间，全国电力供需平衡偏紧，局地高峰时段电力供需紧张，可能存在电力缺口。考虑充分发挥跨省跨区互济支援能力后，电力缺口将得到一定缓解。若出现燃料供应不足或大范围极端天气，用电高峰时段电力缺口将进一步扩大。

四、相关建议

2023 年迎峰度夏期间，除个别地区用电高峰时段电力供需偏紧以外，全国大部分地区电力供需平衡，总体好于预期。一方面，度夏期间多数省份最大负荷未达预期，为电力保供提供了较为宽松的外部环境；

另一方面，各地区超前谋划、多措并举，提高了度夏期间电力供应能力，为迎峰度夏电力保供提供了有力支撑。2024 年，影响电力供需形势的因素依然复杂，不确定性进一步加剧，因此针对未来一段时期全国电力供需形势，提出以下建议：

一是做好一次能源监测预警。加强煤炭、石油、天然气等能源供、耗、存监测，加强水、风/光跟踪监测，提升水情预报准确性；完善能源安全信息沟通制度，加强能源安全应急保障制度建设，对安全警戒线下的供应主体企业进行必要的监督考核，保障能源安全供应和国民经济稳定运行。

二是加强保障性、支撑性电源规划建设和运维。结合各地区电力供需形势，加快已纳规的常规电源审批及开工建设，保障已建成的常规电源顺利并网；加快流域龙头水库和年季调节水库的建设，提升流域水电长周期调节能力；合理安排机组检修计划，加强机组运行管理，减少非计划停机，降低机组受阻率，保障各类型电源稳发满发。

三是提高新能源消纳能力。加强风电、太阳能等新能源发展规划，进一步明确新能源新增建设规模、装机布局和开发时序；加快推进跨区跨省特高压通道建设，提升东北、西北等电网区域新能源送出能力；加强系统调峰能力建设，加快推进传统电源灵活性改造，同时出台政策支持电源调节作用的发挥，支持“新能源 + 储能”发展模式，不断拓展清洁能源消纳空间。

四是加大负荷侧调节资源挖潜力度。明确各级政府、电力企业、电网企业、电力用户等各方职责，进一步理顺负荷管理衔接机制；持续优化峰谷分时电价政策，全面推进居民峰谷电价，挖掘政策协同效果，最大程度调动负荷侧资源合力；强化对电力负荷资源的市场化管理，多渠道拓宽需求响应补贴资金来源，挖掘需求侧资源潜力；出台专项支持政策，引导培育电动汽车、分布式储能等优质电力负荷资源参与需求响应。

第十五章　能源转型背景下全国及区域煤炭供需安全保障研究

张欣桐　田惠敏 ①

当前，我国经济社会发展面临的内外部形势正在发生深刻而复杂的变化，在世界百年未有之大变局与世纪疫情交织叠加背景下，国际政治经济的新局势、我国经济发展的新态势与“双碳”目标能源转型的新进程，对保障我国能源安全带来更艰巨的挑战与提出更高的要求。从全球形势来看，经济全球化迅猛发展加速推动了世界多极化进程，国际力量对比深刻调整，大国博弈、地缘冲突、区域争端频发引发国际能源格局动荡，未来影响全球能源供需与我国能源安全的不稳定性、不确定性风险递增，我国能源安全问题日趋国际化。从国内发展趋势来看，我国经济已从高速发展阶段进入高质量发展阶段。2021 年我国制造业增加值达到 33. 5 万亿元，已连续 13 年位居世界第一，在全球的比重由 2010 年的 19. 8% 增长到接近 30% ②。作为制造业大国，我国以制造业为代表的实体经济能不能实现由大到强的跨越，关系经济高质量发展全局，转变发展方式、优化经济结构、转换增长动力都需要保障能源安全、调整能源结构。从国际能源变革来看，全球第三次能源转型在碳中和背景下加速推进，2030 年前碳达峰和 2060 年前碳中和目标已经成为我国的重

---

① 张欣桐，宁波财经学院工商管理学院讲师，中国矿业大学（北京）管理学博士；田惠敏，副研究员，经济学博士，国家开发银行规划研究院。

② 数据来源于工业和信息化部。

大国家战略目标。在“双碳”背景下，低碳转型步伐加快势必会加速能源结构实质性重塑，化石能源与清洁能源用能结构深刻调整过程对保障能源安全蕴藏着新的风险。

新形势下，保障国家能源安全的重大现实意义与全局战略重要性愈加凸显，上升为具有极端重要性的国家战略。2022 年 3 月《政府工作报告》中将“能源安全”升至与“粮食安全”同等重要的战略高度。基于我国以煤为主的基本能源国情，立足国内、强化能源安全底线思维，深刻认识在“双碳”目标推动能源结构不断调整进程中，在外部环境深刻变化形势下，在经济高质量发展构建现代化能源体系过程中，均需要煤炭作为“压舱石”与“稳定器”，充分发挥其在能源结构转型中的过渡桥梁功能与在国家能源安全中的兜底保障作用。新时代以来，以习近平同志为核心的党中央提出了“四个革命、一个合作”能源安全新战略，引领我国迈向能源高质量发展新阶段。能源安全是经济发展的前提，针对我国能源安全与煤炭供应安全保障，习近平总书记多次做出重要指示，在中共中央政治局第三十六次集体学习会议上发表重要讲话，“要坚持统筹谋划，在降碳的同时确保能源安全”。在山西省考察调研时提出：“要夯实国内能源生产基础，保障煤炭供应安全，统筹抓好煤炭清洁低碳发展、多元化利用、综合储运这篇大文章，加快绿色低碳技术攻关，持续推动产业结构优化升级。”在十三届全国人大五次会议内蒙古代表团审议时强调，“富煤贫油少气是我国的国情，以煤为主的能源结构短期内难以根本改变。实现‘双碳’目标，必须立足国情，坚持稳中求进、逐步实现，不能脱离实际、急于求成”。在能源低碳转型背景下，煤炭行业不仅仍存在因市场投机炒作行为推高煤价、市场机制不健全引发失灵状态、国际外部形势变化影响煤炭进口等传统问题，还面临着煤炭产需空间格局进一步调整、电力行业煤电调峰压力加剧等新型挑战。在能源转型进程中，如何采取有效路径措施保障全国及区域煤炭供需安全，对于保障煤炭、煤电安全稳定供应，推动煤炭行业高质量发展，并充分发挥煤炭在国家能源安全中的兜底保障作用具有重要的研究价值与现实意义。

一、深刻认识煤炭在能源低碳转型中的重要兜底作用

（一）以煤为主的我国能源国情短期内难以根本改变

能源安全作为国家安全的重要组成部分，是保障国民经济社会稳定、可持续发展的命脉，也是促进经济高质量发展的“工业粮食”。长期以来，煤炭一直在我国能源生产与能源消费结构中占据主导地位，为我国经济社会快速发展注入了强大动力，做出了巨大贡献。自新中国成立至2023年年底，煤炭行业累计贡献约1057.2亿吨煤炭，煤炭年产量由1949年的3432万吨，到1978年的6.8亿吨，到2023年的46.6亿吨，支撑了我国国内生产总值由1978年改革开放初期的3645亿元逐步跃升至2023年的126.1万亿元的世界第二经济总量①。煤炭作为我国自我保障程度最高的基础能源，其资源禀赋、生产能力、消费比重、自主保障、电力供应、产业升级等优势决定了我国以煤为主的能源国情在短期内不会发生根本变化。

从能源资源禀赋来看，“富煤，贫油，少气”是我国能源赋存条件的基本特征。在全国已探明的化石能源资源储量中，煤炭占比为94%左右，远超石油、天然气可供储量。自然资源管理部门数据显示，截至2022年年底，我国主要能源矿产中，煤炭资源储量2070.12亿吨，石油储量38.06亿吨，天然气储量65690.12亿立方米。资源禀赋决定能源供需结构，煤炭对国民经济发展的支撑作用在未来较长时期内不会发生根本变化。

从能源生产能力来看，我国具有全球最大的煤炭生产能力。截至

① 文中数据除另有注明外，均来源于《中国统计年鉴》、国家统计局官方网站或作者根据其数据计算而得。

2021 年年末，全国煤矿生产能力超过 44 亿吨/年，产能在 120 万吨/年的大型煤矿产量占比达到 85% 左右。我国原煤产量在能源生产总量中仍占据绝对优势，2022 年中国一次能源生产总量为 46.6 亿吨标准煤，同比增长 9.2%，原煤产量同比增长 10.5%，原油同比增长 2.9%，天然气同比增长 6%。

从能源消费结构来看，煤炭消费仍占据主体能源消费地位。近年来，尽管我国煤炭在能源消费结构中的占比逐年下降，近十年来平均每年下降 0.8% ~1%，非化石能源的比重逐年上升，但煤炭在我国一次能源消费中的比重仍然在 50% 以上，2022 年我国煤炭消费量占能源消费总量的 56.2%。

从能源对外依存度来看，相比石油、天然气，煤炭对外依存度处于较低水平。我国石油、天然气对外依存度过高，并整体处于攀升趋势，在当前复杂严峻的世界格局与国际形势下潜藏着威胁我国能源安全的重大隐患。2022 年我国原油进口量为 5.08 亿吨，对外依存度高达 71.2%，远超 60% 能源安全警戒线；天然气进口量为 1507.6 亿立方米，对外依存度为 40.9%。而我国煤炭的自给率超过 90%，自主保障能力强，2022 年进口量为 2.93 亿吨，同比下降 9.2%。

从电力生产供应结构来看，我国是全球最大的电力生产与消费国家，火力发电是最主要的电力来源，煤电是我国电力供应的基础。2022 年全国发电总量 88487.1 亿千瓦时，其中火力发电量为 58887.9 亿千瓦时，占比为 66.5%。截至 2022 年年末，全国发电装机容量为 25.64 亿千瓦，其中火电装机容量为 13.32 亿千瓦，占总发电装机容量的比重为 51.95%，而煤电装机容量为 11.2 亿千瓦，占火电装机容量的 84.08%，煤电以 43.7% 的装机占比承担了全国 58.4% 的发电量。

从煤炭行业转型升级来看，随着煤炭产业结构调整、优质产能释放、产供储销体系优化，煤炭绿色开采与清洁高效利用等核心技术的创新与应用，将进一步推动我国煤炭行业高质量发展，这将在时间维度上延伸煤炭的主体能源地位。总体上，我国85%以上的煤炭消费已经基本实现清洁高效利用和超低排放，接近90%的燃煤发电机组实施了超低排放①。2022年我国原煤入选率为69.7%，矿井水综合利用率为79.3%，土地复垦率达到57.8%，大型煤炭企业原煤生产综合能耗下降到9.7千克标煤/吨②。

（二）煤炭在低碳转型过程中的兜底保障作用不可替代

强化底线思维，全面提升我国能源安全保障能力，是应对当前及未来能源安全形势变化的前瞻指引。立足国情、稳中求进，深刻认识煤炭的主体能源地位，夯实煤炭安全兜底保障基础，提升煤炭供需保障能力，是新形势下推动能源转型平稳过渡、保障能源安全稳定供应的必然选择。2021年12月10日，习近平总书记在中央经济工作会议上指出，"传统能源逐步退出要建立在新能源安全可靠的替代基础上。要立足以煤为主的基本国情，抓好煤炭清洁高效利用"。2023年12月30日，全国能源工作会议上煤炭兜底保障作用继续被置于首位，提出全面增强煤炭安全增产保供的能力和韧性。新观点、新要求为新形势下能源安全战略实施明确了具体方向，要深刻认识并充分发挥煤炭在保障能源安全中的重要兜底作用。在"双碳"目标持续推进背景下，能源结构低碳转型过程要坚持稳中求进，既要绿色清洁更要保障安全。"双碳"目标促使我国能源结构变革、能源低碳转型步伐加快，但在我国清洁低碳、安全高效的现代能源体系尚未形成之前，实现高水平的供需动态平衡还需要一个过程。清洁能源消费比例的不断提升与煤炭等化石能源消费比例的下降同步进行，用能结构深刻调整对我国能源稳定供应潜藏着新的不确定性。新能源天然存在的季节性、间歇性、波动性等自身局限与储能等技术短板问题，以保障能源安全为前提，传统能源逐步退出必须建立

① 数据来源于煤炭工业协会，或作者根据其数据计算而得。

② 数据来源于《"十四五"煤炭工业发展规划》。

在新能源可靠供应、平稳过渡、安全替代的基础上，因此，能源转型过程需要我国自主保障程度最高的基础能源煤炭来发挥重要的兜底保障作用。

二、煤炭产需均居高位，市场供应多处于相对偏紧状态

我国煤炭生产与消费规模均居高位，需求仍然强劲，但煤炭全社会库存水平较低，市场供需形势多处于供应相对偏紧状态。从煤炭供应来看，2000 年以来，中国原煤总产量整体呈增长趋势，在市场和政策影响下 2013—2016 年出现一定幅度的回落，之后稳步增长。2020 年，国内内蒙古涉煤腐败倒查 20 年、煤炭落后产能退出以及全球新冠疫情暴发等复杂形势等对我国煤炭生产造成一定影响，产能在部分时段受限、市场供应紧张，虽然全年原煤生产总量稳中有升，但增幅较小，2021 年原煤产量 40. 7 亿吨，同比增长 5. 9% ，如图 15 – 1 所示。

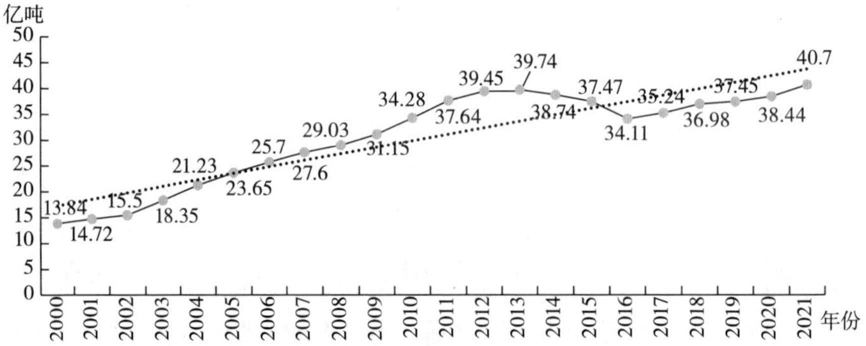

图 15 – 1　2000—2021 年我国原煤产量

资料来源：国家统计局。

从煤炭消费来看，2000 年以来，我国煤炭消费总量整体呈现增长趋势。近年来，在国家产业政策的支持和引导下，能源多元化取得显著成效，清洁能源对化石能源的替代作用逐渐增强，煤炭消费在能源消费中的占比持续降低，由 2011 年的 70. 2% 降至 2021 年的 56% ，但消费规模仍高达 40 亿吨左右，如图 15 – 2 所示。2015 年我国煤炭消费量为

39.98 亿吨，2020 年为 40.4 亿吨，年均增长 0.2%。2021 年中国的煤炭消费量为 42.2 亿吨，增长了 4.5%，为 10 年来最强劲的增长率，刷新历史最高水平。

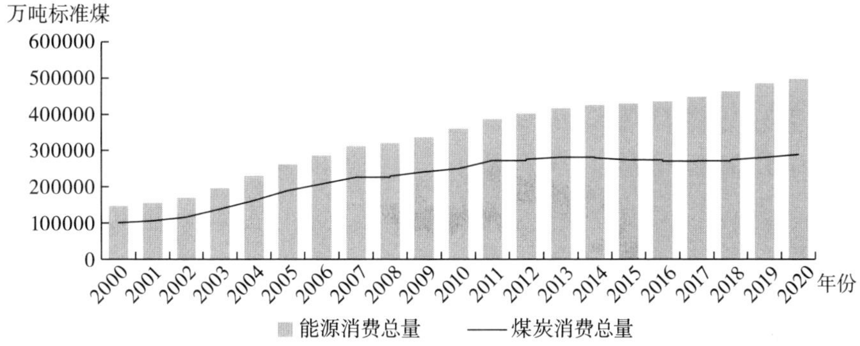

图 15－2　2000—2021 年我国能源消费与煤炭消费量

资料来源：国家统计局。

煤炭社会库存水平及其变化是由煤炭供给与需求的相对波动决定的，同时又能够作用于供需关系并反映供需形势。从存量数据来看，近年来相比我国 40 亿吨左右的煤炭消费体量，我国全社会煤炭库存量多处于较低水平，且在部分时段、部分地区尤为不足。主要环节煤炭库存水平方面，与国际上其他煤炭消费国家相比，我国煤炭生产企业、主要耗煤行业及主要港口的煤炭库存水平也相对较低。以作为煤炭社会库存主要部分的电厂常态煤炭库存为例，我国的电厂常态存煤一般为 15～20 天的平均耗煤量，而对比国际上的电厂库存规模一般为 40～50 天的消费量。进一步结合煤炭库存差额数据来看，2000 年以来，我国煤炭年初、年末库存量差额仅在 2005 年、2006 年、2015 年、2016 年和 2017 年 5 个年份中为正值，其余年份均为负值，表明我国煤炭库存水平普遍不足，且煤炭市场供需形势多处于供应相对偏紧状态。

三、我国煤炭市场供需安全存在的主要问题

（一）煤炭价格脱离基本盘冲击煤炭市场与电力行业

近年来，在全球新冠疫情、国际竞争与摩擦、能源低碳转型、能源市场动荡、市场投机炒作、多方主体博弈、煤炭产能受限、煤电供需冲突等内外部多重因素冲击和影响下，我国煤供应相对不足、市场供需发生阶段性失衡，并引发煤炭市场价格剧烈波动。自 2006 年电煤价格双轨制终结后，在煤炭资源整合和煤炭行业市场化改革进程中，煤炭价格随着市场供需变化波动成为常态。2020 年以来，在世纪疫情暴发背景下，诸多因素叠加导致我国煤炭市场供需形势由宽松到偏紧状态，在全球大宗商品发生集体涨价潮及资本市场炒作投机行为的作用下引发煤炭价格脱离市场供需基本盘，煤价发生剧烈起伏并多居高位。2021 年第二季度开始，疫情恢复期间伴随着电煤需求旺盛，而供给端煤炭供应相对不足，国内动力煤期货主力合约价格在高位继续攀升，在 2021 年 10 月中旬达到 1982 元/吨的历史最高位，对电力行业、工业企业，甚至居民生活、交通运输均造成一定程度的冲击与损害。在国家发展改革委及有关部门的调控与整顿下，煤炭价格回落至 700 元/吨，当前波动趋于平稳，如图 15 - 3 所示。鉴于煤炭价格脱离供求基本面的短期飙升、高位运行与剧烈波动对我国煤炭市场供需平衡与燃煤发电行业造成的冲击影响，以及给区域经济平稳运行与能源安全保障带来重大隐患，煤炭价格波动的风险防范仍是煤炭供需安全保障的重点关注问题。同时，煤炭价格剧烈波动，价格不能真实反映供求关系，供需阶段性失衡等市场失灵现象，也进一步凸显出我国煤炭市场体制机制不够健全及煤炭价格形成机制尚不完善的短板问题。

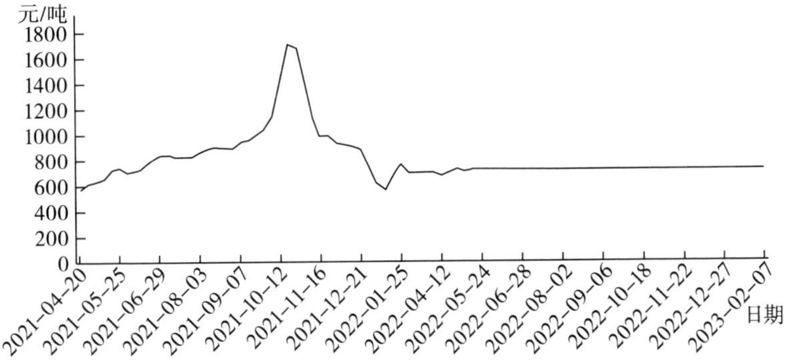

图 15－3　2021 年以来我国煤炭价格指数（5500 卡）

资料来源：中国煤炭经济研究。

（二）煤炭进口省份易受国际市场形势与政策影响

尽管我国煤炭对外依存度总体处于较低水平，但煤炭进口规模位列全球第一，且煤炭进口来源较为集中，沿海地区对主要煤炭出口国有较强的依赖性。从保障煤炭稳定供应、确保能源总体安全角度来看，我国煤炭进口规模量大、进口来源国高度集中的现状潜藏着较高的安全隐患。一旦发生国际地缘政治冲突、国际贸易摩擦、进出口政策变化、海运通道受阻、国际价格动荡等引起海外煤炭资源供给短缺或供给不足，会直接导致我国煤炭进口受限制，甚至冲击我国进口煤依赖程度较高地区的煤炭供应。自 2009 年起，我国首次从煤炭净出口国转变为净进口国，进口量达 12584 万吨，此后煤炭进口规模整体呈波动上升趋势，近年来煤炭进口规模在 3 亿吨左右，如图 15－4 所示。同时，进口量占消费量的比重也由 2000 年的 0.15% 提高到 2020 年的 7.52%，表明近年来我国煤炭消费对国际市场煤炭资源的依赖性有所增强。而我国煤炭进口来源国非常集中，2020 年以前主要为印度尼西亚、澳大利亚、俄罗斯、蒙古国、菲律宾等国家，以印度尼西亚进口量所占比重最大，其次为澳大利亚。2021 年 1—11 月，我国从印度尼西亚进口动力煤 1.77 亿吨，占动力煤进口总量的 74.4%①。

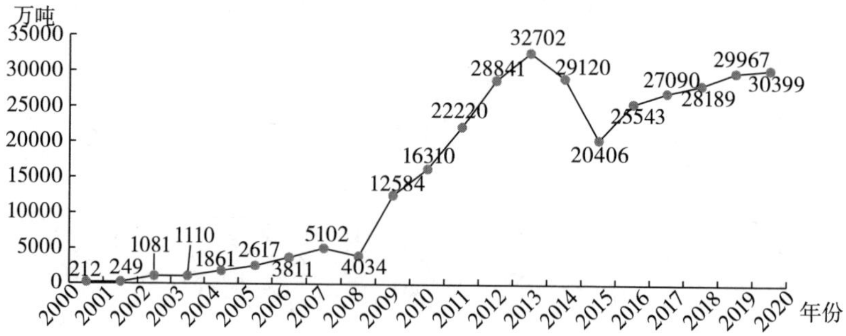

图 15－4　2000—2020 年我国煤炭进口量

资料来源：国家统计局。

2020 年以来，在全球煤炭供给日趋紧张叠加中澳贸易关系恶化、印度尼西亚煤炭出口禁令等影响下，我国煤炭进口及市场情绪受到一定程度的冲击，并直接影响到我国东部沿海及华南地区的煤炭供给保障。而我国煤炭进口省份主要集中在东南沿海及华南地区，福建省、广东省、浙江省等煤炭进口量占消费量比重较高的省份，更易受到国际煤炭市场与价格波动的影响。2020 年福建省煤炭进口量为 5137.34 万吨、广东省为 6461.23 万吨、浙江省为 2857.09 万吨，其煤炭进口量占消费量的比重分别为 57.33%、39.12%、21.76%。在世界百年未有之大变局、全球第三次能源转型背景下，未来影响全球能源供需格局与我国能源安全形势的不确定性风险递增，亟须提升我国煤炭供需安全的外部冲击抵御能力与主要煤炭进口省份的煤炭供应保障能力。

（三）煤炭产需空间格局调整潜藏区域煤炭保供风险

我国煤炭蕴藏储量与生产能力总体上能够基本实现煤炭供应的自给自足，但煤炭供需错配的空间运输格局在外部不确定性风险、能源结构性变革与市场投机行为的多重冲击下，煤炭区域性、阶段性供需矛盾和

① 数据来源于海关总署。

供应紧张时有发生，并在近年愈加凸显。我国煤炭资源主要分布在内蒙古、山西、新疆、贵州和陕西五个省区，2019 年全国累计探获煤炭资源储量为 14460.65 亿吨，以上五省区的累计探获资源储量占全国煤炭资源储量的 82.65%。煤炭资源赋存分布的自然属性决定了我国煤炭生产与消费总体呈现出的产需空间错配与北煤南运、西煤东调的空间流动格局无法根本扭转。煤炭主要生产地区集中在华北和西北地区，而主要消费地区分布于东南部沿海地区，煤炭产需空间格局对处于煤炭长距离运输末端区位及煤炭自给能力较低、调入需求较高的省份潜藏着煤炭供需风险，并随着产能布局进一步向中西部煤炭资源富集区域的调整而在未来进一步加剧。我国东北地区及湖南、湖北、江西等地区煤炭供应紧张问题长期存在，同时，近年来在极端天气、季节变动、突发事件及市场内外部因素冲击下，河南、安徽、江苏、浙江、山东等地区煤炭时段性供应紧张、电煤告急频繁发生，为区域经济社会运行带来诸多不利影响。

从煤炭生产重心时空演变特征来看，相关研究表明，1985—2016 年，我国省域煤炭生产重心时空演变大致可分为两个阶段：1985—2005 年生产重心从最初的不规则运动逐渐转向明确方向，总体向西南移动；2006—2016 年由于陕西、内蒙古、宁夏三省份煤炭资源的大幅开发，煤炭生产重心总体向西北移动（黄珺嫦等，2018）。“晋陕蒙新”地区为我国主要煤炭生产与调出区，2020 年“晋陕蒙新”地区煤炭产量合计 30.54 亿吨，占当年煤炭总产量的比例为 78.27%。从煤炭消费重心时空演变趋势来看，基于我国区域经济发展状况、产业结构调整及政策资源倾斜的差异变化，我国煤炭消费重心移动与经济重心移动趋同，1985—2016 年，总体呈现向东南方向移动的演变特征，且相比煤炭生产重心的变化幅度，煤炭消费重心的移动幅度较小。我国东南地区主要煤炭消费地区的煤炭产销比普遍处于较低水平，对核心产区或国际煤炭资源的依赖程度较高。2020 年，江苏省、浙江省、湖北省、湖南省、广东省、广西壮族自治区煤炭调入规模均在 8000 万吨以上，而煤炭的产销比则均不高于 10%，煤炭消费主要依靠省外资源，每年需从核心产区调入大规模的煤炭资源（见表 15－1）。

表 15－1　2020 年我国各省份煤炭生产消费与调入调出情况

省份	煤炭调入量（万吨）	煤炭调出量（万吨）	煤炭净调入量（万吨）	煤炭消费量（万吨）	煤炭产量（万吨）	煤炭产销比
北京市	131.86	21.74	110.12	134.98	0.00	0.00
天津市	4026.83	650.27	3376.56	3745.28	0.00	0.00
河北省	31728.88	9579.65	22149.23	28176.87	4974.74	0.18
山西省	8907.59	62093.36	－53185.77	53739.03	107905.72	2.01
内蒙古自治区	4598.27	57862.38	－53264.11	51818.89	102550.86	1.98
辽宁省	17127.38	2140.74	14986.64	19068.00	3128.83	0.16
吉林省	7325.41	289.78	7035.63	8489.19	1040.16	0.12
黑龙江省	10032.35	1839.97	8192.38	13964.33	5557.77	0.40
上海市	4097.39	128.31	3969.08	4168.01	0.00	0.00
江苏省	32860.25	11853.84	21006.41	24141.74	1022.28	0.04
浙江省	10233.55	0.00	10233.55	13131.53	0.00	0.00
安徽省	10398.99	4638.82	5760.17	16887.03	11084.44	0.66
福建省	4411.53	1367.13	3044.40	8960.56	658.54	0.07
江西省	7585.23	42.93	7542.30	7976.57	314.46	0.04
山东省	29785.07	4532.70	25252.37	38790.28	10944.62	0.28
河南省	17679.96	8016.55	9663.41	20004.87	10647.49	0.53
湖北省	10144.45	0.00	10144.45	10371.44	40.27	0.00
湖南省	9471.66	686.50	8785.16	10199.62	1067.79	0.10
广东省	12937.47	3174.34	9763.13	16514.14	0.00	0.00
广西壮族自治区	8057.94	0.00	8057.94	8496.71	413.58	0.05
海南省	984.85	0.00	984.85	1023.84	0.00	0.00
重庆市	4268.82	340.56	3928.26	4995.54	939.39	0.19
四川省	6422.64	1364.26	5058.38	7501.62	2240.33	0.30
贵州省	1574.06	1385.38	188.68	11658.89	12055.33	1.03
云南省	5341.16	2603.32	2737.84	8201.22	5529.73	0.67
陕西省	3085.06	49350.84	－46265.78	22594.58	67973.05	3.01

续表

省份	煤炭调入量（万吨）	煤炭调出量（万吨）	煤炭净调入量（万吨）	煤炭消费量（万吨）	煤炭产量（万吨）	煤炭产销比
甘肃省	4799. 33	1625. 79	3173. 54	7245. 45	3859. 01	0. 53
青海省	380. 28	14. 45	365. 83	1396. 38	1092. 06	0. 78
宁夏回族自治区	6923. 71	1114. 51	5809. 20	14628. 85	8151. 60	0. 56
新疆维吾尔自治区	1121. 77	1741. 44	－619. 67	25986. 67	26965. 69	1. 04

资料来源：《中国能源统计年鉴》。

未来，在“双碳”目标能源低碳转型引领煤炭行业绿色转型、高质量发展背景下，煤炭产能布局将进一步调整，随着蒙西、蒙东、陕北、山西、新疆五大煤炭供应保障基地的建设与完善，我国煤炭生产将加速向资源禀赋条件好、生产竞争力强的“晋陕蒙新”地区集中，而华中、华南等地区的煤炭产能将进一步收缩，煤炭生产重心将继续向西北方向移动，生产与消费重心或将进一步偏离。原有煤炭产运需格局被打破，新的平衡尚未形成，在短中期煤炭需求规模仍处于高位的形势下，煤炭产需重空间格局变化将导致核心产区煤炭调出量进一步增加、煤炭运输平均运距延长、铁路运输运力配置压力递增等问题，对需远距离配送的主要煤炭调入地区的煤炭供应与应急保障提出更高的挑战。

（四）能源低碳化转型加剧电煤需求时段性波动

从煤炭消费行业结构来看，煤炭消费主要集中在电力、钢铁、建材、化工等行业，其中电力行业煤炭消费量在总消费中基本保持在50%以上。近年来，燃煤发电量的快速增长直接拉动了电力行业的煤炭消费量增长，2020 年全国煤炭总消费量 40. 4 亿吨，其中，电力行业全年煤炭消费量为22. 1 亿吨，同比增长1. 1%，在煤炭总消费量中的占比为 52. 9%；钢铁行业 6. 8 亿吨，同比增长 4. 2%，占比 16. 3%；建材行业 5. 4 亿吨，同比增长 1. 1%，占比 12. 9%；化工行业 3. 0 亿吨，同比增长 1.3%，占比 7.1%；其他行业共计消费 4.5 亿吨，同比下降 2.4%，占比 10.8%（见表 15－2）。2015—2020 年，四大主要耗煤行业的煤炭消费量由 32.44 亿吨增长到 35.9 亿吨，发电耗煤量由 18.39 亿吨增长到 22.1 亿吨。

表 15－2　2015—2020 年我国煤炭主要消费行业消费量　　单位：亿吨

年份	煤炭总消费量	电力行业	钢铁行业	建材行业	化工行业	其他行业
2015	36.98	18.39	6.27	5.25	2.53	4.54
2016	37.27	18.75	6.26	5.24	2.61	4.41
2017	38.28	19.87	6.35	5.07	2.76	4.23
2018	39.3	21.2	6.5	4.8	2.8	4
2019	39.7	21.3	6.8	4.9	2.9	3.8
2020	40.4	22.1	6.8	5.4	3.0	4.5

资料来源：煤炭工业协会。

综观全局，在碳中和目标背景下，我国电力行业面临着空前的发展与转型压力，电力行业碳排放在我国碳排放总量中的占比高达 40% 以上，而煤电是其主要来源。煤电在我国电力供应中长期发挥着不可替代的作用，在“双碳”目标背景下，煤电将由主体性电源向保障新能源消纳和电网稳定的支撑性、调节性电源转型，在电力系统转型进程中发挥支撑与兜底保障作用。近两年，在国内经济复苏、电力需求回升的形势下，能源低碳转型、能耗“双控”目标驱动电力行业控碳降碳，叠加煤炭供应总体偏紧、煤价大幅飙升局势，引发电力供求矛盾在全国大范围爆发。2021 年 8 月起，全国用电负荷连创历史新高，多省出现电力达标困难和“拉闸限电”的局面，这场大规模“限电”与区域性供应短缺状态涉及多重相关主体的博弈，也意味着在能源结构转型进程中保障能源安全任重道远。

火力发电在我国电力系统中长期占据绝对主导地位，以约 50% 的发电装机容量承担了近 70% 的全国总发电量，而煤电是火力发电的主要来源，是电力系统的基础。2021 年全国发电总量为 81121.8 亿千瓦，其中火力发电量占比 71.13%，截至 2021 年年末，全国发电装机容量 23.77 亿千瓦，火电装机容量占比 54.56%，煤电装机容量占比 46.7%。同时，从区域发电结构来看，我国电力生产主要分布在华东、华北、西北地区，2021 年发电量排名前 10 的省份依次为广东、内蒙古、山东、江苏、新疆、四川、浙江、山西、云南、河北。绝大多数省份以火力发电为主，2021 年火力发电量占全国总发电量比重超过 50% 的省份有 26 个，其中以上海的比重最高，为 98.0%。未来，在"双碳"目标驱动电力体制改革背景下，我国电力系统的生产供应结构、运行控制方式等将发生根本性变革。随着新型电力系统的构建与推进，火力发电与新能源发电将发生实质性转换，新能源装机占比将不断提升，发电量增长将进入快车道，并逐步占据主导地位。新能源发电具有低碳优势，但构建以新能源为电力供应主体的新型电力系统是一个长期过程，发挥煤电的支撑调节功能面临着双重压力。一方面，在"双碳"目标推动我国能源结构变革进程中，未来短期内我国煤炭产能和产量可预期的增量空间有限，中长期将逐步降低，电力系统转型过程或将面临阶段性"煤荒"问题。另一方面，我国经济高质量发展、产业结构优化升级阶段对电力供应提出更高的需求，在电力生产供应结构变革进程中随着新能源发电装机占比的不断提升，受新能源发电自身局限性和储能等短板问题的限制，原有的电力供应平衡将被打破，面临着或将进一步加大的电力负荷峰谷差及负荷尖峰化特征，将加剧煤电调峰、顶峰压力与煤炭需求的时段性波动，这对碳中和目标控煤减煤背景下的全国及区域煤炭安全稳定供应提出更高的挑战。

四、保障全国及区域煤炭供需安全的实施路径

（一）完善煤炭交易市场环境，推进煤炭市场稳定运行

2022 年 4 月，中共中央、国务院印发实施《关于加快建设全国统

一大市场的意见》指出，“在有效保障能源安全供应的前提下，结合实现碳达峰碳中和目标任务，有序推进全国能源市场建设”。针对我国煤炭市场体制机制不够健全及煤炭价格形成机制尚不完善的短板问题，在建设全国统一的能源市场背景下，应加快推进煤炭市场化改革，推进完善全国统一的煤炭交易市场。一是深入推进煤炭市场化改革，既要发挥市场在资源配置中的决定性作用，又要发挥政府的宏观调控作用。中央政府支持和引导地方政府、有关部门、煤炭行业、煤炭企业、煤炭用户、金融机构、科研院所等各类市场主体共同参与煤炭市场的建设完善，补齐短板、消除壁垒，推进建立无障碍的要素充分流动的全国统一的煤炭交易市场。二是进一步发挥全国煤炭交易中心作用，完善促进煤炭市场高效联通的交易平台、交易标准、交易规则、数据分析等软硬件配套服务，推进煤炭交易方式与产品多元化，增强对煤炭市场走向的研判与优化配置能力，推动完善全国统一的煤炭交易市场。三是完善煤炭市场价格形成机制，引导煤炭价格在合理区间运行。在国家发展改革委发布的《关于进一步完善煤炭市场价格形成机制的通知》政策指导下，进一步完善煤炭价格形成机制、调控机制及煤、电价格传导机制，综合运用煤炭保供稳价的市场化、法治化手段，发挥多方主体作用，共同采取有效措施稳定煤炭价格，推动煤炭市场平稳运行，煤、电上下游协调发展。四是扩大煤炭期货市场规模，加强煤炭生产及消费企业对煤炭期货市场的认识，引导更多大型煤炭企业进入期货市场，平稳参与煤炭期货市场的运转，为煤炭期货市场注入资本活力。同时，进一步完善煤炭期货市场的相关配套法律法规、运行管理制度以及风险防控机制，探索期现结合的定价方式，充分发挥煤炭期货市场的价格发现功能，以更好地促进期货市场作为定价机制的有机组成部分，实现对煤炭市场供需与资源配置优化的有效调节（王昊等，2023）。五是深化煤炭市场投融资体制改革，重点围绕企业重组转型、产能优化、清洁利用等，积极探索新形势下煤炭行业投融资新模式，在加强政府资金支持及银行信贷等传统融资渠道的基础上，进一步挖掘社会资本的参与潜力，拓宽市场化投融资途径，提高煤炭企业发展的资金获取能力与资本运营效率（王洁帅，2023）。

（二）拓宽煤炭进口来源渠道，保障进口省份供应安全

为有效分散进口来源高度集中风险，抵御由国际市场突发因素等引起的煤炭进口受限风险，充分利用好国际煤炭资源，以缓解国内暂时性煤炭供应压力、补充调剂沿海地区煤炭供需波动、弥补特殊阶段的油气能源缺口，需进一步深化煤炭领域国际合作，推进煤炭进口来源多元化，提升国际煤炭获取能力。具体应积极广泛建立与主要煤炭出口国的合作伙伴关系，继续深化与共建“一带一路”国家和地区的煤炭贸易合作，推进我国煤炭进口来源多元化。同时，在俄罗斯、蒙古国等煤炭资源储量丰富的国家，以合作勘探开发、产能投资、境外收购等方式建立境外煤炭生产供应基地，增加进口煤的生产供应，提升进口煤炭的直接渠道供应保障能力。同时，搭建全国进口煤市场化采购平台，对国际优质资源进行集中采购，一方面可以有效补充国内沿海地区资源的供给渠道、推动煤种结构的优化，借助杠杆效应，发挥稳定煤炭市场的作用；另一方面可以提升我国在国际煤炭市场的话语权，以应对全球能源变革的不确定性。

进口煤炭是我国东部沿海部分地区及华南缺煤省份的重要供给力量，考虑煤炭进口量占消费量比重较高的省份，对进口煤炭的依赖程度及对国际煤炭市场的敏感程度更高，应进一步推动煤炭进口与煤炭储备相结合，加强主要进口煤省份的煤炭现货储备能力建设，特别是沿海地区的重点煤炭接卸港口的储备能力建设。同时，需进一步规范国内进口煤炭监督管理，加强进口煤炭终端消费流向的动态统计与监管，掌握各省份终端耗煤企业进口煤的实际消费量，在突发风险因素即将引起煤炭进口受阻的情况下，及时协调国内煤炭资源为主要进口煤省份、重点企业提供高效精准的供应保障。

（三）建立健全煤炭储备体系，增强煤炭供应保障能力

增强全国及区域煤炭供应保障能力，需要进一步强化底线思维，推进煤炭储备能力建设，建立健全煤炭储备体系。同时，在“双碳”目标推动电力系统变革进程中，随着清洁能源利用率不断提升，煤电调峰、顶峰需求或将导致对煤炭需求的时段性波动进一步加大，也必须形成一定规模的煤炭储备能力为保障区域能源安全托底。因此，以煤炭储备作为调节煤电峰谷波动、平衡煤炭市场、保障煤炭供应、应对重大突发事故的重要支撑，建立健全煤炭储备体系，提高煤炭产供储销供应链协同保障能力对于提高我国能源安全综合保障能力至关重要。

第一，根据我国煤炭市场供需形势、煤炭区域流动特征、铁路运输通道、电力工业分布、需求波动规律、保供痛点环节等情况，结合现有储备基地分布现状，科学优化煤炭储备基地布局，推进新增煤炭储备能力建设，实现对核心区域、重要城市、重点行业及电力企业煤炭需求的稳定持续供应与安全可靠保障，促进形成与我国大国经济体量、工业规模相辅相成的能源储备实力和应急保障能力。第二，加快推进主要煤炭调入省份及煤炭调运中转枢纽省份的煤炭储备能力建设。综合考虑我国各省份煤炭生产消费、调入调出等因素，需重点加强区域性煤炭供应保障，尽快推进煤炭储备能力建设的煤炭主要调入及中转枢纽地区包括广东省、湖北省、湖南省、江苏省、浙江省、辽宁省、吉林省、黑龙江省、河南省、河北省、山东省、安徽省、福建省。第三，政府加强引导并支持企业参与煤炭储备能力建设，在投资、税收、金融、土地等方面落实支持措施，在储备项目运营方面出台配套支持性政策，加快推动煤炭储备重点项目建设投运。第四，建立煤炭储备管理信息系统与煤炭储备动用投放机制，构建全国煤炭储备基地动态监测和调度管理网络平台，运用政府宏观调控与微观主体社会责任的双重抓手，以充分发挥煤炭储备在保障全国及区域的煤炭稳定供应、平抑煤炭市场价格及应对应急突发状况等方面的多重作用。

（四）保障电煤可靠稳定供应，强化煤电支撑调节功能

新能源装机容量与发电量的比重严重不匹配。水利、风力等新能源因受自然条件、气候变化等因素制约，电力供应呈现出季节性、间歇性、随机性、不稳定性等特征，且受技术水平限制，目前新能源发电还存在储能、消纳等短板问题，导致新能源入网实际发电量小于其装机容量，需要能量密度大、可靠可控的煤电机组的平衡调节与支撑保障。为支持电力系统转型安全平稳过渡，在电力供应结构变革进程中，新能源装机增加的同时，需加强电煤的支撑调节能力，推进燃煤发电行业节能改造升级，并继续降低火电供电煤耗。截至 2020 年年底，全国燃煤发电机组中超超临界和超临界机组占比达到 49.5%，需加快推进剩余 50.5% 的亚临界及亚临界以下机组的改造升级与淘汰更新（朱法华等，2022）。同时，推动超超临界煤电机组向效率更高的高低位二次再热、700℃超超临界机组等新型燃煤发电机组升级，促进火电供电煤耗的持续降低，以强化煤电的支撑调节功能，提升煤炭、煤电的供应安全保障能力。

此外，为保障电煤稳定供应，一方面，需加强煤炭中长期合同签订与履约监管，提升电煤中长期合同覆盖度与兑现率，同时应通过完善煤、电价格传导机制，推进煤炭储备能力建设，优化电煤运行径路等措施，促进煤炭市场平稳、价格稳定、供应安全、运输高效、保障有力。电力企业层面则要严格落实煤炭最低和最高库存制度，牢守煤炭库存红线，保障煤电正常生产的用煤需求。另一方面，引金融“活水”解电煤之困。加大政策支持力度，完善煤炭供应链金融服务体系，引导鼓励政策性银行、商业银行等金融机构为煤电企业煤炭购买、煤炭储备等领域提供资金支持，以保障电煤稳定供应。

参考文献

[1] 汪啸，李楠，王震．中国能源转型形势与政策建议[J/OL]．油气

储运,2022-03-23:1-7.

[2]黄培昭,柳玉鹏,甄翔,等. 俄乌冲突持续,国际能源格局剧变[N]. 环球时报,2022-03-23(011).

[3]欧凯,张宁,吴立新,等."双碳"背景下煤炭行业高质量发展探讨[J/OL]. 中国能源网,2022-02-15.

[4]张立宽. 加强煤炭"兜底"保障能力建设[N]. 中国电力报,2022-03-11(002).

[5]滕吉文,司芗,王玉辰. 我国化石能源勘探、开发潜能与未来[J]. 石油物探,2021,60(1):1-12.

[6]王琼杰."双碳"目标下难改煤炭主体能源地位[N]. 中国矿业报,2021-07-19(001).

[7]李晓娜. 坚定不移推进煤炭清洁高效利用[N]. 中国矿业报,2022-03-25(001).

[8]于琳娜. 双碳下的煤电:怎么破? 如何改? [N]. 中国电力报,2022-03-10(001).

[9]任世华,曲洋. 煤炭与新能源深度耦合利用发展路径研究[J]. 中国能源,2020,42(5):20-23,47.

[10]张巍,张帆,张军,等. 与新能源耦合发展推动现代煤化工绿色低碳转型的思考与建议[J]. 中国煤炭,2021,47(11):56-60.

[11]秦艳,王东燕,杨美艳,等. 山西省"十四五"煤炭消费总量控制目标与对策研究[J]. 中国煤炭,2021,47(9):41-47.

[12]扎实推进电煤保供工作全力保障上海市电力供应[J]. 上海节能,2021(10):1145.

[13]史治斌,朱超,鲁金涛."一带一路"战略背景下煤炭国际合作探索[J]. 煤炭工程,2017,49(11):156-159.

[14]张欣桐,田建林. 新形势下我国多元化煤炭储备体系建设研究[J]. 煤炭经济研究,2021,41(4):70-75.

[15]施骋．我国煤炭价格形成机制及其影响因素研究[D]．北京：北京交通大学,2015.

[16]杨月涵．防止大起大落煤炭价格有了新机制[N]．北京商报，2022-02-25(002).

[17]黄珺嫦,张二超,汪松．1985—2016年中国省域煤炭生产和煤炭消费重心时空演变研究[J]．中国矿业,2018,27(9):53-57.

[18]王昊,刘颢颢,秦容军．期现结合背景下的煤炭价格机制研究[J]．煤炭经济研究,2023,43(4):46-52.

[19]王洁帅．供给侧结构性改革下煤炭价格波动与风险防范研究[J]．中国市场,2023(14):91-94.

[20]朱法华,徐静馨,潘超,等．煤电在碳中和目标实现中的机遇与挑战[J]．电力科技与环保,2022,38(2):79-86.

[21]中国煤炭工业．构建统一能源大市场,煤炭行业如何发力[J/OL]．中国煤炭工业杂志,2022-04-19.

[22]卢晓燕．碳中和背景下中国煤炭行业转型发展路径研究[J]．煤炭经济研究,2021,41(8):64-68.

第十六章　全球石油市场年终回顾及 2024 年展望

陈巧玲①

一、2023 年全球石油消费概述

随着中国疫情管控政策的调整，2023 年石油需求经历了一轮快速的增长。全年全球石油消费增长了 2.5 百万桶/天，达到 102 百万桶/天，创下历史最高的年度石油消费量纪录。这也意味着世界石油的消费水平已经从疫情的打击中完全恢复，如图 16 - 1 所示。

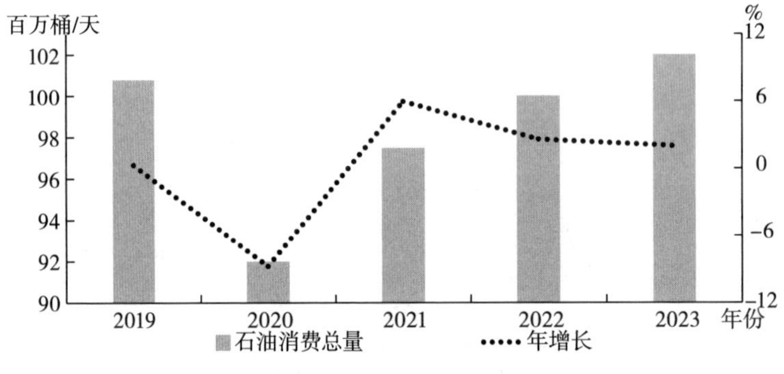

图 16 - 1　2019—2023 年世界石油消费增长

资料来源：bp 世界能源统计年鉴 2022 版；IEA。

这 2.5 百万桶/天的增量里，大约 86% 的增量来自发展中国家，余下 14% 的增量来自发达国家。分地区来看，中国市场贡献了全球增量

① 陈巧玲，BP 中国区首席经济学家。

的 70%，亚洲其他发展中国家贡献了全球增量的近 15%，美洲贡献了全球增量的 8%。

从绝对量的角度来看，亚洲仍旧是全球最大的石油消费地，占全年全球石油消费的近 40%。美洲市场相对成熟，虽然增量较小，但绝对量依旧占全球的接近 1/3（见图 16－2）。受益于疫情相关管控措施的解除，中国石油的消费量在 2023 年获得显著增长，其在全球的石油消费份额从 2022 年的 15% 上升到 2023 年的 16%。这也是为什么全球所有关于石油的讨论里面关于中国市场的讨论，变得越来越核心。2023 年中国石油消费增速如此之高，最主要的推动力来自出行需求的复苏（这个复苏在航空领域特别显著）和国内化工品生产的繁荣。

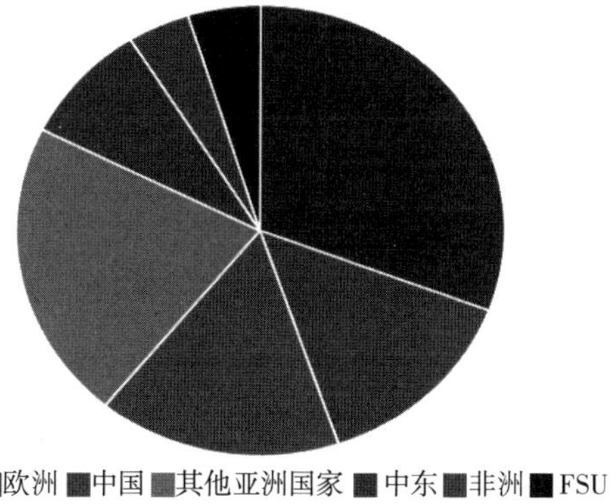

图 16－2　2023 年世界石油消费量的地区分布

资料来源：IEA，EIA，BP。

分油品来看，交通用油的总量保持稳健回升的态势，汽油、柴油和航油的消费量占 2023 年石油总消费量的比例上升到 62%，比前一年上升了 0.5 个百分点（见图 16－3）。值得注意的是，2023 年，航油消费量增长了大约 20%，上升至约 7.2 百万桶/天。这主要受益于疫情后边境管控的放开和航空出行的修复。航油消费的增长贡献了 2023 年全球石油消费增量的一半，远远超过过去 10 年的平均占比（约 20%），如图 16－4 所示。

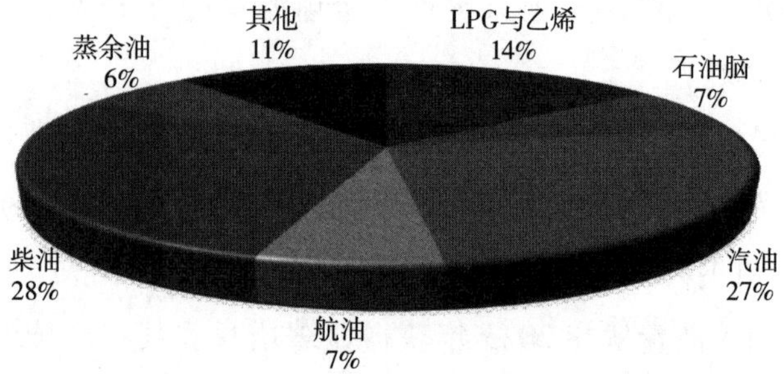

图 16－3　2023 年世界石油消费量：分品类

资料来源：IEA，EIA，BP。

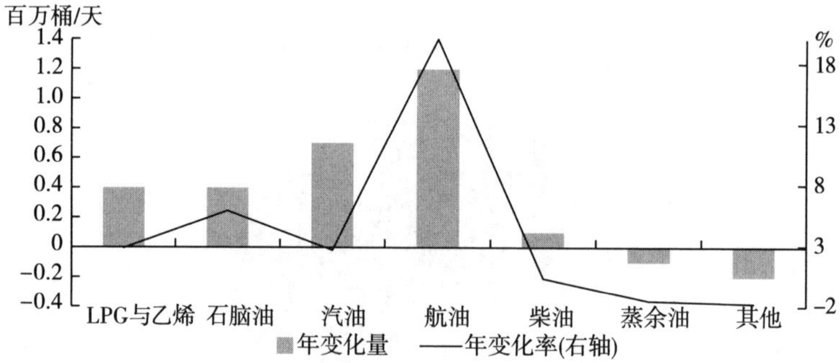

图 16－4　2023 年世界石油消费增长：分品类

资料来源：IEA，EIA，BP。

二、2024 年全球石油消费展望

从目前的经济形势来看，2024 年的全球石油消费量理论上来说仍然会有小幅度增长，增量估计约 1 百万桶/天。这个增长预测是基于一系列宏观因素的判断做出的，包括 2024 年全球及各个地区的经济增长率、各地区的石油需求弹性、各地区的石油消费强度、各地区的电动汽车渗透率、传统车的燃油效率改进状况，以及当下各地区关于低碳转型的政策变化。石油需求预测中最重要的影响因素之一是关于 2024 年经济增长的判断。

本章的宏观经济增长假设采用国际货币基金组织（IMF）2023 年 10 月发布的《世界经济展望》中的预测。这一版本的《世界经济展望》判断 2024 年全球 GDP 增速将从 2023 年的 3.0% 放缓到 2.9%，远低于过去 20 年的历史平均水平（3.8%）。新兴市场和发展中经济体 2024 年的经济增速预计与 2023 年持平，均为 4.0%。在发达经济体，随着政策收紧开始产生负面影响，经济增速预计将从 2023 年的 1.5% 放缓到 2024 年的 1.4%。发达经济体的增速略有下行，以美国和日本最为显著。IMF 预测 2024 年美国的经济增长将从 2023 年的 2.1% 放缓到 1.5%，2024 年日本的经济增长将从 2023 年的 2% 放缓到 1%。

IMF 在 2023 年 10 月发布的世界经济展望中对于中国经济 2024 年增长速度的判断是 4.2%。随后，在 2023 年 11 月修为 4.6%。即便如此，4.6% 的年度经济增长仍然显著低于彭博社的预测值中位数（4.8%）和万得的内地经济学家一致预测（5.0%）。

本研究为了确保全球各地区经济数据的协调一致性，采用 IMF 的 2023 年 10 月版本的世界经济预测作为全球石油市场分析的模型输入。需要注意的是，如果 2024 年来自中国的经济增长速度显著高于 IMF 的预测值，就意味着中国与全球的石油消费量的预测值都需要在本研究的基础上向上做大幅修正。如图 16－5 所示。

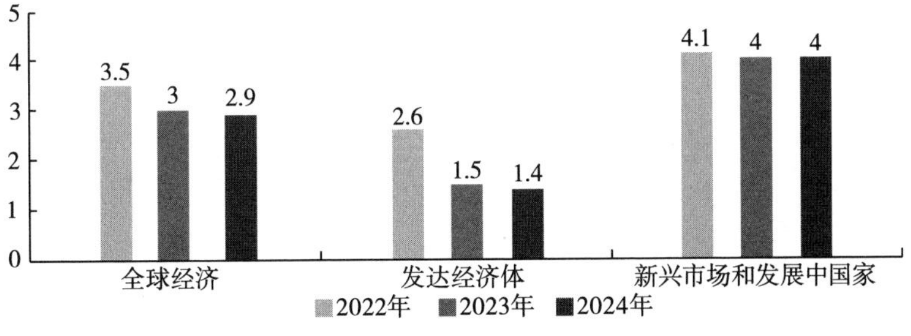

图 16－5　国际货币经济组织世界经济增长预测（2023 年 10 月）

资料来源：IMF。

在这样的背景下，2024 年全球石油消费估计增长 1 百万桶/天。这个增长完全由非 OECD 国家的石油消费增长驱动，如图 16－6 所示。

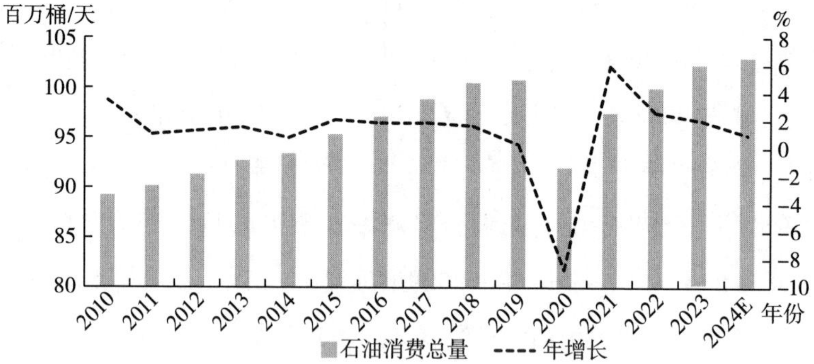

图 16－6　2010—2024 年全球石油年消费量

资料来源：IEA，BP。

中国的石油消费增长约为 0.7 百万桶/天，贡献了全球石油消费增量的 70%，虽然略低于 2023 年的占比，但是远远高于过去 10 年年均 45% 的比例。从增量的绝对值来看，中国 2024 年的石油消费增量如果小于 2023 年的增量，主要原因可能在于交通燃料用油的增长速度难以保持 2023 年的高速扩张，2024 年消费增长的主要动力变成乙烯和 LPG 等化工品需求。中国石油年消费量中比重最大的是柴油消费。柴油的消费增长动力主要受工业活动和建筑业活动强度的影响。在这种情形下，很难想象柴油需求量短期会有超预期的爆发性增长，如图16－7 所示。

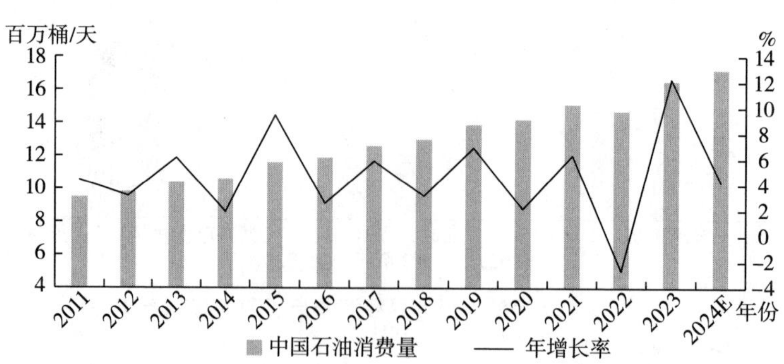

图 16－7　2011—2024 年中国石油消费

资料来源：IEA，BP。

在其他非 OECD 地区，中东、非洲、拉美和印度石油消费都大概率会实现小幅度增长。这些非 OECD 地区里，尤其值得注意的是印度市场。受惠于 6.3% 的 GDP 增长速度和传统车的销售增长，印度市场 2024 年石油消费很可能会继续保持增长态势。根据印度汽车交易商协会的数据，2023 年下半年以来，印度的乘用车销售保持强劲增长。2023 年 11 月的数据显示，该市场燃油小轿车和二轮车辆的销售同比增长接近 20%，创下有史以来的最高同比增速。

OECD 国家的石油消费可能会下降大约 0.3 百万桶/天。这个下降由美国引领（-0.2 百万桶/天），欧盟紧随其后（-0.1 百万桶/天）。对美国石油消费减速的判断反映了两个因素的推动作用：目前看来，美国经济增长速度放缓的可能性越来越大，美国汽油消费增长的动力在持续减弱。

分油品来看，1 个百万桶/天的增量里，大约 40% 来自石脑油消费的增长，大约 30% 来自 LPG 和乙烯消费的增长，大约 10% 来自汽油和柴油消费的增长。预计未来 5 年，石化部门仍将是全球石油需求增长的主要引擎，液化石油气、乙烷和石脑油占全球每年新增石油消费增量的 50% 以上，占相对于疫情前增量的近 90%。航空煤油在 2023 年经历了一轮快速增长以后，2024 年大概保持平稳状态。

三、2023 年全球石油供给概述

2023 年，全球石油供给增长了大约 1.7 百万桶/天，创下 101.8 百万桶/天的最高纪录。这主要得益于非 OPEC + 地区石油供应的强劲增长。非 OPEC + 地区石油供应的增长幅度，屡次超出市场此前的预期。例如，国际能源信息署（IEA）在 2022 年 12 月预测 2023 年非 OPEC + 地区产量增长幅度为 0.8 百万桶/天；而在 2023 年 12 月，IEA 把对非 OPEC + 地区石油的 2023 年全年产量增长预测上调至 2.2 百万桶/天。

在非 OPEC + 地区，石油生产的增长几乎都来自两个国家：美国和巴西。2023 年，在全球大约 1.7 百万桶/天的石油供给增长中，约 1.5 百万桶/天的增长来自美国。根据美国能源信息署（IEA）12 月发布的数据，2023 年美国的日均石油产量预计将达到 12.93 百万桶，较前一个月的预测高出 30 万桶/天。总之，2023 年全球石油供给大势很大程度由美国主宰。

2023 年，美国的石油产量不仅超过了疫情前的最高点，也创下了有史以来的最高年产出纪录。为什么美国石油供应增长如此迅速？背后主要有以下几个因素在发挥作用：①私人厂商对于俄乌冲突之后的高油价的利润刺激做出的快速扩产反应；②超出预期的运营效率以及超出预期的油井生产率。

相反，在 2023 年，OPEC + 组织的成员国却以减产为主基调。2023 年其石油产出减少了大约 0.5 百万桶/天。沙特阿拉伯的减产是最主要的驱动因素。截至 2023 年年末，OPEC + 组织的石油产出占全球石油产出的比重下降到 51%，这也是 OPEC + 组织自 2016 年成立以来的最低值。

四、2024 年全球石油供给展望

2024 年全球石油供给有望保持中速增长（ + 1.6 百万桶/天），高达 103.4 百万桶/天（见图 16 – 8）。OPEC + 组织以外的产油国将主导全球中短期产能扩张计划，其中以美国、巴西和圭亚那为主。OPEC + 内部的产能增长主要来自沙特阿拉伯、阿拉伯联合酋长国和伊拉克，而联盟的亚非成员则面临产能持续下降的挑战，俄罗斯的产量则因制裁而减少。

2024 年，美国的石油供给大概率保持增长态势（见图 16 – 9）。美国石油产出的继续增长将主要得益于三个因素：首先，随着美国通货膨胀率走低，美联储暗示降息已经提上日程，美国油田的资本成本以及中和生产成本将呈下降趋势。其次，OPEC + 组织的减产导致其剩余产能

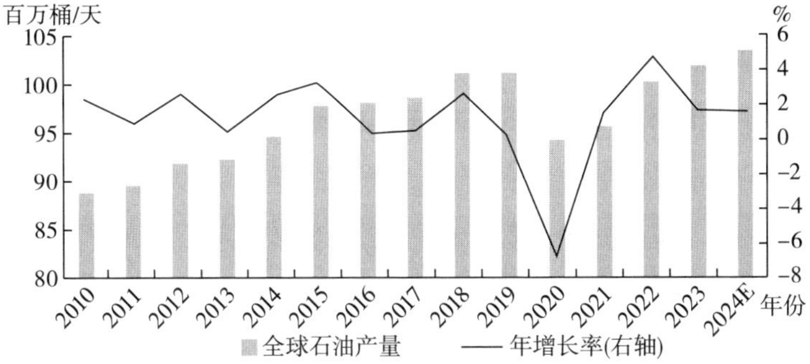

图 16－8　2010—2024 年全球石油产量

资料来源：IEA，BP。

在稳步增长。最后，西得克萨斯原油价格将大概率维持在绝大部分页岩油厂商的盈亏平衡点之上。这有助于激励勘探活动进一步复苏。根据 Kypler 的预测，到 2024 年年底，美国的致密油产区将增加超过 45 个钻机，接近 75% 的新增钻机都集中在 Permian 盆地。也就是说，Permian 盆地将继续主导美国 2024 年的石油产出趋势，将贡献超过 80% 的美国页岩油产量的增量。

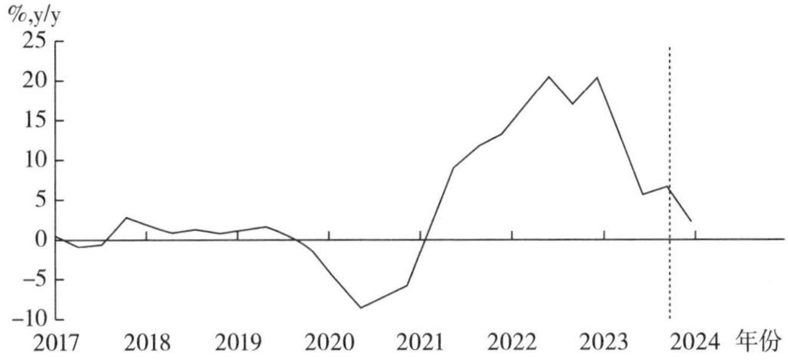

图 16－9　2017—2024 年美国石油生产成本变化

资料来源：Bloomberg。

但是，2024 年美国石油产量的增长速度很可能不及 2023 年。一方面，美国油田的岩石质量指标（用每英尺井长的产量来衡量）已经见顶。另一方面，绩效排在第一梯队的油田的勘探活动和完工状况在全国的占比自 2020 年以来一直下行，平均每年下降 2%，并且在 2024 年可能持续下降。单个钻井绩效的下降意味着美国石油产出的增长需要以更多数量的钻井涌现为前提。基于目前笔者能看到的钻井数据，2024 年总产出的增速很可能会慢下来。如图 16 - 10 所示。

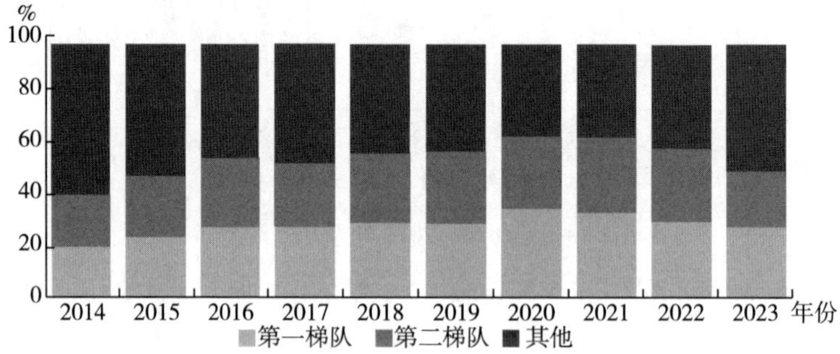

图 16 - 10　第一梯队和第二梯队的钻井活动在主要致密油盆地的占比

资料来源：Rystad。

相比之下，2024 年 OPEC + 的石油生产决策大概率仍以减产为主基调，否则，该组织无以捍卫其原油价格目标和日益累积的库存。2023 年 11 月 30 日，OPEC + 宣布其新一轮的自愿减产决策，包括：OPEC + 将 2024 年安哥拉、尼日利亚、刚果的产量配额相较 2023 年下半年的水平合计下调约 62 万桶/天；在此配额基础上，OPEC + 决定将 2023 年 4 月会议中提出的自愿减产计划延长至 2024 年全年，并在第一季度额外执行大约 170 万桶/天的自愿减产；2024 年第一季度的额外减产中，除了沙特阿拉伯从 2023 年 7 月起已经开始执行的 100 万桶/天减产，新增的 70 万桶/天减产由伊拉克、阿拉伯联合酋长国、科威特、哈萨克斯坦等国共同承担；俄罗斯对石油出口的主动约束也将延长至 2024 年第一季度；巴西计划在 2024 年 1 月起加入 OPEC + 协议，产量配额计划尚未公布。总而言之，这些信息都意味着来自 OPEC + 的石油供给将总体保持紧致状态。

部分市场观察人士认为，加沙地区的战争也是影响石油供应侧的一个显著风险来源。基于目前形势，加沙地区的战争规模大概率难以扩大化。在这种情形下，加沙地区战争对于中东地区石油的生产带来的扰动有限，因而，不太可能影响全球 2024 年的石油市场总供给。反之，假若在某些目前预期之外因素的驱动下，加沙地区的战争规模扩大化，那么 2024 年的世界石油市场将是版本完全不同的另一个故事。

五、布伦特原油价格

截至 2023 年 12 月 15 日，布伦特原油已经从 2023 年 9 月接近 100 美元/桶跌至 77 美元/桶（见图 16－11）。这种抛售的动力主要来源于全球原油库存超预期的增加。库存的增加反映了两个因素的相互作用：一方面，非 OPEC＋成员国的产量增长，以美国、巴西和伊朗为主；另一方面，全球石油需求的增长并未像 2023 年年初中国刚刚放开管控的时候市场期待的那样强势增长。

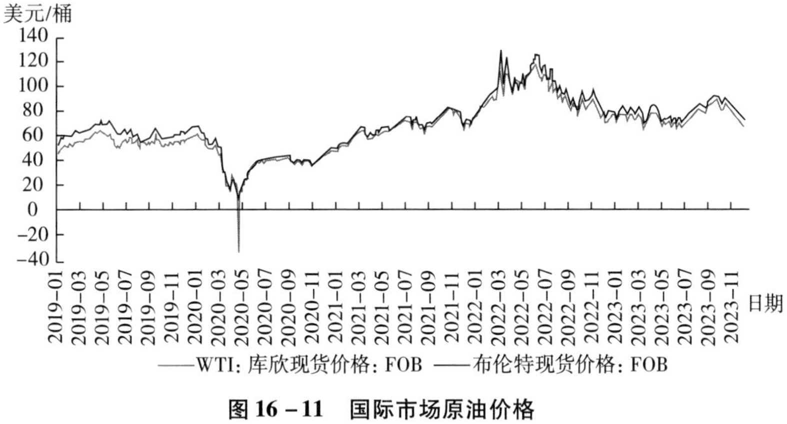

图 16－11　国际市场原油价格

资料来源：IEA。

截至 2023 年 12 月 15 日的数据显示，华尔街一致预期 2024 年布伦特原油价格将在当前基础上有所回升。彭博社的调查显示，卖方分析师团队对 2024 年布伦特油价的预测中位数为 85 美元/桶，比当前布伦特油价大约高 10%（见图 16－12）。目前最为悲观的预测值来自花旗集团，预测 2024 年的平均布伦特油价为 75 美元/桶。花旗分析师团队给出的依据是能源转型和经济增长速度放缓抑制石油需求增长，外加美国产出的超预期增长。目前最为乐观的预测值来自美国银行，预测 2024 年布伦特原油的平均价格为 90 美元/桶。美国银行分析师团队给出的最主要的支持论据是 OPEC + 组织减产的决心和其影响国际原油价格的增强的能力。

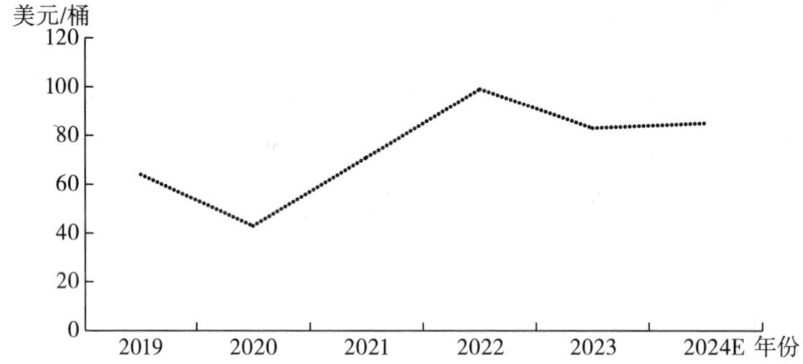

图 16 – 12　2019—2024 年布伦特原油价格

资料来源：Bloomberg。

本研究提供的预测，只适合用作各种影响变量处于相对静止状态时对全球石油的基本面态势的判断参考。真实世界如同万花筒般变幻无穷，各种预料之外的突发事件（如自然灾害、战争、瘟疫等）都将极大地改变全球的石油供应和消费格局。各个地区经济增长形势的变化、各地区能源政策的调整、各区域之间政治关系的变化，也都会对石油的生产运输和消费产生巨大影响。因此，更客观的对国际石油市场的分析应该是一个动态的系统，它能实时评估各种变量瞬息万变的冲击所带来的影响。

第十七章　中国市场一体化建设现状、效果与展望

邵宇佳　艾　婧　花　璐[①]

一、引言

当前全球经济形势错综复杂，国际贸易和国际投资在逆全球化思潮抬头的背景下已然出现拐点，尽管2023年中国宏观经济已正式进入后疫情时代，经济运行呈恢复态势，但仍面临诸多风险与挑战。技术“封锁”、贸易保护、产业链回流等事件频频发生，逆全球化显然已经达到了新的高度，为全球经济恢复蒙上了浓重阴影。聚焦国内经济运行，自2013年进入新常态以来，经济下行压力开始凸显，如何发掘新的经济增长点，提升潜在经济增长率成为当务之急。

面对当前中国经济发展的新阶段、新环境和新变化，如何畅通国民经济循环，发挥国内超大规模市场优势，形成以国内大循环为主体、国内国际双循环相互促进的新发展格局，已经成为当前中国经济发展的焦点。2022年4月《中共中央 国务院关于加快建设全国统一大市场的意见》正式出台，指出建设全国统一大市场是构建新发展格局的基础支撑和内在要求。从中国经济发展历程来看，出口对经济的拉动作用呈现逐渐减弱的变化趋势，出口占GDP的比重已经从2006年的35.4%降至2023年的18.9%，映射出2023年中国经济由国内循环实现的比例达到

---

① 邵宇佳，商务部国际贸易经济合作研究院副研究员；艾婧，辽宁大学国际经济政治学院博士生；花璐，商务部国际贸易经济合作研究院研究实习员。

了 81.1%，其中国内消费对经济增长的贡献率高达 82.5%，成为推动经济增长的主动力。可见，随着中国经济的不断发展，经济体量的扩大和产业结构向服务业倾斜，致使市场和资源两头在外的国际大循环动能明显减弱，国内经济循环的特征也将越发明显，对全国统一大市场的需求也越发迫切。

双循环新发展格局的提出，其本质是发挥国内超大规模市场的潜力和优势，立足于国内市场，畅通国内大循环来推动国内和国际的双循环（余淼杰，2020），所以如何畅通国内大循环是整个双循环发展理念和战略的核心部分。然而，中国国内市场存在特有的分割现象，这是中国从计划经济向市场经济体制转轨的产物，源自地方政府和官员对自身利益的追求（徐保昌和谢建国，2016）。市场分割不仅会造成商品和要素资源跨区域流动受限（张杰等，2009）、技术发展与创新受阻（韩庆潇和杨晨，2018），也会削弱市场机制对资源配置的优化效率（李善同等，2004），从而导致地区重复建设（范子英和张军，2010）、产业同构现象严重（余东华和张昆，2020），由此对双循环战略的推进带来挑战。因此，如何构建全国统一大市场成为畅通国内大循环的关键举措。

鉴于此，本章聚焦于国内市场分割程度和一体化改革成效，采用相对价格法测算了 2002—2022 年中国 31 个省份的商品市场和劳动力市场的分割指数，然后从全国层面、四大地区层面、三大经济圈层面以及省市级层面分析比较各类市场的分割程度和一体化改革成效，以期发现当前中国市场一体化改革中的薄弱环节，并针对性地提出政策建议，为打通国内大循环，实现双循环发展理念和战略提供政策性参考。

二、商品市场分割现状

（一）全国商品市场分割现状

本章基于相对价格法测算了中国国内整体商品市场的分割指数，具体测算结果如图 17 -1 所示，从图中显示的结果来看，自 2002 年以来，中国国内整体市场分割程度呈现震荡下降态势，且波动幅度逐渐减小，也就是说，中国国内商品市场分割程度整体上逐渐减弱，商品市场一体化改革举措效果显著，有力推进了全国统一大市场建设。具体观察市场分割曲线走势，可以发现在加入世贸组织（WTO）和金融危机恢复后，国内商品市场分割均出现了较为剧烈的下降趋势，这可能与经济的快速增长和恢复密切相关。自 2001 年加入世贸组织后到 2007 年之前，中国的 GDP 增速基本维持在 10% 左右，高速的经济发展削弱了地方政府的保护动机，而遭遇金融危机时，经济下行压力凸显，导致地方政府倾向于选择采取保护行为来维持本地区的经济增长，等到经济恢复，随着保护行为的放开，市场分割指数也快速下降。从具体数据来看，2002—2022 年，国内整体市场分割指数从 0. 001342 下降至 0. 000164，累计降低了 87. 78% ，年均降幅达 4. 18% ，体现了商品市场一体化改革举措成效显著。具体关注近几年的数据走势可以发现，2021 年的商品市场分割指数是 2013 年以来的最高值，本研究认为这与新冠疫情所带来的一系列经济连锁反应密不可分，而随着 2022 年封锁和防疫措施的逐步放开，国内的商品市场分割也随之得到缓解。

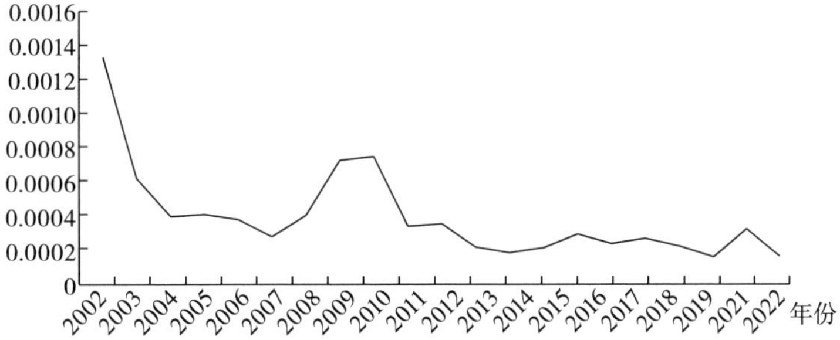

图 17 -1　商品市场分割指数

（二）四大地区商品市场分割现状

考虑到商品市场分割程度可能因地区特征的异质性而产生差异，故本章将样本省份分成东部、中部、西部以及东北四个地区，进一步从区域层面分析国内不同类型商品市场的分割情况，以期找到全国统一大市场建设中的薄弱部位，重点跟进突破。通过将 31 个省份分成四大地区并取均值作为该地区的商品市场分割指数，最终测算结果如图 17－2 所示。从图 17－2 显示的结果来看，四大地区的商品市场分割指数均呈现震荡下降的趋势，与全国层面的走势情况相差不大。同时，四大地区之间的商品市场分割指数整体走势也较为相似，尤其是中部地区和东北地区曲线走势几近重合，东部地区的商品市场分割指数则呈现出略高于其他地区的态势。通过比对四大地区的商品市场分割指数可知，东部地区、中部地区、西部地区以及东北地区的商品市场分割指数均值分别为 0. 000432、0. 000319、0. 000422 和 0. 000328。其中，中部地区的商品市场分割程度最小，其次是东北地区和西部地区，最后是东部地区。此外，从样本期商品市场一体化改革的成效来看，东部地区、中部地区、西部地区以及东北地区的商品市场分割指数分别累计下降 88. 98%、88. 18%、86. 31%、89. 22%。可见，东北地区在推进商品市场一体化改革的过程中成效最为显著，其次是东部地区，之后是中部地区，最后是西部地区。

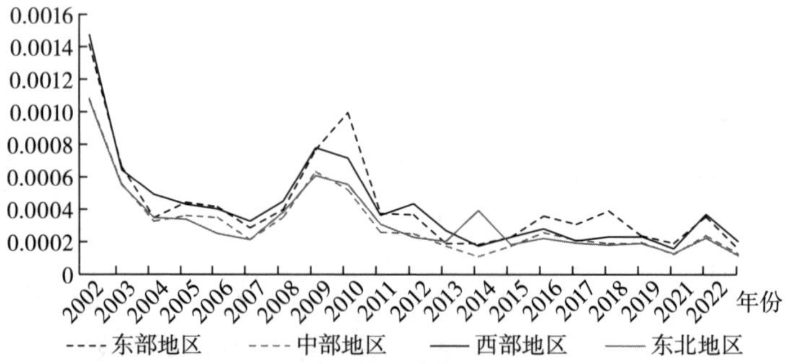

图 17－2　2002—2022 年四大地区商品市场分割指数

（三）三大经济圈商品市场分割现状

在推行“双循环”新发展格局的过程中，区域经济协同发展对国内大循环起到关键作用，于是本章进一步将省份划分为京津冀、长三角、成渝三大经济圈，以经济圈的形式对区域的商品市场分割指数进行了梳理分析。具体测算结果如图 17 - 3 所示，2014 年之前经济圈内的商品市场分割呈现明显的震荡下降趋势，而在 2014 年之后却几近呈现平稳波动状态，没有明显的上升或下降趋势。从曲线波动幅度来看，京津冀经济圈和成渝经济圈的商品市场分割指数明显高于全国平均水平，而长三角经济圈在大多数时间内的市场分割指数均低于全国平均水平。具体考察样本期内三大经济圈的商品市场分割平均值可知，京津冀地区的平均商品市场分割指数为 0.000503，高出全国平均水平 27.02%，成渝地区的平均商品市场分割指数为 0.000429，高出全国平均水平 8.33%，而长三角地区的平均商品市场分割指数为 0.000375，低于全国平均水平 5.30%。综合来看，尽管京津冀地区和成渝地区的平均商品市场分割指数明显高于全国平均水平，但通过观察 2017 年以后的曲线波动情况可以发现，三大经济圈的商品市场分割曲线已逐步呈现与全国平均水平重合态势，商品市场一体化改革举措成效逐渐显现，全国统一大市场建设持续推进。

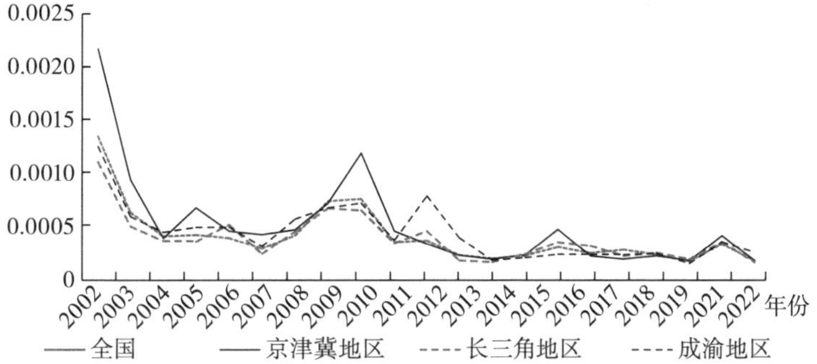

图 17 - 3　2002—2022 年全国及三大经济圈商品市场分割指数

（四）各省份商品市场分割现状

考虑到商品市场分割指数会因省份发展的异质性表现出一定的差异，因此，本章将样本期内 31 个省份的商品市场分割指数按时间序列求平均值，用均值代表各省份在各类市场上的分割情况。同时，将样本期内市场分割指数的累计变化率作为该省份各类市场的一体化改革成效，并进行排名处理，以便评估各省份市场一体化建设的进度和成效，为全国统一大市场建设下一步的重点推进方向提供依据。测算结果如表 17－1 所示。根据表 17－1 显示的各省份商品市场分割结果可以发现，商品市场分割指数最低的 5 个省份分别为山东、湖北、河北、河南和安徽。而商品市场分割指数最高的 5 个省份分别为重庆、上海、海南、西藏和天津。通过对这些省份的地理分布分析可知，国内商品市场分割程度较低的省份主要集中在中部地区，而商品市场分割程度较高的省份则主要由直辖市、经济特区与自治区组成，这些地区商品市场分割程度普遍较高可能是由于其省份地位的特殊性，相较于其他省份更容易享受到一些特殊的政策照顾（赵奇伟和熊性美，2009）。此外，从整体的商品市场一体化改革成效来看，西藏、天津、辽宁、湖南、海南是所有省份中商品市场一体化改革获得成效最大的 5 个地区，其中一体化改革成效最大的是西藏地区，样本期内商品市场分割指数下降比例高达 96.98%。而内蒙古、重庆、山东、青海、广西则是获得成效最小的 5 个地区，但尽管是所获成效最小的内蒙古地区，在样本期内的商品市场分割指数也有 54.60% 的下降比例。

表 17－1　中国各省份商品市场分割情况

地区	商品分割指数均值	排名	一体化改革成效（%）	排名
北京	0.000398	23	81.74	26
天津	0.000824	31	95.97	2
河北	0.000288	3	86.64	15
山西	0.000327	11	85.58	18
内蒙古	0.000360	17	54.60	31
辽宁	0.000317	8	92.45	3
吉林	0.000300	6	87.64	12
黑龙江	0.000367	18	85.92	17
上海	0.000562	28	88.98	6

续表

地区	商品分割指数均值	排名	一体化改革成效（%）	排名
江苏	0.000321	9	82.41	25
浙江	0.000325	10	83.47	23
安徽	0.000294	5	88.93	7
福建	0.000338	12	87.52	13
江西	0.000307	7	88.82	8
山东	0.000284	1	77.09	29
河南	0.000292	4	84.29	21
湖北	0.000287	2	86.92	14
湖南	0.000409	25	91.80	4
广东	0.000353	16	88.04	10
广西	0.000350	15	81.65	27
海南	0.000627	29	90.30	5
重庆	0.000509	27	75.81	30
四川	0.000349	14	86.05	16
贵州	0.000370	20	84.24	22
云南	0.000404	24	88.32	9
西藏	0.000801	30	96.98	1
陕西	0.000340	13	84.86	20
甘肃	0.000369	19	87.74	11
青海	0.000430	26	80.39	28
宁夏	0.000395	22	85.36	19
新疆	0.000389	21	83.41	24

资料来源：笔者计算。

三、劳动力市场分割现状

（一）全国劳动力市场分割现状

除商品市场分割以外，劳动力市场分割同样是市场分割重要的组成部分，在户籍制度等因素的影响下，国内劳动力市场分割水平一直居高不下，阻碍全国统一大市场建设进程，故本章进一步对劳动力市场分割情况进行梳理分析，以期从中找到合适的突破点，助力国内大循环的畅通。通过计算，劳动力市场分割指数的最终走势结果如图 17－4 所示。由图 17－4 可以发现，2002—2022 年，劳动力市场分割指数波动一直较为剧烈，整体上并未呈现明显的下降趋势，并且期间出现多次反弹上涨趋势，可见劳动力市场分割情况仍较为严峻，需重点攻克。具体分析上涨趋势可知，第一次上涨趋势是在 2008—2009 年的金融危机期间，公司倒闭，失业剧增，致使劳动力市场分割指数上升。而金融危机之后劳动力市场分割程度还出现了第二次加剧态势，主要发生在 2011—2012 年，正好印证了在 2011—2012 年中国国内出现了“用工荒、招工难”的现象。第三次上涨趋势则是在 2019—2020 年，这可能是中美贸易摩擦导致国内经济增速放缓，企业招聘减少，进而影响到劳动力市场，同年国内开始实施社保改革，由税务部门统一征收费用，也可能导致企业用工成本上升进而影响就业市场。从具体测算数据来看，全国劳动力市场分割平均指数从 2002 年的 0.004143 下降至 2022 年的 0.001402，累计下降了 66.16%，年均降幅达 3.15%，可见若仅从该样本期的数据角度来分析，全国劳动力市场分割程度具有明显的下降趋势。

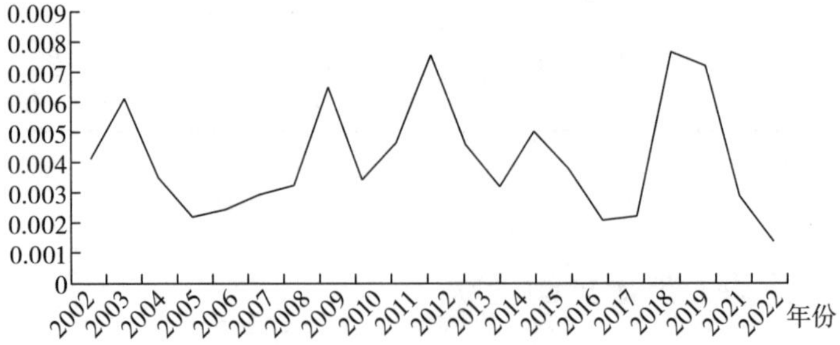

图 17－4　2002—2022 年劳动力市场分割指数

（二）四大地区劳动力市场分割现状

考虑到地区特征的异质性会较大程度上影响劳动力市场，故本章将31个省份划分为东部地区、中部地区、西部地区以及东北地区四个地区，从区域层面对国内劳动力市场分割的情况进行分析。本章选取四大地区内省份的劳动力市场分割指数均值作为该地区的劳动力市场分割程度值来进行测算，最终结果如图17－5所示。从图17－5显示的结果来看，在细分四大地区之后，劳动力市场分割的曲线走势仍呈现剧烈波动状态，并未显现出明显的上升或下降态势。具体来看，四大地区的走势波动情况较为相似，均经历了多次上下震荡态势，并且，西部地区的劳动力市场分割程度波动的剧烈情况明显高于其他三大地区，也与全国水平下的劳动力市场分割变化曲线最为相似。从四大地区的劳动力市场分割指数的均值来看，样本期内中部地区的劳动力市场分割指数均值为0.003115，是四大地区分割程度最小的地区，然后依次是东部地区和东北地区，劳动力市场分割程度最大的则是西部地区，分割指数高达0.005518。由此可知缓解劳动力市场分割，推动全国统一大市场建设可以从降低西部地区劳动力市场分割入手，如加强西部地区土地使用权的转让与出租，激活产业园区的能动性，激发企业主体活力以吸纳更多人才，进而缓解西部地区劳动力市场分割。从劳动力市场一体化改革进程的具

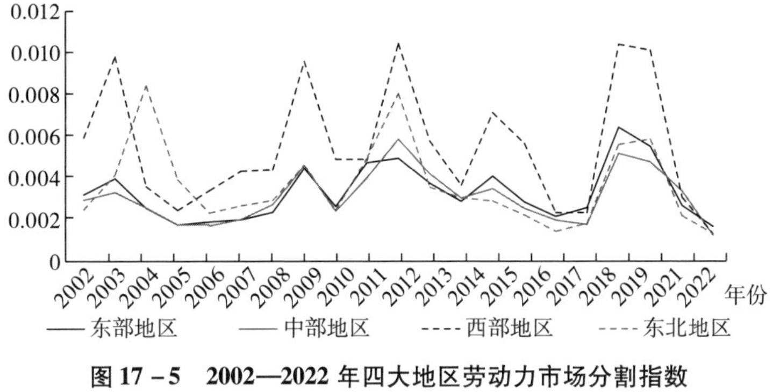

图17－5　2002—2022年四大地区劳动力市场分割指数

体数值来看，西部地区累计实现了 78.20% 的市场分割程度降幅，是四大地区中一体化成效最为显著的地区。其次是中部地区、东部地区和东北地区，其市场分割指数累计降幅分别为 57.84%、48.25% 和 46.74%。

（三）三大经济圈劳动力市场分割现状

进一步考虑到劳动力市场分割程度可能由于区域“抱圈”发展特征的异质性而产生差异，故本章将样本省份划分成京津冀、长三角、成渝三大经济圈，进一步从经济圈层面分析国内劳动力市场的分割情况。本章按照京津冀经济圈、长三角经济圈和成渝经济圈各自所涵盖的省份，以求均值的方式计算了上述三大经济圈的劳动力市场分割指数。具体测算情况如图 17－6 所示。通过观察图 17－6 可以发现，三大经济圈的劳动力市场分割走势变化基本与全国平均水平保持一致。若从曲线波动的剧烈程度来看，三大经济圈的劳动力市场分割曲线波动总体低于全国水平。通过更细致的数据比对可知，京津冀地区的平均劳动力市场分割指数为 0.003477，低于全国平均水平 16.28%，长三角地区的平均劳动力市场分割指数为 0.003218，低于全国平均水平 22.51%，成渝地区的平均劳动力市场分割指数为 0.002732，低于全国平均水平 34.22%，由此可推测，多数经济圈内地区的劳动力市场分割水平远低于经济圈外地区的劳动力市场分割水平，那么如何缓解经济圈内外的劳动力市场分割即为当前推进全国统一大市场建设的重要工作目标。

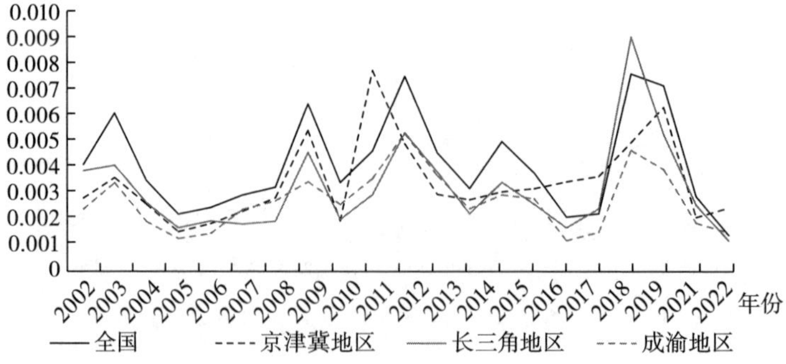

图 17－6　2002—2022 年全国及三大经济圈劳动力市场分割指数

（四）各省份劳动力市场分割现状

本章进一步细分省份维度，考察各省份异质性下的各地区劳动力市场分割差异。本章将样本期内各省份的劳动力市场分割指数按时间序列求平均值，用均值代表各省份在各类市场上的分割情况，同时将样本期内市场分割指数的累计变化率作为该省份各类市场的一体化改革成效进行计算，具体测算结果如表 17 – 2 所示。由表 17 – 2 可以发现，广东、四川、山东、湖南、安徽是所有省份中劳动力市场分割程度最低的 5 个地区，其中山东和安徽同时也属于商品市场分割最低的前 5 省份，从另一角度考虑，可以认为广东、四川和湖南更需要注重解决商品市场分割问题。而宁夏、上海、吉林、贵州、西藏则是劳动力市场分割程度最高的 5 个地区，其中宁夏、贵州和西藏均属于西部省份，侧面印证了西部地区的劳动力市场分割较其他地区更高。另外，通过对比可以发现，上海和西藏不仅属于劳动力市场分割最高的前 5 省份，也属于商品市场分割最高的前 5 省份，因此可以判断二者均存在较为严重的市场分割问题，亟待改进。此外，从整体的劳动力市场一体化改革成效来看，西藏、山西、湖南、青海和宁夏是所有省份中劳动力一体化改革获得成效最大的 5 个地区，样本期内劳动力市场分割指数下降比例分别高达 95.26%、83.76%、83.59%、80.58% 和 80.03%。而天津、河北、湖北、海南和吉林则是劳动力一体化改革获得成效最小的 5 个地区，尤其是天津和河北，在样本期内二者的劳动力市场分割指数不降反升，分别上涨了 18.34% 和 3.60%。

表 17 – 2　中国各省份劳动力市场分割情况

地区	劳动力分割指数均值	排名	一体化改革成效（%）	排名
北京	0.003602	20	72.59	10
天津	0.003831	23	– 18.34	31
河北	0.002998	10	– 3.60	30
山西	0.003610	21	83.76	2

续表

地区	劳动力分割指数均值	排名	一体化改革成效（%）	排名
内蒙古	0. 003299	15	26. 22	25
辽宁	0. 002835	6	55. 24	18
吉林	0. 004828	29	21. 18	27
黑龙江	0. 003327	17	60. 91	15
上海	0. 004268	28	69. 56	12
江苏	0. 002843	7	42. 68	23
浙江	0. 003023	11	78. 91	6
安徽	0. 002739	5	66. 98	13
福建	0. 003165	13	74. 85	9
江西	0. 003307	16	24. 43	26
山东	0. 002638	3	53. 25	19
河南	0. 003131	12	57. 17	17
湖北	0. 003228	14	10. 49	29
湖南	0. 002673	4	83. 59	3
广东	0. 002573	1	57. 53	16
广西	0. 003462	18	64. 34	14
海南	0. 003924	24	12. 81	28
重庆	0. 002875	8	30. 87	24
四川	0. 002588	2	43. 45	22
贵州	0. 007209	30	49. 03	21
云南	0. 003506	19	71. 03	11
西藏	0. 024063	31	95. 26	1
陕西	0. 002919	9	49. 46	20
甘肃	0. 004215	26	78. 38	7
青海	0. 004147	25	80. 58	4
宁夏	0. 004216	27	80. 03	5
新疆	0. 003717	22	75. 71	8

资料来源：笔者计算。

四、未来展望与建议

在当前中国推动形成以国内大循环为主体、国内国际双循环相互促进的新发展格局背景下，本章从市场分割的角度探讨了中国市场一体化的改革进程，通过采用2002—2022年的相关价格数据分别测算了中国国内商品市场和劳动力市场的分割指数，并从全国层面、四大地区层面、三大经济圈层面以及省份级层面对市场分割指数走势进行了详细分析，得出了以下四点重要结论：

第一，从全国层面来看，2002—2022年中国整体商品市场分割确实呈现下降收敛的趋势，商品市场一体化改革进程取得了积极的成效，而劳动力市场分割指数波动较为剧烈，整体并未呈现显著的下降或上升趋势。

第二，从四大地区层面来看，无论是东部地区、中部地区、西部地区还是东北地区，商品市场分割指数均呈现震荡下降的趋势，与全国层面走势相差不大，各地区间走势也相差不大。具体到各地区的商品市场分割程度可知，中部地区的市场分割程度最小，其次是东北地区、西部地区，最后是东部地区。此外，从样本期市场一体化改革的成效来看，东北地区在推进商品市场一体化改革的过程中成效最为显著，其次是东部地区，之后是中部地区，最后是西部地区。

细分四大地区的劳动力市场分割曲线走势仍呈现剧烈波动状态，并未呈现明显的上升或下降趋势。具体来看，四大地区的走势波动情况较为相似，均经历了多次的反弹上涨走势，但西部地区的劳动力市场分割程度波动的剧烈情况明显高于其他三大地区。据各地区劳动力市场分割具体数值可知，中部地区的平均劳动力市场分割程度最小，然后依次是东部地区、东北地区和西部地区。在劳动力市场一体化改革进程中，西部地区成效尤为显著，然后依次是中部地区、东部地区和东北地区。

第三，从三大经济圈层面来看，2014年之前经济圈内的商品市场分割呈现明显的震荡下降趋势，而在2014年之后却几近呈现平稳波动状态，没有明显的上升或下降趋势。进一步将京津冀、长三角、成渝三大经济圈的商品市场分割指数与全国水平进行比对可知，京津冀、成渝经济圈内的商品市场分割指数均值高于全国平均水平，而长三角地区的商品市场分割指数均值低于全国平均水平。

三大经济圈的劳动力市场分割走势变化基本与全国水平保持一致，但经济圈内劳动力市场分割指数总是低于全国水平，通过数据比对可知，京津冀经济圈、长三角经济圈、成渝经济圈的平均劳动力市场分割指数分别低于全国平均水平 16. 28%、22. 51% 和 34. 22%，由此可进一步推测，经济圈外地区的劳动力市场分割指数普遍高于经济圈内地区的劳动力市场分割指数。那么如何缓解经济圈内外的劳动力市场分割即为当前推进全国统一大市场建设的重要工作目标。

第四，从各省份层面来看，商品市场一体化改革成效显著，其中所获成效最小的内蒙古地区，在样本期内商品市场分割程度也有 54. 60% 的下降比例。劳动力市场一体化改革成效则低于商品市场一体化改革成效。虽然大部分省份在劳动力市场一体化改革中取得了显著的成效，但也出现了个别省份在劳动力市场一体化改革中取得了负增长。此外，通过比对各省份层面商品市场分割程度和劳动力市场分割程度还能进一步把握省份市场分割的重点关注方向，如广东、四川和湖南 3 个省份在劳动力市场分割程度排名中位列前 5，而在商品市场分割的排名中却较为落后，则可以考虑将更多的关注点放在商品市场分割问题上。

综合以上研究结论，在当前推动形成以国内大循环为主体、国内国际双循环相互促进的新发展格局背景下，可以从以下三个方面来进一步完善全国统一大市场的构建，为构建双循环新格局提供重要支撑。

第一，进一步降低商品市场分割程度，深化商品市场一体化改革。首先，发展完善交通物流、公共设施、商务平台等基础设施。大力发展智能交通，建立现代化综合交通体系，加强交通基础设施与重要港口、航空运输的有效衔接，加快各地区之间交通的互联互通，为市场流通打好基础；通过开放地区市场、降低各类流通环节收费、组建大型物流集团、对接各地商品流通政策、建设区域性公共物流信息服务平台等措施，提高商品流通效率，降低消费品的流通成本。其次，深化流通体制改革，加强全链条标准体系建设，发展“互联网＋流通”，降低全社会物流成本。鼓励流通企业发挥线下实体店特有的服务、体验等优势，逐步构建出线上与线下资源相融合的新型经营模式；充分利用电子商务交流平台，推进各地区电子商务创新发展，例如建立电子商务产业基金，打造各地电子商务全产业链发展。最后，强化消费者权益保护。推行企业产品质量承诺制度，针对对消费者健康有重大影响的食品、药品等商品，建立来源可追、去向可查、责任可究的全程追溯体系，强化流通领域市场监管；探索建立集体诉讼制度，平衡冲突双方的诉讼能力，保障诉讼权利平等的同时最小化消费者的维权成本。

第二，建立健全统一开放的劳动力市场，大力推进劳动力市场一体化。具体包括：深化户籍制度改革、促进劳动力有序流动；推动城乡土地制度改革，建立健全统一的土地管理制度。在户籍制度改革方面，构建全国统一的户籍登记制度，促进劳动力在区域间自由流动；建立健全统一的社会保障制度和公共服务，打破户籍与各种社会福利之间的必然联系，使劳动力平等地享有基本医疗保险、养老保险、社会救助等社会保障制度以及医疗、教育等基本公共服务；建立健全统一的就业管理制度，消除农民工在城市就业受到的限制和不平等待遇；建立相互衔接的劳动用工政策和人才政策，促进人力资源在各地区间合理流动。在土地制度改革方面，健全土地统一登记和城乡建设用地制度，规范集体经营性建设用地流转；建立城乡统一的土地市场和土地交易平台，规范交易程序；规范并完善城乡建设用地增减挂钩的土地政策；促进土地制度与户籍制度联动改革，允许进城务工的农村户籍人口用其宅基地对应的建设用地指标换取就业所在地的户籍、社会保障和公共服务，实现劳动力和土地指标同方向流动。

第三，在关注商品市场与劳动力市场的基础上，同时挖掘和完善数据等新兴要素的市场机制，实现多种要素协同发展。随着信息技术和人们生产活动关系的日益密切，数据的价值正在逐步提升，只有盘活这些新兴要素，才能在做好中国经济内循环的道路上事半功倍。具体措施包括：系统打造区域一体化发展感知服务网络，促进基于数据的跨区域、分布式生产和运营；鼓励提供基于物联网、大数据、人工智能的专业化服务，推动区域政务数据开放共享，深化重点领域大数据应用，比如社会保障领域信息一体化建设、加强环境治理数据信息共享等。

参考文献

[1]李善同，侯永志，刘云中，等．中国国内地方保护问题的调查与分析[J]．经济研究，2004（11）：78－84,95.

[2]余淼杰．“大变局”与中国经济“双循环”发展新格局[J]．上海对外经贸大学学报,2020(6).

[3]徐保昌，谢建国．市场分割与企业生产率:来自中国制造业企业的证据[J]．世界经济，2016，39(1)：95－122.

[4]赵奇伟，熊性美．中国三大市场分割程度的比较分析:时间走势与区域差异[J]．世界经济，2009(6)：41－53.

[5]张杰，李勇，刘志彪．出口促进中国企业生产率提高吗？——来自中国本土制造业企业的经验证据:1999—2003[J]．管理世界，2009(12)：11－26.

[6]韩庆潇，杨晨．地区市场分割对高技术产业创新效率的影响——基于不同市场分割类型的视角[J]．现代经济探讨，2018(5)：78－85.

[7]范子英，张军．财政分权、转移支付与国内市场整合[J]．经济研究，2010，45(3)：53－64.

[8]余东华，张昆．要素市场分割、产业结构趋同与制造业高级化[J]．经济与管理研究，2020，41(1)：36－47.